지역을 살리는 글로벌 겨울축제 경영

겨울처럼 얼어붙은 저(低)성장시대에
축제는 지역 활성화는 물론
일자리를 창출하는 산업이며,
생산복지를 가능케 하는 지역경영전략이다.

정강환 저

백산출판사

Prologue

지금 이 순간에도 전 세계에서는 수많은 축제가 개최되고 있다. 언론이나 방송 등을 통해 우리에게도 익숙한 국제적인 축제들은 무수히 많다. 필자가 세계축제협회(IFEA World)* 한국지부 회장으로 활동하며 해외 여러 선진사례를 체험하면서 느낀 것은 '축제는 지역을 살리는 혁신전략이자 산업'이라는 것이다.

그렇다면 축제를 통해 지역을 변화시키고, 더 나아가 지역 발전에 기여하는 가장 효과적인 축제는 무엇일까? 물론 세계적인 축제로 불리는 독일 옥토버페스트나 영국 에든버러페스티벌과 같은 축제들을 꼽을 수 있지만, 그보다 축제를 통해 지역에 혁신적인 변화를 줌으로써 절망의 도시를 희망의 도시로 탈바꿈시킨 사례로 겨울축제를 소개하고자 한다.

겨울축제는 일반적으로 축제 개최에 최적기로 꼽는 쾌청한 기후가 아닌 영하 30도를 오르내리는 혹독한 추위에도 불구하고 지역민들을 집 밖으로 나오게 하고, 외지의 관광객들을 몰려들게 하면서 얼어붙은 도시경제에

---

* IFEA는 세계 축제 간 네트워크 구축과 축제경영 정보의 교류를 위하여 1956년에 설립되었으며, 회원국은 6개 대륙 50여 개국으로 5만여 명의 회원으로 구성된 세계 최대의 축제 및 이벤트 교류단체이다. 초기 북미를 중심으로 결성되어 IFEA(International Festival & Event Association)로 출발하였으나 2008년 유럽, 남미, 아프리카, 서아시아, 동아시아, 오세아니아 등 6대륙에 7개 본부를 두면서 글로벌 네트워크를 형성함에 따라 글로벌 기구로서 위상을 확보하기 위하여 IFEA World로 명칭을 변경하는 추세이다. 그러나 60년 가까이 IFEA라는 명칭이 알려져 있어 명칭 변경이 쉽지만은 않은 상황이다. 본부에서는 IFEA보다 IFEA World라는 명칭의 사용을 지속적으로 권장하고 있으므로, 본서에서는 본부의 취지에 부합하여 세계축제협회(IFEA World)로 통칭하고자 한다.

훈풍을 불어넣었으며, 그로 인해 일자리가 창출되고, 침체되어 있던 상가가 활성화되면서 삭막한 겨울의 거리를 활기가 넘치는 거리로 만드는 데 기여하였다. 또한 지긋지긋한 눈과 얼음의 도시를 축제라는 이름으로 채색하면서 황량한 겨울 도시를 살리는 도시재생을 이루었기에 겨울축제를 테마로 선정하게 되었다. 아무것도 할 수 없는 극한의 추위 속에서 펼쳐지는 겨울축제들은 지역개발전략이자 산업이라 할 수 있다. 이러한 축제들은 우리가 생각하는 소비적 · 낭비적인 축제와는 그 시작부터 다른 것이다. 단순히 주민화합만을 목적으로 하거나 생색내기에만 머물고 마는 축제와는 달리, 모든 것이 꽁꽁 얼어붙는 겨울에 살아남기 위해, 아무도 찾지 않는 멈춰진 도시에 생명력을 불어넣기 위해 시작된 것이다. 도시가 절실히 원했고 이런 절실함이 묻어나는 노력이 축제를 활용한 지역개발은 물론 새로운 도시를 창조하는 원동력이 된 것이다. 해외 겨울축제 사례를 중심으로 본서를 집필하면서 얻은 성과는 축제가 중앙정부 정책으로 주목받는 창조도시 건설에 기여할 수 있으며, 지역재생은 물론 생산복지까지 응용할 수 있는 전략산업이 될 수 있다는 가능성을 발견했다는 점이다.

'겨울축제'는 개최지의 기후적으로 어려운 여건과 장애요인을 발전적으로 전환시킨 성공적인 사례가 될 수 있다. 동양의 대표적인 겨울축제로 '일본 삿포로 눈축제'와 '중국 하얼빈 빙설대세계'가 있다면 서양에는 '캐나다 오타와(Ottawa) 윈터루드(Winterlude)'나 '퀘벡(Quebec) 윈터카니발(Winter Carnival)' 등의 사례가 국제적인 겨울축제사례로 언급되곤 한다. 우리나라에도 대표적인 겨울축제로 강원도의 화천산천어축제, 태백산눈축제, 인제빙어축제 등이 있지만, 외국의 선진사례 벤치마킹(Benchmarking)을 통해 경쟁력이 높은 점들을 흡수할 필요가 있다고 본다.

3개국 4개의 축제사례를 포괄하는 겨울축제 벤치마킹 연구는 2006년부터 7년에 걸친 연속작업을 근간으로 구성되었고, 단순히 외국사례의 성공 포인트를 소개하는 데 그치지 않고 성공 포인트에 상응하는 국내 축제사례(국내 축제 15개)를 동시에 병렬시켜 한국에서도 작은 축제혁신이 전개되고 있다는 점을 강조하고자 하였다.

2006년에 실시한 캐나다의 겨울축제 벤치마킹 교육여행은 2005년 세계축제협회(IFEA : International Festival and Event Association)의 총회에서 캐나다 대표 질 라론드(Gilles A. Lalonde)를 만난 것이 인연이 되어 추진하게 되었다. 캐나다 오타와는 2007년 세계축제협회의 총회 개최지로 선정된 곳이기 때문에 더욱 관심이 가기도 했다. '일본 삿포로 눈축제' 사례는 한국에 많이 노출된 친숙한 사례로 볼 수 있지만 캐나다의 겨울축제 사례는 미국이나 유럽에는 널리 알려져 있으나 한국에는 상대적으로 베일에 싸여 있다고 볼 수 있으며, 국내 축제산업 발전을 위해 참고해야 할 축제 경영 요인들과 성공기법들이 다수 있을 것으로 사료되었다. 이런 관점에서 2006년 2월에 실시한 캐나다의 겨울축제 벤치마킹 교육여행은 캐나다 오타와의 국립수도권개발위원회(NCC : National Capital Commission)의 질 라론드 부사장의 적극적인 협조로 윈터루드뿐만 아니라 퀘벡의 윈터카

2006년 국립수도권개발위원회의 국가프로그램구성부서 직원들이 윈터루드에서 담당한 부분에 대해 한국방문대표들에게 설명하고 있는 워크숍 장면

니발을 함께 연계하는 효과적인 벤치마킹이 가능하였다. 특히 캐나다는 1년의 약 40%가 겨울인 지역으로, 열악한 기후에서도 '축제'를 활용하여 지역비수기를 활성화한 성공사례로서 보다 의미가 있다.

본서는 2006년에 출간한 『캐나다 겨울축제 벤치마킹』을 근간으로 하고 있다. 특히 캐나다의 오타와 윈터루드와 퀘벡 윈터카니발의 경영전략 측면에서 살펴보았던 겨울축제의 사례와 함께 1993년에 출간한 바 있는 『이벤트관광전략 : 축제와 지역활성화』에서 잠깐 소개한 삿포로 눈축제의 최근 사례를 보강하여 수록하였다. 또한 최근 급격하게 부상하고 있는 중국의 축제들 중에서 하얼빈의 빙설대세계를 방문하고 습득한 노하우를 반영하였다. 그리하여 보통 세계 3대 겨울축제라 부르는 캐나다 오타와 윈터루드, 일본 삿포로 눈축제, 중국 하얼빈 빙설대세계의 경영전략을 모두 소개하고 비교 관점에서 살펴볼 수 있도록 하였다.

이 책에서 겨울축제를 소개하기까지 수차례에 걸친 방문과 함께 겨울축제 관계자들과의 미팅이 있었다. 2006년 2월에 캐나다 겨울축제 벤치마킹을 통하여 오타와의 윈터루드, 퀘벡의 윈터카니발 등의 경영전략을 탐색할 수 있었다. 이어 같은 해 12월 문화관광부가 주최한 문화관광축제 10주년 기념 세미나에 초청된 캐나다 국립수도권개발위원회(NCC) 부사장인 질 라론드(Gilles A. Lalonde)를 다시 만나 지역개발형축제의 전형적인 모델로써 윈터루드에 대한 상세한 이야기를 나눌 수 있었다.

또한, 2007년 2월에는 일본 홋카이도의 삿포로 눈축제에 대한 조사를 실시하였다. 이어 2010년에는 캐나다 국립수도권개발위원회(NCC)에 새로 선임된 부사장 기이 라플람(Guy Laflamme)을 진주남강유등축제에서 열린

국제세미나에서 만나 그간의 변화를 살펴볼 수 있었다. 한편, 이 책에는 2011년 1월 중국 하얼빈 빙설대세계를 방문하여 축제현장을 보고 하얼빈시 부시장과 시청공무원 및 관계자들과 만나 심층 면담을 한 내용이 담겨있다. 중국에서 유학 온 제자 손지군 군이 하얼빈 출신이어서 큰 도움이 되었고 호정 박사 역시 중국인으로서 하얼빈 빙설대세계를 다각적 · 심층적으로 분석하는 데 도움을 주었다. 아울러 세계축제협회(IFEA World) 중국지부의 협조도 빼놓을 수 없는 도움이었다.

2007년 일본 홋카이도의 삿포로 눈축제를 방문하였다.

2011년 하얼빈 시청 및 빙설대세계 관계자들과 미팅을 실시하였다.

2012년 2월에는 다시 한 번 보령머드축제 대표단과 삿포로 눈축제를 방문하여 현장답사와 함께 삿포로시장을 비롯한 축제담당 공무원들과의 만남을 통해 보다 세밀하게 삿포로 눈축제에 대한 정보와 전략을 담을 수 있었다. 2012년 2월에는 진주남강유등축제 대표단과 캐나다 오타와 윈터루드와 퀘벡 윈터카니발을 다시 한 번 방문하였고 몬트리올 빛축제를 연계할 수 있었다. 캐나다 오타와 윈터루드에서는 기이 라플람(Guy Laflamme)을 다시 만나 자세한 정보를 제공받았으며 퀘벡 윈터카니발에서는 축제운영감독인 다니엘 부샤르(Daniel Bouchard)를 통해 축제운영에 대한 정보를 얻을 수 있었으며, 같은 해 10월 캐나다 국립수도권개발위원회(NCC) 부사장인 기이 라플람(Guy Laflamme)이 국내에 방문하였고 2013년 2월 한국 캐나다 수교 50주년 기념행사로 이창희 진주시장을 비롯한 진주남강유등축제 대표단과 캐나다 윈터루드를 방문하여 윈터루드 기간 중에 진주남강유등축제를 소개하고 유등을 전시하는 행사를 하면서 캐나다 겨울축제의 최신 자료를 이 책에 담을 수 있었다.

2012년 보령머드축제 관계자들과 일본 삿포로 눈축제를 방문하였다.

2012년 진주남강유등 축제 관계자들과 캐나다 리도운하를 방문하였다. (좌)

2012년 진주남강유등 축제 관계자들과 퀘벡 윈터카니발을 방문하였다. (우)

캐나다 퀘벡 윈터카니발과 일본 삿포로 눈축제는 겨울축제의 혁신이라 할 수 있지만 캐나다 윈터루드와 중국 하얼빈 빙설대세계는 이를 보완 발전시킨 후속 사례들이며 그 후속이 화천산천어축제와 같은 사례라 할 수 있다. 본서는 해외 축제만 다루지 않았으며 20여 년간 국내 축제를 연구하면서 발견한 크고 작은 혁신 사례들과 수많은 국내 참고 사례들을 해외 사례와 함께 병렬시켜 소개하면서 국내의 축제들도 희망의 싹이 자라고 있다는 것을 예시하고자 하였다. 국내 축제 가운데 대표적인 겨울축제라 할 수 있는 화천산천어축제를 방문하여 현장 조사는 물론 정갑철 화천군수, 담당공무원을 만나 축제에 대한 자세한 이야기를 듣기도 하였다.

2013년 화천산천어축제를 방문하여 정갑철 화천군수와 담당공무원을 만나 축제에 대한 논의를 하였다.

2013년 이창희 진주 시장을 비롯한 진주 남강유등축제 대표단과 캐나다 윈터루드를 방문하였다.

마지막으로 항상 새로운 시도에 대해 아낌없는 격려를 해주신 아버지께 감사드리며, 이 책을 편집하고 마무리하는 데 도움을 준 필자가 소장으로 있는 관광 · 축제연구소의 모든 연구원들에게 고맙다는 말을 하고 싶다. 특히 남길현 팀장이 커다란 수고를 해주었고, 부분적으로 자료 보충과 지원을 한 김주호 교수, 유효상 연구팀장, 원고를 세심하게 검토해 준 남문희 대표에게도 고마움을 전한다.

CONTENTS

I

지역개발형축제로서 글로벌겨울축제경영

최근에도 언론 등의 매체를 통해 축제가 부정적으로 노출되는 경우가 빈번하다. 어느 언론에서는 '대한민국은 우울한 축제공화국'이라고 표현하기도 하였다(서울신문, 2012). 이는 아직도 축제를 낭비적이고 소비적으로 보는 시각이 강하기 때문이라 할 수 있다.

국내에서 개최되는 대다수의 지역축제는 아직도 가수들의 공연으로만 구성된 전 · 후 공연을 축제의 하이라이트로 여기고 축제를 자치단체장의 공적 치켜세우기에만 급급한 행사로 전락시키는 경우가 많다. 지역의 각 단체에게 예산을 나눠주고, 매년 쳇바퀴 돌듯이 반복되는 노래자랑, 대중공연, 일반예술전시 등과 같은 특색 없는 프로그램으로 짜맞춰 놓은 이러한 축제를 '주민화합형축제'라고 통칭하기도 하며 지역 내 주민들을 중심으로 한다고 해서 '내부지향형축제'라고 불리기도 한다. 이러한 '주민화합형축제'는 국내에서 개최되는 축제의 90%를 이루고 있는 것으로 추정되며 명확한 주제와 경쟁력 있는 콘텐츠 없이 이것저것 섞은 종합세트형축제로 지속되면서 실효성이 떨어지고 발전하지 못해 결국은 소멸하는 경우까지 발생하는 것이다.

이렇게 낭비적으로 보는 시각이 강하기 때문에 전국에 대략 1,200여 개에서 최근 800여 개 미만으로 축제의 수가 구조조정되었음에도 불구하고 아직도 '축제공화국'으로 표현되고 있다. 하지만 실상 선진국들과 비교하면 턱없이 적은 수치이면서 오해를 받기도 한다. 실례로 유럽의 네덜란드는 우리나라 인구의 30% 정도인 1천6백만 명의 인구를 가진 작은 나라임에도 불구하고 몇 년 전 유럽축제협회 요한 모멘(Johan Moerman) 회장의 증언에 따르면 약 5천여 개의 축제(축제집계의 기준이 다를 수 있음)가 있으며, 네덜란드의 2대 도시인 로테르담에서만 약 100여 개의 축제가 개최된다고 하였다. 그렇다면 주민화합형축제와 상반되는 개념의 축제는 무엇일까?

주민이 호스트(host) 관점에서 적극 참여하고 축제를 선호하는 지역 및 외지방문객그룹이 뚜렷이 존재하여 지역을 넘어선 홍보 마케팅이 필요하며, 지방화 시대에 지역의 이미지를 높이거나, 지역마케팅 차원에서 특화 브랜드를 강화하거나 특산물을 효과적으로 알리고, 지역의 문화관광상품의 부가가치를 창출하며, 단순히 경제적 관점뿐만 아니라 사회문화적 관점에서도 긍정성이 나타나는 총체적인 관점에서 일종의 지역개발 전략으로 평가될 수 있는 축제를 '지역개발형축제'로 칭한다. '지역개발형축제'는 주민화합형축제의 상반된 개념 또는 더욱 생산적인 개념으로 볼 수 있다. 이러한 축제를 중앙정부 차원에서 육성하고자 추진해 온 정책이 '문화관광축제'라고 할 수 있으며 이러한 지역개발형축제를 얼마나 보유하느냐 하는 것이 국가와 도시의 축제경쟁력을 평가하는 기준이 되기도 한다. 이런 개념의 지역개발형축제는 국내에서 개최되는 축제의 약 10% 정도를 차지하고 있는 것으로 추정되고 있다. 다만 [그림 1-1]에서 표현되는 사항은 지역개발형축제와 주민화합형축제가 극단적으로 상반된 개념이 아니며 일부의 축제들은 주민지향형축제이면서도 기능적으로는 지역개발형축제가 되기도 한다는 것을 보여주고자 하였다.

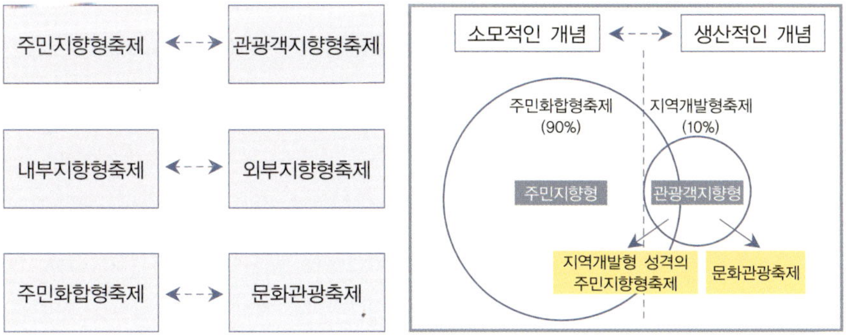

[그림 1-1] 주민화합형축제 vs 지역개발형축제

이 책에서 앞으로 말하고자 하는 축제의 성공적인 경영전략과 동·서양의 성공적인 축제 사례에서 볼 수 있듯이 축제를 지역개발전략이나 산업으로 보는 시각이 필요하며 축제를 소비적이나 낭비적으로 보는 시각을 전환할 필요가 있다. 이러한 부분은 축제를 단순히 예산에 맞춰 써버리는 운영방식이 아니라 축제를 통해 부가가치를 창출할 수 있는 축제경영 방식이 필요하며 앞으로 다가오는 시대에는 축제경영시대가 될 것으로 보인다.

앞서 기술했듯이 전국적인 축제 가운데 양적인 규모에 관계없이 10%의 비중을 차지하고 있는 지역개발형축제가 축제경영과 축제 개선노력을 통해 20% 비중으로 늘어난다면 대한민국의 축제경쟁력은 두 배 이상으로 증가할 것이며 도시브랜드 경쟁력이나 국가브랜드 경쟁력에도 크게 이바지할 것으로 본다.

지역산업을 부흥시키기 위해 각 지자체에서는 많은 예산을 들여 전시회, 세미나, 박람회 등을 통한 다양한 마케팅을 시도하고 있다. 하지만 앞서 말한 마케팅에 비해 비교적 적은 예산이 수반되는 축제를 산업과 연계할 때 투자대비 보다 큰 효과를 볼 수 있으며 이러한 사례를 이 책에서 겨울축제를 통해 말하고자 한다.

축제의 산업적인 측면과 함께 일자리창출과 같은 고용 효과에도 도움을 줄 수 있다고 한다면 코웃음을 칠지도 모른다. 하지만 동서양의 선진적인 축제에서는 고용 효과에도 분명히 그 역할을 수행하고 있으며 큰 도움을 주고 있다.

또한, 복지사업도 축제를 잘 활용하면 생산복지가 될 수 있다. 물고기가 필요한 사람들에게 물고기를 제공하는 복지가 아닌 물고기 잡는 법을 알려주고 물고기를 잡을 수 있는 장소를 제공하는 것이 바로 생산복지라면 축제는 분명히 이러한 생산복지의 역할을 수행할 수 있다는 것이 선진사

레에서 나타나고 있다. 그렇다면 왜 우리나라는 축제를 통해 고용 효과를 유발하고 생산복지를 창출하는 기능을 수행할 수 없는 것일까? 또한 이러한 기능을 수행하기 위해서는 어떻게 해야 할 것인가? 이 책을 통해 질문에 대한 해답을 얻을 수 있을지도 모른다.

이 책의 핵심 테마를 겨울축제로 잡은 가장 큰 이유는 연중 기후 여건이 최상이라 할 수 있는 봄과 가을이 아닌 가장 혹독한 기후 여건 상황에서 개최하는 겨울축제를 통해 지역이 활성화됨으로써 축제의 효과와 가치를 더욱 부각시키기 때문이다. 특히 세계경제가 침체의 늪에 빠져 헤어나오지 못하고 있는 작금의 상황에서 지역개발형축제를 통해 해당 지역이 침체된 지역에 활력을 불어넣고 심지어는 지역 재생의 중요한 역할을 수행한다면 이보다 효과적인 탈출구는 없을 것이라 본다.

다시 말해 축제가 단순히 먹고 마시는 소비성 축제, 자치단체장의 선심형축제가 아닌 지역개발형축제로 생산적인 개념으로 축제를 경영해서 지역경제를 활성화시키는 것은 물론 지역의 고용창출과 지역의 산업 및 비전과 연계될 수 있다는 사실을 해외의 성공적인 겨울축제를 통해 알아봄으로써 대한민국축제의 긍정적인 요인과 방향을 모색해 보고자 하는 것이다.

그러면 지금부터 글로벌겨울축제경영 사례들을 알아보자.

캐나다 퀘벡과 오타와, 일본 삿포로, 중국 하얼빈의 공통점은 무엇인가? 라고 묻는다면 지리적 위치를 잘 아는 사람이라면 북쪽(북위 44도에서 47도 사이에 위치)에 있어 겨울에 추울 것 같다고 답할 것이다. 4개 도시를 방문한 경험으로 느낀 바로는 단순히 춥다고 표현하기보다는 혹독하게 추운 도시들이라고 또는 추위에 관한 한 악명(惡名)을 지닌 도시들이라고 강조하고 싶다. 중국 하얼빈만 하더라도 1월 평균 기온이 영하 20도 정도이며 좀 더 춥거나 야간 기온이 내려갈 때는 수시로 영하 30도를 오르내리고 최저 기온이 무려 영하 40도에 도달하는 그야말로 엄동설한(嚴冬雪寒)의 대표적인 곳이다. 하얼빈 거리의 과일 노점상들은 과일 상자 위에 이불을 두세 겹 덮어 팔거나 과일 옆에 가스난로를 켜놓아야 한다. 그렇지 않으면 과일이 곧 얼어버리기 때문이다. 캐나다 퀘벡도 연간 30일 이상 평균기온이 영하 20도 이하로 혹한(酷寒)을 충분히 연상할 수 있는 도시이다. 앞서 언급된 4개의 도시 가운데 오타와는 캐나다라는 국가의 수도(首都)로서 타 도시들과는 다른 특별성이 있지만 추위와 관련되어선 세계에서 두 번째로 추운 수도(首都)라는 기록을 가지고 있다. 참고로 전 세계에서 가장 추운 수도는 몽골의 울란바토르라고 한다.

낮은 기온도 문제지만 추위의 겨울이 얼마 동안 지속되느냐도 문제이다. 삿포로가 속해 있는 홋카이도는 폭설과 추위가 무려 일 년의 절반, 6개월 가까이 지속되는 지역으로 표현된다. 캐나다 퀘벡의 기온도 연간 175일이 영하라고 하니 반년에 가까운 날씨가 겨울 날씨라고 추론할 수 있다. 혹독한 추위, 거의 반년 동안 이어지는 겨울, 폭설 등으로 대표되는 이런 지역에서 기나긴 겨울을 소극적으로 대처한다면 주민들은 감성적으로도 위축될 것이며, 지역 상가를 포함한 지역경제도 비수기를 맞이할 것이 분명하다. 혹한(酷寒)의 긴 겨울, 폭설(暴雪)은 도시민 관점에서는 바깥보다는 실내에서 따분하게 보내는 시간을 많게 하며, 지역공동체 관점에서는 시민들 간의 접촉을 감소시키고, 도시 내 비즈니스 물량도 축소되며, 상가도 침체기로 빠지게 하는 도시발전에 방해요인임을 누구나 인정하지 않을 수 없다. 실제로 삿포로에 사는 어느 재일교포는 삿포로의 긴 겨울을 '동면기'라고 표현했는데, 거의 밖에 사람도 잘 안 다니고, 관광객도 발이 끊기는 도시민들의 심리적 위축, 경제적 침체를 상징하는 단어로 보인다.

다시 4개 도시의 공통점에 대한 질문으로 돌아가서 뉴스에 민감한 사람들이라면 4개 도시가 모두 겨울철이면 언론 방송에 자주 언급된다고 답할 것이다. 각종 기사와 뉴스에서 자주 언급되는 방향이 혹한과 폭설을 이야기하는 부정적인 방향보다는 겨울철에 제일 가고 싶은 곳으로 묘사된다는 점이다. 영하 20도의 혹한에서 무엇이 좋아서, 무엇이 재미있어서 국내적으로는 물론 외국에서까지 가고 싶어 하는 것일까? 이것은 극적인 반전이고, 역발상 전략이며, 혁신이라고 할 수 있다. 바로 겨울축제 때문이다.

4개 도시의 겨울축제는 지역의 장애요인들을 발전요인들로 전환시켰고, 많은 긍정적인 효과가 있었다. 부정요인이고 장애요인이었던 눈, 얼음이 겨울축제를 통해 긍정요인인 설상(눈조각), 얼음예술 조각상들로 바뀌게 되고, 특히 명백한 장애요인이라 할 수 있는 영하 20도에 가까운 혹한의 추위는 설상과 얼음조각상을 장기간 유지해 주는 냉동고의 역할을 해주는 발전요인으로 전환되는 효과가 있었다.

겨울축제를 통해 이러한 부정적 요인들을 긍정적으로 전환하면서 가져올 수 있는 지역의 효과는 이렇게 정리할 수 있다. 가장 먼저 주민들의 겨울철 따분함을 축제를 통해 시민 레크리에이션 활동으로 새롭게 창출하게 되고, 지역의 청소년 문제도 흥겨움과 창조적 활동의 참여를 이끌어내게 된다. 또한, 창조적인 얼음, 눈 조각상들로 많은 스토리텔링이 가능해지고 그로 인해 국내는 물론 외국 관광객들까지 유치하게 됨으로써 겨울 때문에 침체되었던 지역상가에 활기를 불어넣고, 겨울축제 때문에 새로운 비즈니스가 창출되고, 새로운 일자리 및 부분 고용(Part-time Employment)이 생겨난다. 또한 얼음, 눈 조각상이 강한 추위로 인해 오랫동안 형체를 유지하기 때문에 축제 기간이 장기화되며 지역의 숙박산업과 음식산업에도 정비례효과를 주게 되면서 겨울에 침체되었던 도시는 축제를 통해 소프트웨어 중심의 도시재생 효과를 거둘 수 있게 된다. 한마디로 얼어붙은 도시에 훈풍을 불어넣게 된다는 이야기다. 이러한 지역을 살리는 겨울축제의 모델은 다음과 같다.

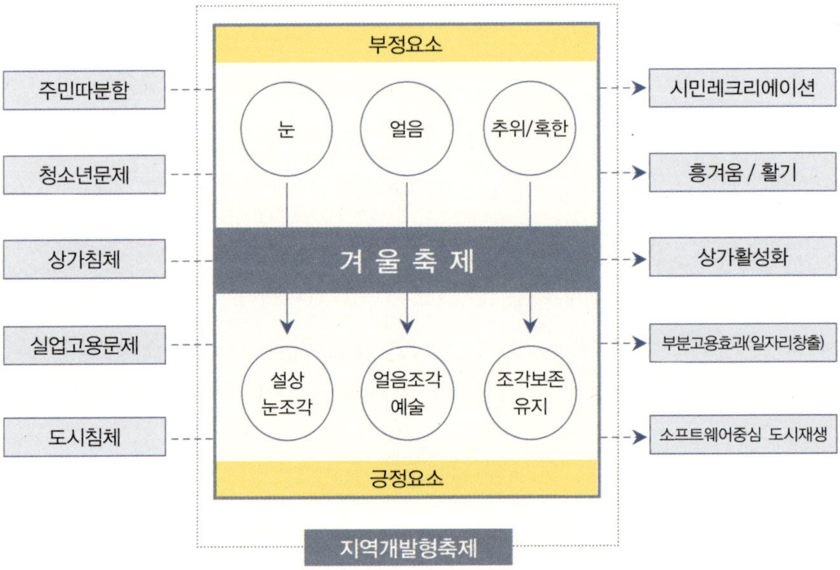

[그림 1-2] 지역을 살리는 겨울축제 모델

이러한 혁신과 역발상 전략이 구현되면 지역의 이미지가 개선되고 도시 브랜드 업그레이드 효과를 가져오게 된다. 하얼빈 시내 각 건물에서 석탄 연료 때문에 굴뚝으로부터 뿜어져 나오는 검은 연기는 하얼빈을 '블랙의 도시'로 연상되게 하였으나 빙설제와 빙등제를 방문하면서 둘러싸인 새하얀 눈과 얼음으로 하얼빈을 '화이트 도시'로 깨끗이 채색하는 듯한 반전 효과가 있다고나 할까?

그렇다면 과연 4개 도시의 겨울축제에는 어떤 전략이 숨어 있기에 이러한 혁신이 공통적으로 가능했을까? 우선 한국에서는 축제하면 경제 · 사회 · 문화 측면에서 소비적으로 보는 관점이 우세하다면 캐나다, 중국, 일본 3개국 4개 도시의 겨울축제들은 매우 생산적이고, 유 · 무형적으로 지역개발에 도움이 되는 상반된 커다란 관점의 인식차이가 존재한다는 부분에 큰 의미를 가지고 이 이슈에 접근해야 한다고 본다. 우선 결론적으로 축제가 주민화합형과 지역개발형(또는 문화관광형)으로 분류된다고 할 때 한국에서는 주로 축제를 주민화합형적으로 보는 시각이 강하고, 캐나다, 일본, 중국의 4개 도시는 전형적인 지역개발형축제 시각이라는 점을 참고해야 한다. 축제예산도 한국에서는 주로 지방정부에서 타성에 젖은 반복된 예산을 써버리면 되는 '축제운영'이라는 다소 방만한 관점이었다면 3개국의 4개 도시 사례는 축제예산에 입장료 부과, 스폰서십 유치 등 효과적인 민간 재원조달 방법을 적용하는 축제경영의 관점이 강하다는 차이점이 있다.

이러한 축제경영관점을 보다 세부적으로 들여다본다면 어떤 질문들을 떠올릴 수 있을까? 예산투자 관점에서 유형적인 효과뿐만 아니라 무형적인 효과를 감안한다면 저비용 고효율의 축제가 어떻게 가능했을까? 혹한 추위로 피해야 할 곳을 주민들은 물론 국내 외국인 관광객들까지 유치하는 매력은 어떠한 마케팅전략이 가능하게 했을까? 어떠한 축제 프로그램이 인기를 모으는 프로그램들인지, 축제에 재원조달이 어떻게 가능한 것인지, 인건비 문제를 해결하는 자원봉사자 전략은 어떻게 가능하며, 4개 도시마다 차별화되는 핵심 차별화전략은 무엇인지, 언론 방송에서 나타나는 재미있는 축제 스토리텔링에는 무엇이 있는지 등에 대한 질문들을 토대로 겨울축제를 세계적인 지역개발형축제로 끌어올린 핵심 벤치마킹(Benchmarking) 포인트와 성공전략들을 분석해 보고자 한다.

축제 프로그램 관점에서도 한국에서는 일반적으로 프로그램들이 매력성이 미약하고 전례를 그대로 답습하는 프로그램 매너리즘(Mannerism)이 만연하고 지역적 특성을 면밀하게 반영하기보다는 유행하는 프로그램을 모방해내는 데 반해 3개국 4개 도시의 겨울축제는 경쟁력 있는 프로그램을 지속해서 계승 발전시키고, 국내 · 외 관광객들까지 끌어들이는 프로그램 매력성이 높다고 할 수 있다. 또한, 개최시기 관점에서도 한국에서는 연중 가장 좋은 날씨에 축제 개최를 고집하고 있다. 그래서 5월과 10월에 축제 집중현상이 심각한 한국에 반해 앞에서 살펴본 3개국 4개의 도시에서는 가장 혹한의 날씨 속에서도 축제를 개최하고 있다는 점이다.

그렇다고 본 저서가 단순히 국내 겨울축제를 활성화해야 된다는 차원이 아니다. 가장 어렵고 힘든 겨울철에 개최되는 축제를 통해 지역이 활성화되고 전 세계의 관광객들이 찾아오고 지역산업의 성장에 원동력이 된다는 사실을 이 책으로 전달함으로써 축제 하나가 지역을 바꾸고 지역을 재생시킬 수 있다는 긍정의 힘을 알려주고자 하는 것이다. 이에 본 저서에서는 비수기에 지역을 살리는 겨울축제사례들을 중심으로 한 비교연구를 통해 우리나라의 현실에 맞는 효과적인 축제경영요인들과 성공기법들을 파악해보고자 한다. 또한, 이 책을 통해 축제를 담당하는 공무원은 물론 축제를 공부하거나 축제에 몸을 담고 있는 사람들에게 이 책에 실려 있는 겨울축제가 성공할 수 있었던 전략과 노하우를 전달함으로 해서 각자 자신의 역할에서 국내축제들도 지역에 긍정적으로 영향을 주고 더 나아가 일자리 창출은 물론 지역 재생에도 이바지하는 지역개발형축제로 발전시키는 데 보탬이 되고자 한다.

II

중국 하얼빈 빙설대세계

1. 중국 하얼빈

하얼빈시는 흑룡강성(黑龍江省)의 성도이자 중국 동북(東北) 북부 지역의 정치, 경제, 문화 중심지이다. 하얼빈시는 중국 성(省) 직할시 중 면적이 가장 크고 인구는 두 번째로 많은 대도시이며, '문화의 도시', '음악의 도시' 및 '얼음의 도시', '백조 목 위의 진주', '동방의 모스크바', '동방의 작은 파리'라는 미명을 가지고 있다(하얼빈시 정부).

하얼빈은 만주족(族)의 말로 '그물 말리는 곳'이라는 뜻이다. 19세기 무렵까지는 불과 몇 채의 어민 가구가 사는 한촌(寒村)에 지나지 않았으나 제정(帝政) 러시아의 둥칭[東淸] 철도의 철도기지가 된 이래 상업 · 교통도시로서 발전하였다(하얼빈 경제합작촉진국). 중국의 동북지방 북부에 위치한 하얼빈은 인구 977만 명의 도시로 1896년부터 1903년 사이에 건설된

중국 하얼빈(동그라미 부분 참조)

자료 : http://maps.google.co.kr/

중동철도를 중심으로 공업을 발전시켜 큰 번영을 누렸던 도시이다. 하지만 하얼빈의 혹독하게 추운 겨울날씨는 지역의 발전을 가로막는 최대의 걸림돌이었다.

하지만 하얼빈은 추위를 전화위복(轉禍爲福)의 기회로 삼았다. 바로 하얼빈 빙설대세계라는 축제 소프트웨어를 통해 세계적인 도시들과 어깨를 나란히 하는 계기를 마련하였다는 점이다. 어떻게 하얼빈이 절망의 지역에서 희망의 지역으로 바뀔 수 있었는지 성공전략을 살펴보자.

2. 축제가 도시를 살린다

지역의 불황을 극복한 지역개발형축제의 성공적인 사례는 영국 에든버러페스티벌, 독일 옥토버페스트, 브라질 리우카니발, 일본 삿포로 눈축제가 있지만 중국의 하얼빈 빙설대세계를 눈여겨볼 필요가 있다. 중국 하얼빈은 영하 30~40도까지 내려가기 때문에 바깥 출입이 어렵고 혹한의 추위로 활동조차 힘든 열악한 여건 속에서도 지역을 변화시켰으며, 불황을 극복한 대표적인 지역개발형축제라고 할 수 있다. 지역개발의 최대 걸림돌이었던 추위와 빙설, 특히 하얼빈의 어디에도 필요하지 않았던 송화강 얼음이 하얼빈 겨울축제의 훌륭한 소재로 탈바꿈하는 전략으로 사용되었다는 점이다. 열악한 환경 속에서도 지역을 변화시킨 하얼빈 빙설대세계는 그중에서도 지역의 고용창출 효과 및 축제와 지역의 산업과 연계시킨 전략 관점에서 살펴볼 필요가 있다.

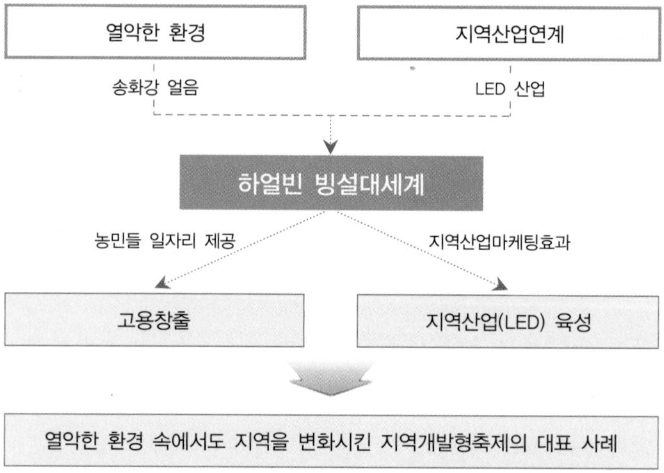

[그림 2-1] 지역개발형축제로서의 하얼빈 빙설대세계

우선 축제를 통한 고용창출 부분이다. 언뜻 보아 쓸모없는 것으로 생각되었던 송화강의 얼음을 축제의 소재로 사용하면서 대규모의 얼음을 채취하기 위한 일시적인 고용을 창출한다는 점이다. 이는 겨울철 비수기인 하얼빈 지역을 일시적으로 호황기로 만드는 역할을 하고 있다는 것이다. 축제기간 전후 약 2만 명의 임시고용이 창출되는데, 그중에서 얼음을 채취하는 과정에서 약 9천 명의 인력이 고용되고 있다. 축제기간 중 일자리가 창출되는 점은 축제를 개최하는 경제적 · 사회적 측면에서 의미가 크다고 할 수 있다.

다음으로 단순한 축제로 끝난 것이 아니라 지역의 산업과 연계했다는 점이 중요하다. 지역의 산업을 마케팅하기 위해서는 대규모의 예산도 확보해야 하고, 관련 산업분야의 해외 전시회도 참여해 홍보 마케팅 및 각종 지역산업 활성화를 위한 프로모션을 활발히 하기 마련이다. 이를 위해서는 엄청난 비용이 수반되는데 축제와 지역의 산업을 효과적으로 연계시키는 전략과 지역의 산업을 마케팅하는 하얼빈 빙설대세계의 사례를 본받을 필요가 있다. 하얼빈 빙설대세계는 단순한 얼음을 활용한 것이 아니라 지역의 LED산업과 연계하고 있다는 점이 매우 중요하다. 축제를 통해 하얼빈시는 LED산업을 중점으로 발전시키는 도시가 되었다. 송화강의 얼음에 홈을 파고 LED를 넣음으로써 중장기적으로는 지역의 산업효과를 극대화 시킨 것이다. 중국의 하얼빈이 LED를 차세대 산업으로 말하게 된 근원은 바로 '하얼빈 빙설대세계'에 있는 것이다. 우리도 생각을 바꿔 축제를 산업과 연계시킬 수 있다면 엄청난 효과를 기대할 수 있다.

1) 공업도시에서 축제도시로 변모

흑룡강성(黑龍江省)은 중국의 최북단에 위치한 성으로 연평균 기온이 3℃에서 2℃, 겨울철의 최저 기온이 영하 40℃로 물방울이 삽시간에 얼음으로 변할 수 있을 정도의 추운 곳이다. 흑룡강성의 성도인 하얼빈은 겨울에 여행하면 좋은 도시로 도시 전체가 술렁이는 축제가 열리는데 색색으로 비치는 얼음 예술품이 북국 특유의 아름다움을 자아내며 추위를 잊게 한다. 서쪽에서부터 동쪽으로 하얼빈을 관통하는 송화강(松花江)은 엄동설한에 빙하가 되어 70~80cm의 얼음 두께에 달해 트럭도 마음대로 달릴 수 있게 된다. 이런 송화강의 얼음을 이용하는 하얼빈 빙설대세계는 매년 1월 5일~2월 5일 사이 영하 30도의 소름 돋는 혹한 속에서 축제가 열린다.

하얼빈시 자료에서 축제의 유래를 살펴보면 빙등제는 청나라 때부터 시작됐다고 한다. 하얼빈에 긴 겨울이 시작되면 추운 날씨로 주민들의 야외활동 빈도가 급격히 줄어들기 때문에 시(市)정부가 민간에서 즐기던 기존 빙등행사를 주민들의 운동 장려 및 겨울철 취미활동 촉진을 위해 1963년부터 축제로 발전시켰다.

하얼빈 빙설대세계의 화려한 얼음성

1980년대 초기에 하얼빈 빙등은 이미 국내 · 외에서 많은 인기를 얻었으며, 다양한 빙상 운동과 겨울철 수영 운동도 인기가 높았다. 그때부터 중국 정부에서는 빙설 문화 활동의 중요성을 인식하기 시작하였으며, 하얼빈시정부 홍보부서 담당자들은 외국 손님들이 하얼빈 빙등을 매우 좋아하고 하얼빈 눈에도 매우 관심을 갖는 것을 발견하여 '얼음과 추위'조차도 훌륭한 관광상품이 될 수 있다는 점을 발견하였다. 얼음 조각으로 '무에서 유'를 창조하는 가능성을 발견한 것이라 할 수 있다.

1963년 축제 시작과 함께 시(市) 정부에 빙설제와 관련 조직위원회가 생긴 지 46년이 지났지만 한때 문화대혁명 등의 중국 내 사회변화를 겪으면서 행사가 제대로 운영되지 못하다가, 개방의 바람을 타고 관광객유치 차원에서 1985년을 기점으로 하얼빈 국제빙설제가 본격적인 축제로 변신을 시도했다. 1985년 1월 5일 빙등유원회의 개최 장소인 자오린공원 남문광장에서 제1회 하얼빈 빙설제의 개막식이 개최되었으며, 그 후 매년 1월 5일은 하얼빈 빙설제의 공식 개막일이 되었다.

처음에는 4개의 구청, 구민들의 참가로 시내의 한 공원 내에서 시작되었는데 협소한 장소로 인해 작품들의 한계를 인식한 당시 부시장이 1999년 지금의 송화강 건너편 태양도의 공터로 축제장소를 이동하면서 현재 하얼빈 빙설제의 위용을 갖추기 시작하였고, 빙설대세계, 태양도 국제눈조각예술엑스포, 빙등예술가든파티, 송화강 빙설낙원, 국제얼음조각경기 등이 열리는 초대형 행사로 발전하게 되면서 하얼빈시는 공업도시에서 축제의 도시로 변모하는 계기를 마련하였다.

2000년 말 하얼빈 정부는 하얼빈을 유명한 세계빙설관광도시로 키우기 위해 2001년 제17회 하얼빈 빙설제를 '중국 하얼빈 국제빙설제'로 승격하였다. 하지만 우리가 알고 있는 하얼빈 빙등축제의 정식 명칭은 '하얼빈 빙설대세계(哈爾賓氷雪大世界)'로 '하얼빈 국제빙설제'안에 개최되는 세부 행사명칭이라 할 수 있다. 우리가 언론이나 사진으로 보았던 하얼빈 빙등축제라고 일컫는 축제가 바로 하얼빈 빙설내세계인 것이다. 하얼빈 빙설대세계는 그간 해를 거듭하면서 질적인 진화과정을 거쳤다. 하얼빈 빙설대세계는 해마다 1월 5일에 개막하여 하얼빈의 추위가 절정을 이루는 2월 중순까지 두 달여 동안 진행된다. 이는 세계에서 가장 긴 겨울축제라 할 수 있다. 보통 크리스마스 이브인 12월 24일부터 시험 개장을 하며 공식개막 때까지 작품을 완성한다. 또 하얼빈은 빙등제와 함께 눈조각 축제인 빙설제(氷雪祭)가 동시에 열린다.

매년 1월 5일이 되면 하얼빈 전역에서 약 2개월가량 '하얼빈 국제빙설제'가 열리는데 이는 이미 하얼빈의 관광, 경제무역, 금융, 문화, 예술, 스포츠를 하나로 묶는 종합축제로 발전하였다. 규모는 청도의 맥주축제보다 크고, 중국 하얼빈시 통계에 따르면 하얼빈을 찾는 방문객은 2010년 기준으로 약 1,202만 명이 찾는 국제적인 축제도시가 되었다. 최근 들어 하얼빈은 중공업 중심의 도시발전 전략이 관광을 중심으로 많이 옮겨가는 경향을 보인다. 이는 중국 첫 우수관광도시, 중국 10대 최적관광도시, 중국 10대 브랜드도시, 중국 10대 축제도시, 2008년 가장 영향력 있는 중국 축제도시 선정이라는 하얼빈시의 타이틀만 봐도 알 수 있다. 하얼빈처럼 축제로 중앙정부의 주목을 통한 예산지원과 개발사업을 유치한 국내 사례로는 보령머드축제, 함평나비대축제, 김제지평선축제를 들 수 있다.

하얼빈 국제빙설제의 성공으로 인해 세계빙설관광의 최적지 흑룡강은 요즘 밀물처럼 몰려오는 국내 · 외 손님들로 뜨거운 겨울을 보내고 있다. 흑룡강성 내 각 관광도시와 관광지는 대표적인 관광제품과 코스 개발로 관광객들의 이목을 집중시키고 있으며, 목단강빙설관광문화축제, 가목사삼강국제빙설축제 등 여러 흑룡강 겨울축제가 개최되면서 흑룡강성은 중국 내 겨울철 최적 관광지로 주목받고 있다.

〈표 2-1〉 흑룡강성 9대 빙설축제

축제명	첫 개최연도	개최횟수(2011년 기준)
하얼빈 국제빙설제	1985년	27회
흑룡강 국제스키축제	1997년	14회
치치하얼관동문화관광축제	2003년	9회
가목사삼강국제빙설축제	2003년	9회
중국설향관광축제	2005년	6회
중국대경설지온천축제	2007년	5회
중국막하동지축제	2010년	2회
목단강빙설관광문화축제	2011년	1회
림업도시 이춘삼림빙설환락축제	2011년	1회

자료 : hljxinwen.cn 뉴스

Case Study 축제를 통해 중앙정부로부터 주목받고 지역개발사업을 유치한 국내 사례

중국 하얼빈은 빙설대세계라는 축제 개최로 인해 중공업 중심의 도시발전 전략이 관광 중심으로 옮겨가는 경향을 보이고 있다. 한국에서는 낙후된 지역에서 축제 개최 이후 대규모 국비를 유치한 사례로 함평, 김제, 고령 사례를 살펴보고자 한다.

함평나비대축제 개최 이후 함평나비산업특구 지정

함평군은 전형적인 농촌지역이라 할 수 있다. 함평군의 경우 지역의 고유한 자원과 관계가 없는 나비라는 주제를 채택하였으며, 이는 함평=나비라는 도시 이미지메이킹 사례라 할 수 있다. 특히 함평나비대축제는 국가지정 문화관광축제로 선정되는 등 지역축제의 새 지평을 열었다는 평가를 받고 있는 여건을 활용하여 2008년 함평 세계나비·곤충엑스포를 개최하였다. 함평군 자료에 의하면 2006년 '함평나비산업특구' 지정을 통해 국비 72억 원, 도비 75억 원이라는 국가지원을 이끌어냄으로써 나비·곤충산업 연구개발 체계를 구축하고 있다.

김제지평선축제 국비유치를 통한 벽골제 광장 조성

교과서에서나 볼 수 있었던 벽골제는 1999년 김제지평선축제를 개최하면서 문화재로서의 가치를 높여가고 있다. 첫해 축제를 개최할 때만 해도 벽골제는 잡초만 무성한 황무지 땅이었으며 지난 91년부터 벽골제 복원사업을 추진해 단야루, 단야각, 농악전수관, 농경문화박물관을 건립하고 벽천 나상목 화백의 유작을 모은 벽천미술관을 개관하는 등 축제를 통해 무에서 유를 창출한 공간으로 바뀌어가고 있다. 김제시 자료에 의하면 최근 2010년부터 2013년까지 4개년에 걸친 사업을 계획하고 국비 및 지방비 약 126억을 투입해 10개 부문의 사업을 추진할 계획을 갖고 있다.

경북 고령의 대가야체험축제를 통한 대가야권 개발사업 승인

경북 고령지역은 군 단위 소규모지역으로 '고령' 하면 떠올릴 수 있는 특징적인 이미지가 없어 관광객이 찾는 매력적인 지역이 아니었으나 대가야체험축제를 통해 역사도시라는 지역의 이미지 변화와 대가야 2천5백 리 뱃길을 여는 계기를 마련하였다. 특히 축제를 통해 지자체 간 광역적 협력을 유발하고 고령군이 대가야문화권이라는 창조적 발상을 구상하는 데 있어 상징적 역할을 하였으며, 가야문화권을 활성화시키는 사업으로 1,200억 원의 국비를 유치함으로써 창조적 발상을 현실화하고 있다.

2) 축제를 통한 고용효과

축제기간 전 · 후 또는 축제기간 중 일자리가 창출되는 점은 축제를 개최하는 경제적 · 사회적 측면에서 중요한 의미가 있다. 하얼빈에서는 1,000m^2 수영장 72개 크기의 대규모 얼음을 채취하는 과정과 쌓아놓은 얼음을 조각하고 전구 장치를 설치하는 얼음 제조 공사에 약 9,000여 명의 일자리를 창출하고 있으며, 태양도 눈박람회와 자오린공원의 공사에 참가하는 자들을 포함하면 하얼빈 지역은 축제를 통해 약 2만 명의 일시적인 고용창출이 되고 있다.

중국 북동 정부에 따르면 일시적인 부분고용이 발생하는 분야는 송화강에서 얼음을 자르고 운반 차량까지 나르는 과정, 얼음과 눈을 조각하는 인력, 축제기간 중 진행요원, 안내요원 등의 일자리 등이다. 매년 2개월가량의 축제기간은 영하 30도까지 하강하여 날씨는 전통적으로 지역을 비수기로 만들어 경기 침체에 빠뜨리던 하얼빈을 일시적 호황기로 만드는 역할

송화강에서 얼음을 채취하는 과정

자료 : KBS 특파원현장보고(2012.1.28)

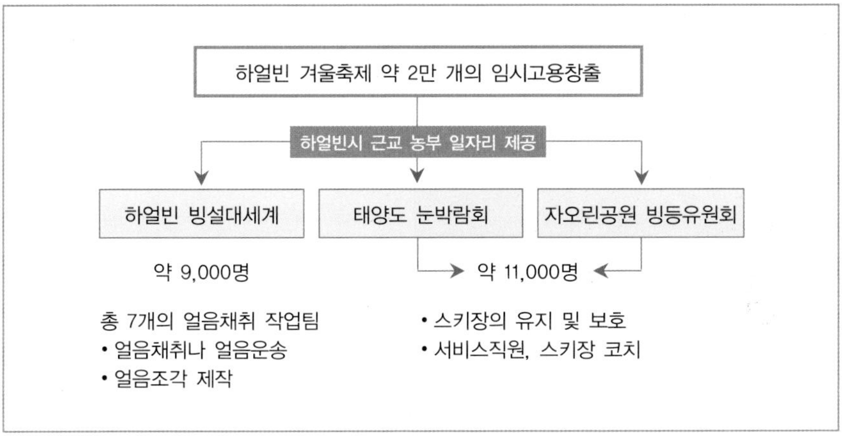

을 하고 있다. 실제로 얼음을 채취하는 과정에서 약 9천 명의 인력이 고용되고 있다. 하얼빈의 겨울 축제기간 중 약 2만 명의 임시고용이 창출되는데 그들은 축제가 개최되는 2개월간 약 5,600위안(한화 약 1백만 원) 정도의 보수를 받는다. 간접적으로는 중국의 지방산업 육성정책에서 하얼빈이 LED산업을 육성하고 있다는 점을 감안한다면 빙설제 기간 중 투입되는 LED의 수요를 맞추기 위한 산업 측면의 고용도 늘어나는 역할을 한다. 아울러 축제기간 중 1백만 명이 방문하는 관광객의 숙박과 음식, 연계관광 등으로 관광산업의 고용창출까지 고려한다면 고용창출 효과는 더욱 클 것으로 예상한다.

Case Study 축제를 통해 일자리를 창출한 국내 사례

비수기기간에 일자리를 창출하는 화천산천어축제

자료 : MBC 사람이다Q

국내에서도 비수기기간에 일시적인 고용 창출을 통해 지역이 호황을 누린 사례로 화천산천어축제를 들 수 있다. 겨울철 대표축제이자 문화관광축제 최우수축제인 화천산천어축제는 일자리 창출에도 한몫을 하고 있다. 산천어축제를 준비하는 운영인력은 연인원 1만 명을 상회하고 있으며, 이를 위해 축제 예산에서도 3천만 원의 인건비가 증액되었다. 특히 축제에 앞서 산천어 양식을 위한 고용이 이뤄지고 있으며, 화천군 읍내에 설치되는 선등거리를 위해 70세 이상의 노인들의 일자리가 창출되고 있다. 그 밖에도 얼음을 관리하는 파트타임, 축제시설을 설치하는 단순노동 등 축제기간 동안 약 1천5백 명의 일자리가 창출되고 있다. 겨울철 일거리가 없는 농촌의 특성상 산천어축제 일자리는 지역주민에게 적잖은 도움을 준다고 할 수 있다.

지역의 산업으로 고용창출 및 비즈니스화를 시도한 한산모시문화제

서천한산모시문화제는 축제의 주제를 반영하여 핵심적인 프로그램 부스의 경우 초가부스를 제작하고 있다. 초가형태의 부스제작에 있어 초기 서울영화촬영소에서 세트제작팀을 섭외하여 초가부스 제작을 의뢰하였다. 축제팀은 초가부스 제작 당시 지역에서 거주하는 50세 이상의 인력을 지원하여 지역민으로 하여금 초가부스를 제작하는 방식을 배우도록 하였으며 이를 통해 다음 해에 해당 지역민이 초가부스를 제작하도록 운영하여 영화세트제작팀과 같은 전문인력을 섭외함으로써 발생하는 고비용을 줄임과 동시에 지역의 일자리를 창출하는 효과를 거두었다. 지역민이 직접 초가부스를 제작하였던 첫해의 경우 제작기간이 두 달 이상 소요되었으며 해가 거듭될수록 전문성이 부가되어 나중에는 보름 만에 초가부스 제작을 완료할 수 있었다. 이처럼 외지의 전문가를 고용하여 진행하였던 부분을 지역민의 직·간접적 교육을 통해 지역민으로 대체함으로써 50대 이상 중장년층의 고용창출에 축제가 기여하게 된 것이다.

하얼빈 겨울축제의 하이라이트는 얼음과 눈을 활용한 조각이라 할 수 있다. 많은 양의 얼음과 눈조각을 주어진 시간 안에 만들기 위해 조각가들을 고용하게 되는데 전문 조각가들만 투입되는 것은 아니다. 이들은 대부분 겨울 외에는 다른 직업이 있는데 혹한기가 되면 경기가 침체되어 일손을 놓아야 하는 형편이다. 그러나 축제가 개최되면서 직업을 일시적으로 바꾸어 조각가로 변신하는 것이다. 하얼빈 국제빙설제에서 활약한 조각가들은 해외에 나가 조각활동을 하기도 한다. 얼음을 채취하는 과정에 투입되는 인력들의 경우 하얼빈시 외곽의 송북구, 호연구, 조동시 등의 농부들인데 축제기간 중 일시적으로 얼음 채취를 하면서 소득을 올리고 있다. 특히 하얼빈 빙설대세계의 부총지휘 왕증옥의 소개에 따르면 흑룡강성 이외의 지역에서 하얼빈시의 얼음 채취 공인들의 인건비는 하얼빈 인근 지역의 2배 이상을 받는다고 한다. 그래서 총급여를 계산해 보면 하얼빈 본 지역과 하얼빈시 이외 지역에서 총 40일 동안의 얼음채취 기간에 노련한 얼음조각가는 약 180만 원(한화)의 급여를 받는다고 한다.

1963년에 작은 축제로 시작해서 1985년부터 정식으로 국제적인 축제로 성장한 하얼빈 빙설대세계는 이제 그 노하우를 해외에 수출할 정도로 독보적인 위상을 구축하고 있다. 리우레이창 빙등제 총감독에 의하면 빙등 디자인팀과 건설팀이 따로 운영되고 있으며, 얼음 조각과 건축 방면에선 헤이룽장, 즉 하얼빈에 기술이 탁월한 인재가 가장 많이 집중되어 있다고 한다. 이것은 하얼빈 겨울축제의 또 다른 경쟁력이라 할 수 있다.

Case Study 축제로 인해 일자리를 창출하는 해외 사례

다양한 분야의 일자리를 창출하는 영국 에든버러 축제들

해외에서도 다양한 분야의 일자리를 창출하는 사례로 영국 에든버러를 들 수 있다. 축제의 도시 에든버러는 제2차 세계대전 직후 침체된 도시와 시민들의 아픔 치유를 위해 축제가 기획되었으며, 제조업이 없는 스코틀랜드 도시에는 축제가 가장 중요한 산업이라 할 수 있다. 특히 8월의 축제기간 1달 동안 벌어들인 수익으로 1년을 사는 부가가치가 높은 축제로 알려져 있다. 특히 에든버러페스티벌이 개최되는 축제기간 동안 약 1만여 명의 풀타임 일자리를 창출하고 있다. 에든버러에서 개최되는 11개 축제의 고용효과는 주 30시간 이상 1년의 정규고용(Full Time Equivalent(FTE))된 수로 집계되고 있다. 2010년 에든버러페스티벌은 에든버러에서 새로운 5,242개의 정규고용(FTE) 직업을 창출하였으며, 스코틀랜드에서는 4,917개의 새로운 정규고용(FTE) 직업을 창출한 것으로 보고되고 있다. 특히 공연 기획에서부터 청소분야, 경호분야, 음악예술, 디자인분야 등 다양한 분야에서 고용창출이 이뤄지고 있으며, 그중에서도 프린지페스티벌, 군악대축제, 새해축제, 국제문화예술축제의 고용창출효과가 높은 것으로 나타났다.

	지출(£m)/(억원)	수입(£m)/(억원)	고용(FTEs) /명
과학축제(Science Festival)	£0.62 (10.1)	£0.10 (1.6)	10
이매지네이트페스티벌(Imaginate Festival)	£0.38 (6.2)	£0.12 (2.0)	8
영화축제(Film Festival)	£2.82 (46.2)	£0.91 (1.5)	61
재즈앤블루스페스티벌(Jazz and Blues Festival)	£1.29 (21.1)	£0.32 (5.2)	26
군악대축제(Military Tattoo)	£34.37 (564.2)	£7.96 (130.7)	787
프린지페스티벌(Fringe Festival)	£141.56 (2,323.8)	£34.26 (562.4)	3,006
멜라페스티벌(Mela Festival)	£0.49 (8.4)	£0.14 (2.3)	11
국제문화예술축제(International Festival)	£20.84 (324.1)	£5.18 (85.3)	437
책축제(Book Festival)	£5.08 (83.4)	£1.29 (21.2)	109
이야기축제(Story-telling Festival)	£0.18 (2.9)	£0.04 (6.6)	4
새해축제(Hogmanay Festival)	£27.91 (458.2)	£6.35 (104.2)	589
Journalists(Summer Festivals)			
에든버러(Edinburgh)	£9.46 (155.3)	£2.29 (37.6)	195
스코틀랜드(Scotland)	£8.42 (138.2)	£2.65 (43.5)	161
에든버러(Edinburgh)	£244.99 (4021.6)	£58.95 (967.7)	5,242
스코틀랜드(Scotland)	£260.96 (4,283.8)	£81.85 (1343.6	4,917

자료 : Edinburgh Festival Impact Study 2011(2013년 환율)

3) 어제는 발전의 걸림돌, 오늘은 하얼빈 지역경제의 주춧돌

세계 각국 각 지역에서 지역개발형축제를 개발하고 개최하는 실질적인 이유를 경제효과와 지역경제 활성화 등에 두는 경우가 많다. 지역개발형축제에서 방문객들이 지출하는 소비지출에 의한 경제효과는 엄청난 경우가 많다. 독일 옥토버페스트(Oktoberfest)는 2주간 750만 명이 방문하는 커다란 경제효과를 발산하는 지역개발형(문화관광형)축제로 알려져 있으며, 축제방문객의 총 소비지출규모는 10억 유로(약 1조 7천 억) 정도로 추정하고 있다. 이렇듯 브라질 리우카니발과 함께 세계 3대 축제로 꼽히는 독일 옥토버페스트로 성장할 수 있었던 데는 독일의 맥주산업을 뒷받침할 수 있었던 점을 들 수 있다.

독일 옥토버페스트와 비교할 정도로 하얼빈 빙설대세계는 하얼빈지역 발전에 효자노릇을 하고 있다. 중국의 최북단에 위치한 성으로 물방울이 삽시에 얼음으로 변할 수 있는 추위와 빙설은 지역발전의 최대 걸림돌이었다. 하지만 현재는 연간 1,000만 명 이상의 관광객들이 방문하는 관광도시로 발전했다. 축제가 개최되는 태양도 공원은 송화강의 섬으로 1958년 설립되었으며, 하얼빈의 외곽지역인 태양도 섬 전체를 빙설제 · 빙등제 행사장으로 활용한 점은 소프트웨어적인 지역재생 효과라 할 수 있다. 또한 하얼빈빙설대세계로 인해 하얼빈은 이미 산업적 효과를 나타내고 있으며, 경제무역, 관광, 도시브랜드, 도시영향력 등의 성과는 다음과 같다.

첫째, 1963년 작은 축제에서 시작된 하얼빈 빙설대세계는 하얼빈 지역의 은백색 산업을 탄생시키고 발전시켰다는 점이다. 하얼빈은 빙설과 인연을 맺으면서 LED조명, 인공눈제조 등 새로운 산업을 발전시켰으며 '얼음채집마을', '스키감독마을' 등이 잇따라 탄생했다. 하얼빈축제로 인해 가

화려한 LED조명이 빛나는 얼음조각 건물

장 큰 혜택을 입은 것이 LED 조명회사라 할 수 있다. 하얼빈시 정부에 따르면 빙설대세계로 하얼빈 조명회사의 판매액은 매년 10월부터 12월까지 평균 40% 증가했으며, 축제 개최 이후에 기업의 홍보 효과는 한국 및 주변 국가인 러시아 등 국외시장까지 진출하는 데 큰 역할을 했다고 한다.

또한 LED산업과 더불어 설상제작에 필수요소인 인공눈 제조기계를 생산한 회사의 경우 내몽골, 북경, 산동 등 중국 내 10여 개 도시에 판매되고 있으며, 2006년부터는 러시아에까지 수출되고 있다. 하얼빈 빙설대세계의 성공은 곧 새로운 상품의 지속적인 개발을 유도하였으며, 중국 내 유일한 막대기식 인공눈 제조기계를 만드는 역할을 하였다. 이 밖에도 매년 하얼빈은 약 2만여 명에 달하는 얼음채집일꾼을 모집하여 수많은 '얼음채집마을'이 나타났으며, 약 6,000명의 '스키감독마을'이 생겨나는 등 축제로 인해 지역의 산업육성에 큰 역할을 한 것으로 볼 수 있다.

둘째, 하얼빈은 겨울축제 기간 동안 '빙등제 특수'가 진행된다. 우선 북경에서 전국 각지로 나가는 기차표 중 가장 구하기 힘든 기차표가 하얼빈

행 기차표라고 하며, 대부분이 빙설관광단체에 판매되는 것으로 알려져 있다. 특히 축제기간 5일 내의 차표는 모두 매진되는 상황이며 여객이 가장 많은 열차는 아예 10일 후의 차표를 예약해야 하는 형편이라고 한다.

하얼빈 지역의 숙박은 더할 나위 없다. 5성급 숙소인 샹그릴라 호텔은 한 객실당 비용이 1,600위안(한화 약 30만 원) 정도까지 오른다. 4성급인 진구다샤(金谷大厦)도 평상시 할인혜택을 받을 경우 400여 위안(한화 약 7만 원)하는 표준실이 900위안(한화 약 15만 원)까지 훌쩍 오른다고 한다. 하얼빈시 정부에 따르면 2010년 축제 관련 관광 수익은 약 110억 위안(한화 약 2조 1천억 원)의 경제효과를 유발한다고 한다. 이는 하얼빈의 겨울 축제를 하얼빈을 대표하는 산업으로 보는 이유라 할 수 있다. 그 밖에도 대중형 호텔뿐만 아니라 소형 여관들도 호황을 누리고 있을 정도이다. 또한 하얼빈을 찾아 방문한 발마시지 업소의 경우 축제기간에는 직원들의 수입이 5% 정도 늘어난다는 현지인의 증언을 고려해 보았을 때 이는 실제로 축제기간 만큼은 최소 5% 이상의 경제발전이 이루어지고 있다고 해석할 수 있다.

셋째, 하얼빈 빙설대세계로 인해 하얼빈의 도시 경쟁력 · 영향력이 상승하고 있다. 하얼빈은 중국 첫 우수관광도시, 중국 10대 최적관광도시, 중국 10대 브랜드도시, 중국 10대 축제도시, 2008년 가장 영향력 있는 중국 축제도시 선정되는 등 국내 · 외적으로 인지도가 상승하고 있다. 또한 하얼빈시 외사판공실의 관계자의 말에 따르면 10년 전에는 각 매체에 일일이 전화하여 하얼빈에 와서 보도해 달라고 요청하는 것이 일이었으나, 요즘에는 독일, 이탈리아, 유럽 등 외국 매체들이 취재를 하겠다고 앞다투어 오고 있다고 한다. 실로 지난날과 비교하면 격세지감(隔世之感)을 느낄 정도로 경쟁력이 높은 도시로 성장하고 있다.

Case Study 축제와 지역특화산업을 육성한 국내 사례

지방화시대에 지자체가 지역의 특화산업을 지역축제와 연계시켜 지역의 특화산업이미지 강화는 물론 관광객 유치, 지역경제 활성화, 특화상품 재고정리 등 다양한 효과를 누리고 있다. 축제를 통해 특화산업을 활성화시킨 사례로 보령머드축제와 이천도자기축제가 있다.

보령머드축제를 통한 화장품 특화산업 활성화

1997년 필자의 「만세보령문화제 개선방안에 관한 연구」의 결과로서 제안한 보령머드축제 개최를 계기로 보령 머드를 활용한 머드화장품을 지자체 특화산업으로 활성화시키고 있다. 사업 추진결과 지역의 경제적인 파급효과는 물론, 머드화장품 판매액 증가, 지역인지도 상승 등과 같은 가시적인 성과들이 나타나기 시작했다. 또한 머드화장품 등 보령머드의 세계화를 위해 매출증대 방안에 대한 세미나를 축제기간 동안 개최하였으며, 미국, 일본, 중국 등을 대상으로 해외 바이어를 초청하여 화장품 수출 상담회를 개최하고, 머드화장품 및 원료수출방안에 대하여 논의하는 등 머드를 지역의 특화산업으로 육성하고 있다.

이천도자기축제를 지역특화산업으로 부각

이천도자기축제는 도자기를 지역특화산업으로 부각시킨 국내 관광이벤트 사례이다. 지난 1995년을 기점으로 지역축제에서 관광상품화 일환으로 시도된 이천도자기축제는 방문객들의 높은 반응으로 이제 문화관광산업의 영역으로 확장시킨 모범사례가 되었으며, 2006년 이천도자기엑스포를 개최할 때까지 활성화되었다. 세계도자기엑스포가 실시한 2006년 도자센서에 의하면 이천 지역 요장(窯場)도 1995년 54개에 불과하였으나 1999년 170개, 2006년 274개로 꾸준히 증가하여 한국 도자의 메카이자 새로운 관광지로 자리매김하였으며, 이천시의 특화사업이 도자기산업이었다는 점을 입증하는 결과라 할 수 있다.

3. 중국 하얼빈 빙설대세계의 성공전략

1) 하얼빈 겨울축제 소재의 근원 : 송화강 얼음채취

언뜻 보아 별 쓸모없는 것으로 생각되는 것이 도리어 크게 쓰인다는 무용지용(無用之用)의 철학은 축제를 크게 성공시키는 비장의 전략으로 매우 중요하다. 지역의 풍부한 자연 소재를 축제의 소재로 탈바꿈시키는 것은 국제적인 축제 반열에 오르기 위해 가장 근본이 되는 요건 중 하나로 평가된다. 보령 머드축제는 '봉이 김선달형' 축제로 평가하곤 한다. 이는 보령 지역이 해안선을 끼고 있는 지역으로서 지역의 11%에 달하는 갯벌을 활용한 축제이기 때문이다. 더욱이 지천에 깔린 갯벌을 이용하여 지역특화상품을 만들어내고 이를 계기로 전국적인 문화관광축제로 발전을 이루었기 때문이다. 지역에서는 평범한 바다 진흙이 관광이벤트의 훌륭한 소재로 탈바꿈한 것이다.

하얼빈 빙설대세계의 1,500여 개에 달하는 빙등에 사용되는 많은 얼음들은 어디에서 온 것일까? 그 비밀은 바로 얼음의 도시 하얼빈을 감싸고 휘도는 송화강에 있다. 긴 겨울이 혹한의 추위와 함께 시작되면 송화강은 꽁꽁 얼어버리지만 이 얼어붙은 송화강의 얼음이 하얼빈 겨울축제의 훌륭한 소재로 탈바꿈하는 것이다. 이는 하얼빈은 사계절의 변화가 뚜렷하여 여름의 최고기온이 36도, 겨울의 최저기온이 영하 41도에 달하며 일 년 중 190일 이상이 영도 이하의 기온이기에 가능한 것이다. 흑룡강신문에 따르면 송화강의 얼음은 보통 50~60cm의 두께를 형성하지만, 하얼빈 지역의 날씨가 추울 경우에는 90cm에서 100cm에 달한다고 한다. 1년 중 5개월간 꽁꽁 얼어붙어 있는 강을 전기톱으로 직사각형의 조각으로 잘라 하나하나

자료 : 흑룡강신문(http://hljxinwen.dbw.cn)

광활한 송화강의 얼음바닥

갈고리로 찍어 강 위로 올린다. 50cm가 넘는 두께의 얼음은 각종 빙등을 짓는 데 쓰이는 건축자재라 할 수 있다. 이런 크기의 얼음 수십만 개가 소요되는 하얼빈의 겨울축제는 송화강이 없었다면 불가능했을 것이다.

송화강과 가까운 위치에 행사장이 집중되어 있는 이유는 축제에 필요한 얼음, 눈을 공수하는 데 따른 비용절감 및 축제장 조성이 편리하다는 이점 때문이다. 축제 개최지역인 송화강은 연평균 강설량이 496cm에 달하며, 항압력(抗壓力 : 재료의 단위면적당 받을 수 있는 최대 압력을 나타내는 수치)이 좋은 송화강 얼음을 얻는다는 이점이 있다.

빙설대세계의 얼음을 관리하는 현장주임에 의하면 빙설대세계에 사용되는 송화강 얼음의 특징은 흐르는 강물이 자연스럽게 언 것이어서 색채가 뛰어나며, 높은 투명도나 무늬는 인공적으로는 도저히 만들어낼 수 없

자료 : 흑룡강신문(http://hljxinwen.dbw.cn)

50cm가 넘는 두께의 송화강 얼음을 채취하는 모습

는 것이라고 한다. 또한 송화강은 다른 강의 물에 비해 탄소가 많아서 마치 크리스털과 같이 얼기 때문에 좋은 빙질의 얼음을 얻을 수 있다고 한다. 2012년 빙설대세계의 면적을 60만 제곱미터로 확대하면서 역대 최대의 규모를 기록하였다. 행사장의 면적이 증가하면서 얼음건축물의 양도 증가하였다. 송화강의 얼음 사용량은 2011년보다 4~5만 입방미터가 증가하여, 전체 얼음사용량은 18만 입방미터를 기록함으로써 역대 최대의 얼음사용량을 기록하였다. 이는 지역의 풍부한 소재인 송화강의 얼음이 없었다면 불가능했을 것이다.

① 송화강과 얼음조각 채취과정

송화강의 얼음은 11월 말이나 12월 초부터 약 20여 일간 채취작업에 나서며, 얼음을 채취하는 데는 기술이 필요하다. 특히 얼음을 채빙하는 인부들은 송화강 표면의 상태에 대해서도 잘 알아야 한다. 얼음의 질을 파악하지 못해 두께가 얇은 얼음이나 얼음 안에 기포가 있는 얼음을 채취할 경우 거절을 당하기 때문이다. 송화강에서 얼음을 채취하는 데는 약 9,000여 명의 근무자들이 고용되어 매일 새벽 4시부터 저녁 6시까지 400여 대의 차량을 이용하여 작업을 하고 있다. 이 기간에 고용되는 사람들은 대부분 강북 농부들로 구성되어 있으며, 얼음채취를 통해 1인당 1백만 원 정도를 번다고 한다. 지역주민들은 송화강에 널려 있는 얼음을 통해 비수기기간 동안 수익을 올리는 것이다.

빙설대세계 공사 중 중요한 부분인 얼음 채취공사는 엄격한 작업과정을 통해 이루어지고 있다. 얼음의 크기는 세로 1.6m, 가로 0.8m, 두께 0.3m로 제단하고 있으며 이러한 과정을 통해 표준화된 얼음을 얻을 수 있다. 또한 모든 얼음이 엄격한 심사 점검 과정을 통하여 빙설대세계공원 안으로 운송되며, 곧 아름다운 얼음조각 건축물이 제작된다. 얼음 채취작업을 정교하게 관리하기 위하여 하얼빈 물자원부서에서 위탁받은 빙설대세계공사건설 주지휘부는 하얼빈 전체의 얼음조각과 눈조각의 공급을 담당하고 있다.

채취한 얼음을 대형 장비를 이용해 운반하는 과정

자료 : KBS특파원현장보고(2012.1.28)

자료 : KBS특파원현장보고(2012. 1. 28)

공사현장을 방불케 하는 준비현장

송화강에서 채취한 얼음은 곧바로 빙설대세계 주무대와 거리 곳곳으로 운반된다. 보통 송화강 강변 쪽에서 빙설대세계 행사장으로 얼음을 운송하면 왕복 30분 정도 걸린다. 차량을 사용했을 때 트럭 한 대의 적재량으로 보통 6~7입방미터의 얼음을 운송할 수 있다. 빙설대세계 행사장은 흡사 아파트 신축공사장을 방불케 할 정도로 대규모 공사가 진행된다. 현장에서는 대형 크레인을 비롯해 분주하게 얼음을 운반하는 트럭과 지게차 등 공사현장의 모든 장비들이 동원된다. 자재만 얼음으로 바뀌었을 뿐 공사현장 그대로를 재현한다. 빙설대세계 준비작업은 매년 5월부터 시작되며, 설계와 디자인을 거쳐 실제 건축은 날씨가 영하 20도로 떨어지는 12월 초에 실시하며, 약 15일에서 16일 정도 소요된다고 한다.

얼음자재를 다루는 데 좀 더 능숙하고 신중해야 한다는 것이 일반 건축현장과 다르다면 다른 조건이다. 또 얼음빌딩의 아름다움을 결정짓는 조

자료 : KBS특파원현장보고(2012. 1. 28)

운반된 얼음조각들로 대형 얼음조각상을 만드는 과정

명 설비를 위한 작업이 무엇보다 중요하다. 얼음 한가운데로 골을 내고 그 사이사이로 각종 빛깔을 내는 다양한 등을 넣는다. 이처럼 투명한 얼음과 다양한 조명이 어우러져 환상적인 얼음궁전, 얼음집, 얼음담장, 얼음다리가 탄생하는 것이다.

2) 축제 매력의 핵심 : 투명한 얼음과 빛(LED)을 결합시킨 친환경적 연출기법

왜 사람들은 하얼빈 빙설대세계에 열광하는 것일까? 왜 하얼빈은 '불야의 도시'로 불릴까? 바로 투명한 얼음 속에 형형색색 빛나는 얼음조각들로 구성된 야경에서 그 해답을 찾을 수 있다. 하얼빈 빙설대세계는 얼음과 빛이 결합된 환상적인 이미지를 창출하여 중국 전역에서 인산인해(人山人海)를 이루는 관광객들을 끌어들이고 이로 인해 하얼빈의 겨울 관광경쟁력을 강화시키고 있는 것이다. 하얼빈 빙설대세계의 약 1,500여 개에 달하는 얼음조각을 단순히 얼음조각으로만 관람하는 것이었다면 지금의 하얼빈 빙설대세계는 다른 겨울축제와 크게 다를 것이 없었을 것이다. 하지만 하얼빈 빙설대세계는 두 가지 측면에서 투명한 얼음과 빛을 결합시킨 친환경적인 연출기법을 사용한다는 점에 주목해야 한다.

첫째, 하얼빈 빙설대세계는 색감표현이 뛰어나고 비용절감 측면에서 효율성이 높은 LED등을 사용하였다는 점이다. 하얼빈은 축제기간 동안 밤이 되면 약 60만 평에 달하는 행사장에 얼음과 형형색색의 LED조명이 아름다운 풍광을 연출하게 된다. 하얼빈시에서 빙등을 제작함에 있어 처음부터 친환경적인 LED등을 활용한 것이 아니다. 예전에는 형광등을 넣었던 반면 최근 환경적인 요소를 고려하여 LED등을 활용하여 빙등을 제작하고 있는 것이다. LED등은 붉은색, 노란색, 초록색 등 다양한 색을 얼음안에 넣음으로써 얼음에 비친 빛이 굴절되어 환상적인 분위기를 연출할 수 있으며, 비용절감 및 환경보호, 뛰어난 색감 표현 등 일석이조(一石二鳥)의 효과를 가져왔다.

하얼빈시 자료에 따르면 빙등에 LED를 접목할 수 있었던 점은 하얼빈의 지역산업과 밀접한 관련이 있다. 하얼빈은 중국 지방정부 LED산업 육성정책에 의해 2004년부터 LED산업이 집중적으로 투자되고 있으며, 하얼빈공업대학, 하얼빈공업대학교 및 하얼빈시전자기술연구소와 중국전자과학기술그룹 등 49개 과학연구원을 중심으로 하는 LED연구개발팀을 운영하는 등 기술적인 부분의 뒷받침이 우수하다는 것이 강점이라 할 수 있다.

다양한 색의 LED조명과 화려하게 어우러진 얼음조각 모습

이러한 우수한 기술력을 바탕으로 도시 주요도로나 경관도로, 공항도로 등 하얼빈의 78개 도로와 20여 곳에 LED경관을 설치하였으며, 야간 경관을 위한 길이는 총 164.8km에 달한다고 한다.

둘째, 하얼빈 빙설대세계는 친환경적인 축제 운영을 실시하고 있다는 점이다. 하얼빈 빙설대세계에는 인공적인 부분이 거의 없다. 물로 만들어져 물로 녹는 축제라 할 수 있는데 축제에 사용되는 얼음의 경우 송화강의 자연적인 얼음을 사용함으로써 인공적인 부분을 최소화하고 있다. 그리고 빙등을 제작하는 접착제는 물이기 때문에 공사기간이 짧고 친환경적인 축제라 할 수 있다. 얼음은 물로 만들어져 있기에 축제가 마무리되는 2월경에는 다시 물로 녹기 때문에 환경오염에 대한 부분을 최소화시키고 있다. 그 밖에 난방 역시 중앙공급방식으로 바꾸면서 오염 감소효과가 눈에 띄게 좋아졌다는 점은 하얼빈시정부의 환경에 대한 높은 관심 덕분이라 할 수 있다.

농업기술혁신(나비부화기술)의 함평나비대축제

함평군은 전형적인 농업군으로서 농업의 고부가가치화를 위해 친환경농업 지역임을 알리고 타 지역과의 차별화를 위해 나비축제를 개최하였다. 행사 초기 500만 평의 자운영 꽃 들판 및 오리·우렁이 넣기 등 친환경농법을 관광자원화하였으며, 최근 나비 날리기 행사 등 나비를 직접 볼 수 있는 프로그램을 확대 운영하고 있다. 여기에서 함평나비대축제만의 독특한 나비부화기술이 빛을 발하게 된다.

함평군은 1999년 함평군곤충연구소를 설립하여 나비의 부화와 생육에 관한 체계적 연구 및 지속적인 증식과 사육기술을 개발하였다. 함평군의 나비부화기술은 10일가량의 축제 개최기간 동안 나비를 볼 수 있도록 하였으며, 축제장 내에 조성된 초화류의 개화시기를 조절하는 등 기술집약형축제로서의 우수성을 입증하고 있다.

3) 눈과 얼음으로 주 · 야간을 모두 노리는 24시간 전략

기존의 축제는 대부분 주간형이다. 그러나 최근 빛의 개념이 적극적으로 적용되어 야간축제들이 점차 확산 일로에 있다. 대체로 각각의 축제들은 주간에 개최중심을 두거나 야간에 승부를 집중하는 개최시간대 개념을 명확히 하고 있다. 하얼빈은 겨울 아이템인 눈과 얼음을 서로 주간과 야간에 분리 적용하여 실상은 주간과 야간을 모두 공략하는 24시간 전략을 펼침으로써 관람객 유치극대화, 관광객의 축제장 체류시간 연장 및 숙박유도, 관람객 소비지출을 최대화하는 개최지 활성화 목표가 가능해졌다. 특히, 얼음에 LED를 접목하여 야간의 부가가치를 창출하는 빙설대세계는 24시간 전략이 가능해졌다고 볼 수 있다.

야간 활성화를 위한 빙설대세계

주간 활성화를 위한 태양도 빙설제

송화강을 중심으로 북편의 태양도(타이양다오; 太陽島)는 섬 전체가 공원으로 면적이 38km^{2}에 이른다. 이 섬이 주 행사장의 기능을 하면서 공원의 동쪽에서는 눈을 이용하여 빙설제를 개최하고 서쪽에서는 얼음과 LED를 이용한 빙설대세계가 중심이 된다. 축제방문객들은 낮에는 눈조각이 전시된 동편의 빙설제를 둘러보고 저녁에는 하이라이트인 태양도 서편 빙설대세계에 방문하도록 일정을 유도하는 전략이다. 물론 서편의 빙설대세계 행사장도 개장을 하지만 태양도 동쪽은 오전 8시부터 오후 5시 30분까지만 개장해 축제방문객들은 낮시간 동안 동쪽 행사장을 둘러보고 야간이 되면 서쪽 빙설대세계 행사장으로 유인하는 것이다.

태양도는 빙설제와 빙설대세계가 섬의 동, 서 양편에서 따로 열린다. 중간에 넓은 광장을 중심으로 얼음 옥탑과 애니메이션 왕국, 환락의 세계 등

태양도 빙설제의 모습

7개 풍경구와 크고 작은 1천여 개의 얼음작품을 배치했다. 특히 최근 3D입체영화관을 배치했으며 낮에 볼거리를 강화했다. 가장 짜릿한 경험은 200m에 달하는 긴 얼음 미끄럼틀을 타고 내려오는 것으로 소개되기도 한다.

한편, 태양도공원의 동쪽에서는 빙설제가 열린다. 빙설제의 정식명칭은 '타이양다오 쉐보후이(太陽島雪博會)'로 불린다. 2011년 12월 20일에 정식으로 개원했으며 오전 8시부터 오후 5시 30분까지 열린다. 빙설제의 주제는 '설무풍정(雪舞風情 : 눈은 춤추며 바람은 정겹다)'으로 하이라이트는 길이 126m, 높이 27m에 달하는 눈을 이용해 만든 세계 최대의 인체조각상이다(하성봉, 2012).

일본 삿포로 눈축제는 오도리공원이라는 동일한 행사장에서 같은 눈조각으로 밤에 조명을 쏘면서 낮과는 다른 모습을 연출한다면, 하얼빈의 빙설대세계는 주간은 공원의 동편에서 눈조각이 중심이 되는 빙설제를 열고, 밤에는 서편에서 LED와 얼음이 접목된 빙설대세계를 개최함으로써 행사장을 완전히 구분하고 있다. 그러나 삿포로 눈축제와 하얼빈의 빙설대세계는 낮뿐만 아니라 밤에는 조명을 활용함으로써 낮과는 다른 분위기를 연출한다는 점에서 밤시간대에 새로운 매력을 창출한다는 것이 공통된 전략이다. 이렇듯 동일한 축제 매력물에 빛을 활용함으로써 주간과 야간에 다른 분위기를 연출하여 야간에 색다른 하이라이트를 창출하게 되면서 밤에도 축제방문객들로 북적이고 파급효과를 극대화하는 부가가치를 낳았다.

비슷한 사례는 영국 에든버러에서 찾을 수 있다. 8월이면 에든버러는 6~8개의 축제가 한꺼번에 열려 그야말로 축제의 도시가 된다. 에든버러는 주간과 야간에 축제를 전략적으로 배치하여 주간뿐만 아니라 야간에도 축제방문객들을 유치한다. 에든버러 프린지축제(Fringe Festival)와 북 페스티벌(Book Festival)이 주간에 집중하는 축제라면, 밀리터리 타투(Military Tatto)와 에든버러 인터내셔널 페스티벌(International Festival)은 야간형 축제로써 주간형 축제와는 다른 매력을 보여주고 있다.

위의 사례를 볼 때 축제도시의 면모는 주·야간을 동시에 공략함으로써 주간과 야간에 각기 다른 매력을 발산하도록 전략적인 축제배치와 연출방식을 통하여 축제효과를 극대화하는 것을 알 수 있다.

4) 주변 인프라를 활용한 분산형 행사장 구성

각종 이벤트와 축제 개최장소의 지리적 위치는 개최성공에 직결되는 주요 요인으로서 '편리한 교통접근성'이 담보되므로 누구나 쉽게 찾을 수 있는 장소가 중요하다. 가급적 지역 중심가의 거리, 광장, 공원 등을 행사장소로 선택하는 것도 이러한 맥락 때문이다. 교통편의 경우 지역중심의 작은 이벤트는 가까운 거리에 있는 주민중심의 방문객들을 위한 교통편을 주로 고려하겠지만, 축제관광전략으로 보는 지역축제의 경우 외지에서 오는 관광객들을 위한 교통편에 대한 고려를 더해야 할 것이다. 개최장소는 누구나 찾을 수 있는 지명도가 있는 곳으로 하는 게 중요하며, 그렇지 않은 경우 이전의 다른 이벤트에서 생기는 잠재방문객들의 개최장소 방문경험률을 고려해 본다거나, 개최장소 근처의 유명건물 밀집상황을 조사하는 환경요인도 고려해야 할 것이다(정강환, 2007).

축제장소는 일반적으로 '집중형'과 '분산형'의 두 가지로 나뉜다고 볼 수 있다. 오세아니아 지역의 사례들을 예로 든다면 오스트레일리아 멜버른의 뭄바축제(Moomba Festival)가 한 곳에서 모든 축제프로그램을 구경할 수 있는 '집중형'이라면, 뉴질랜드 웰링턴의 국제예술축제(International Arts Festival)나 프린지축제(Fringe Festival)의 경우는 3주나 4주의 오랜 기간 동안 시내 곳곳의 공연장, 미술관, 강당, 야외광장 등에서 개최되는 '분산형'의 대표적 형태라고 할 수 있다. 또한 캐나다 윈터루드 역시 공원들과 운하 등 주요 4곳을 중심으로 펼쳐지는 '분산형' 축제장소 모델을 택하고 있다. 주요 축제장소로는 일반적인 겨울축제의 대표모델인 눈조각 관련 이벤트들을 포괄하는 쟈크 카르티에공원(Jacques-Cartier Park)과 얼음조각 관련 프로그램을 수용하는 컨페더레이션공원(Confederation Park)이 있고, 일반적인 겨울축제와 차별화되는 축제장소로는 리도운하 스케이트웨이(Rideau Canal Skateway)가 있다(정강환, 2006).

하얼빈 빙설대세계는 축제장소 전략 측면에서 분산형에 가깝다. 송화강을 중심으로 북편의 태양도(타이양다오; 太陽島)가 주행사장의 기능을 하면서 공원의 동쪽에서는 빙설제를 개최하고 서쪽에는 빙설대세계를 개최한다. 송화강 남측의 중앙대로(中央大街)와 자오린공원(兆麟公園) 두 곳의 행사장을 운영하고 있다. 총 4곳의 축제장을 운영하고 있지만 가장 핵심적인 장소와 시간은 태양도의 서편에 위치한 빙설대세계 행사장이다. 축

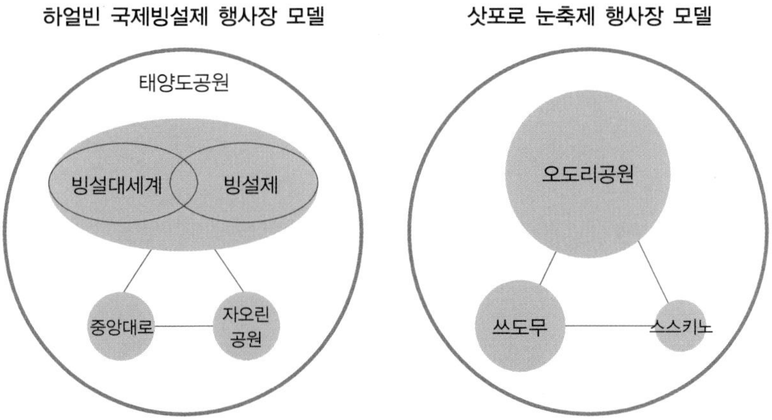

[그림 2-2] 일본 삿포로 눈축제와 중국 하얼빈 국제빙설제의 행사장 모델 비교

제방문객들은 낮에는 눈조각이 전시된 3곳을 둘러보고 저녁에 하이라이트로써 태양도 서편 빙설대세계에 방문하도록 일정을 유도하는 전략이다. 이러한 전략은 다른 계절에 비해 매력성이 부족한 주변의 관광자원과 시내권에 눈조각을 설치함으로써 볼거리를 다양화하는 장점이 있다. 야간에 빙설대세계를 보기 위해서 태양도의 서편 행사장에 집중하는 관광객들을 시내권과 태양도의 동편에 분산시켜 주변 관광자원을 활성화하는 효과도 있다. 태양도의 경우 서쪽과 동쪽에 각각 빙설대세계와 빙설제가 열리는데 얼음을 소재로 하는 행사장과 눈조각을 주제로 하는 행사장으로 나눌 수 있다. 태양도 동쪽은 오전 8시부터 오후 5시 30분까지만 개장해서 축제

〈표 2-2〉 하얼빈 국제빙설제 행사장 구분

	주간형 행사장	야간형 행사장
행사장명	중앙대로(中央大街)	자오린공원(兆麟公園)
	태양도(타이양다오; 太陽島)	
	동쪽 행사장 : 빙설제	서쪽 행사장 : 빙설대세계

태양도공원(동그라미 부분 참조)

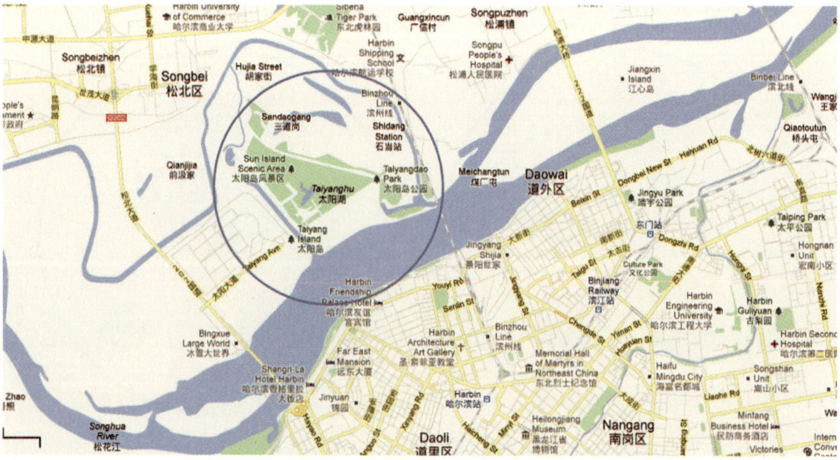

방문객들은 낮시간 동안 동쪽 행사장을 둘러보고 야간이 되면 서쪽 빙설대세계행사장으로 유인하는 것이다.

자오린공원과 중앙대로는 서로 가까운 곳에 위치하므로 두 곳을 잇달아 볼 수 있다. 중국의 항일영웅 리자오린(李兆麟) 장군의 유해가 1946년에 안장돼 그 이름을 딴 자오린공원은 1963년에 세계 최초로 개장됐으며 하얼빈 빙설대세계의 원조격이다. 전체 면적 6만여 미터로 규모가 작지만 미키마우스, 신데렐라 등 디즈니랜드의 주인공들을 주제로 얼음과 눈작품을 만들어 가족 고객들을 위주로 아기자기하게 배치해 놓았다. 하얼빈 빙설대세계는 원래 자오린공원에서만 열리다가 1985년부터 태양도까지 확대되었다.

중앙대로는 차량이 다니지 않는 화강암 보도블록의 중앙선을 따라 일정한 간격으로 얼음 조각물이 설치된다. 길 옆으로도 군데군데에 얼음 조각이 설치되는데 모든 것이 얼음으로 된 얼음바(ice bar)도 있어 흥미롭다. 이곳은 탁자와 의자를 얼음으로 만들어놓았고 심지어 술잔도 얼음으로 만들어져 독특한 경험을 할 수 있다.

Case Study 주변 인프라시설과의 연계를 통해 축제 효과를 높인 국내 사례

인삼시장 및 금산읍과 근접한 장소에 엑스포공간을 조성한 금산인삼축제

주변 인프라를 활용하여 행사장을 구성한 사례로 금산인삼축제가 있다. 1995년 이전까지 학교운동장에서 개최하는 주민화합형축제였다. 이후 1996년 인삼약초상가가 밀집한 인삼거리로 축제장소를 이동하여 관광객지향형축제로 전환을 시도하여 인삼약초의 판매증진과 국내·외 관광객을 유치하는 성과를 거뒀다. 이때부터 지역개발형축제로써 축제의 생산적 기능이 가시화되기 시작하였다.

1997년부터 시작된 관광객지향형축제로의 지속적인 전환노력은 축제기간 중 관광객의 집중을 유발하였고 가장 큰 문제점으로 도로와 주차공간의 협소가 매년 방문객 조사결과 불만족으로 지적되었다. 주차공간의 부족은 인삼·약초를 구입하려는 관광객에게 불편을 유발함에 따라 2001년 우회도로를 임시개통하기도 하는 노력을 기울이기도 하였다. 이후 2006년 금산인삼엑스포를 개최하기 위한 부지를 선정하는 과정에서 필자는 금산인삼시장 및 금산읍과 근접한 장소에 엑스포공간의 조성을 제안하였으며, 이후 금산군은 축제를 통한 지역경제에 미치는 생산파급효과를 인식하고 중장기적인 지역개발과 연계를 모색하게 된다. 2006년과 2012년 금산인삼엑스포를 성공적으로 개최하면서 금산인삼축제의 행사장은 축제전용공간 확보라는 성과를 거두게 되었으며, 금산약초시장 및 금산읍과 근접한 장소에 엑스포 공간을 조성한 점이 성공적인 전략의 결과물이라 할 수 있다.

5) 세분화된 입장료체계

하얼빈 빙설대세계는 적극적인 입장료 부과체계를 갖고 있다. 하얼빈시에서 축제에 관여하지만 실제 운영주체는 시 산하의 경영기관 '마디얼'이 맡고 있기 때문이다. 그해 축제를 통해 거둬들인 경영수익으로 차년도 축제를 준비하고 축제에 참여하는 인력에 대한 인건비, 시설비, 운영비 등을 충당하기 때문에 수익성을 극대화할 필요가 있는 것이다. 우리나라에서도 관청에서 축제를 직접 운영하기에 부담을 느끼고 있으며 그에 대한 대안으로 법인 설립 등이 점차적으로 늘고 있다는 점을 감안한다면 하얼빈 빙설대세계에서 시작한 입장료 부과체계에 대한 사례를 참고할 필요가 있다.

이 책에서 소개하는 캐나다 퀘벡 윈터카니발, 오타와 윈터루드, 일본 삿포로 눈축제, 하얼빈 빙설대세계의 겨울축제 중 하얼빈의 빙설대세계가 가장 강력한 요금체계를 갖고 있다. 하얼빈 빙설대세계는 입장료와 함께 공연 관람, 체험프로그램, 화장실까지 요금을 받고 있다. 퀘벡의 윈터카니

하얼빈 빙설대세계의 입장권

자료 : 제11회 하얼빈 빙설대세계 입장권(http://blog.daum.net)

발은 축제장 입장료는 없지만 유료프로그램이 있어 사전예약제인 에피지(Effigy)와 현장 구매를 통해 참여할 수 있다. 삿포로 눈축제와 오타와 윈터루드는 대부분 무료로 운영되고 있다.

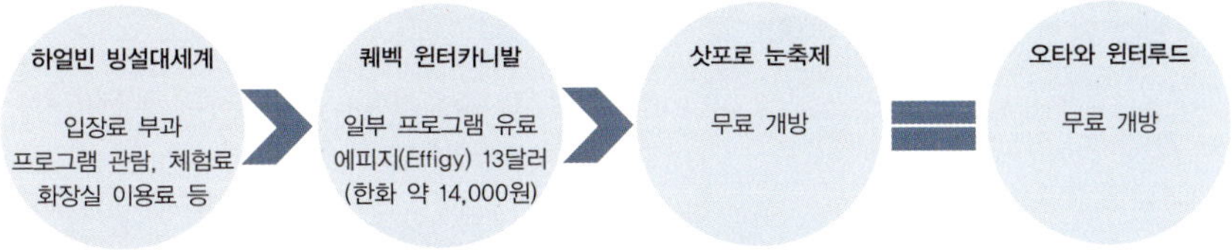

[그림 2-3] 겨울축제별 요금체계

하얼빈 빙설대세계의 입장료는 330위안(한화 약 6만 원)에 달한다. 관광객 입장에서도 조금 부담스러운 입장료인데 중국의 소득수준을 고려할 때 비싼 요금이다. 그래서 지역주민들에게는 한화로 약 3만 원의 입장료를 부과하는데 역시 부담스러운 요금이다. 이러한 요금체계의 개선을 위해서 하얼빈 빙설대세계는 피크(Peak) 요일과 시간, 로(Low) 요일과 시간에 따라 차등화된 요금체계를 2012년에 선보였다. 즉, 화려한 야간조명으로 볼거리가 풍성해지는 야간시간대와 방문객들이 몰리는 주말에는 정상요금을 받고 상대적으로 방문객의 수가 떨어지는 주중과 낮시간대는 할인요금을 적용하면서 방문객 유치 및 고가 요금에 대한 불만을 최소화하는 시도를 하고 있다. 다양한 요금체계를 살펴보면 요일별로 금, 토, 일은 성인기준 330위안(한화 약 6만 원), 월요일부터 목요일까지는 280위안(한화 약 5만 원)을 부과하고 있다. 지역주민에게는 요일별로 차등화된 요금체계에서 약 50%의 할인요금을 적용함으로써 부담을 줄이고 비교적 한산한 평일방문객의 유치를 도모하고 있다.

〈표 2-3〉 하얼빈 빙설대세계의 연도별 입장료 부과체계

연도	가격(성인 1인당)	비 고
2006	80위안(1만4천원)	
2008	150위안(2만6천원)	
2009	120위안(2만1천원)	
2010	200위안(3만5천원)	
2011	330위안(5만8천원)	· 주말(금, 토, 일) : 330위안(5만8천원), 주중(월, 화, 수, 목) : 280위안(4만9천원)
2012	330위안(5만8천원)	· 주말(금, 토, 일) : 330위안(5만8천원), 주중(월, 화, 수, 목) : 300위안(5만3천원) · 오전 9시 반~ 오후 1시 반 - 아동, 학생 입장료 : 1인당 60위안(1만1천원), 성인 : 100위안(1만8천원) · 오후 1시 반~저녁 9시 - 아동, 학생 입장료 : 1인당 160위안(2만8천원), 성인 : 300위안(5만3천원) · 하얼빈 지역주민 : 160위안(2만8천원)

자료 : 2012년 하얼빈 빙설대세계(http://www.hrbicesnow.com), 2013년 환율 기준

하얼빈 빙설대세계는 청소년과 어린이를 위한 할인체계를 적용하고 있다. 피크시간대인 저녁보다 낮시간대 할인을 하면서 지역주민들을 배려하고 한산한 오전시간대 방문율을 높이는 시도를 하고 있다. 할인적용이 되는 낮시간대의 기준은 오후 1시 반인데 오전에 방문한 어린이와 청소년은 60위안(한화 약 1만 원)을 받고 1시 반 이후는 160위안(한화 약 3만 원)을 받는다. 성인 입장요금도 1시 반을 기준으로 오전에는 100위안(한화 약 2만 원), 오후부터는 300위안(한화 약 5만 원)이다. 청소년과 어린이의 방문을 촉진하기 위해 애니메이션 빙설전시와 임해설원 실경공원, 빙상쇼 등을 선보였다.

하얼빈 빙설대세계 입장요금표

하얼빈 빙설대세계의 운영체계 중 독특한 면이 있는데, 공식개장일에 앞서 약 2주간 비공식적으로 개장하는 기간이 있다. 2012년의 경우 공식개장일은 1월 5일이었지만 2011년 12월 24일 비공식개장을 하였다. 한쪽에서는 전시될 빙설에 대한 보수가 이루어지고 한쪽에서는 방문객들이 입장한다. 이를 통하여 미비점을 보완하고 운영시스템을 미리 점검하는 효과를 얻고 있다. 물론 이 기간 중에 입장료를 대폭 할인하거나 무료입장을 하고 있다.

하얼빈 빙설대세계와 더불어 하얼빈 눈박람회 역시 입장료 부과형으로 운영되고 있다. 주말과 평일의 입장요금에 차등을 두고 있으며, 하얼빈 빙설대세계와 같이 시험 오픈기간을 운영하고 있다.

〈표 2-4〉 하얼빈 눈박람회 입장권의 종류와 가격표

입장권의 종류	적용 대상	입장권 가격 (인민폐)	주의사항
일반 티켓	일반 성인	240원(4만2천원)	
	하얼빈 시민(신분증 소지자)	150원(2만6천원)	할인시간: 월요일~금요일 5일간
주말 티켓	모든 관람객	120원(2만1천원)	법정 공휴일 제외
학생 티켓	대학생, 중, 초등학생 (학생증 소지자)	120원(2만1천원)	
무료 티켓	어린이, 70세 이상 노인	무료	어린이 키 1.2m 이하

자료 : 동북신문(http://heilongjiang.dbw.cn), 2013년 환율 기준

〈표 2-5〉 타 축제의 입장료 부과사례

	최저가	최고가	비 고
브라질 리우카니발	$115 (125,000원)	$2,000 (2,185,000원)	요일 / 좌석의 위치
미국 디킨스 온 더 스트랜드	$20.00(21,700원)		
미국 길로이 갈릭 페스티벌	$17.00(18,500원)		
미국 캘거리 스탬피드	14CAD(15,800원)		
프랑스 니스 카니발	₤10(15,600원)	₤25(39,000원)	꽃마차 퍼레이드 입석 / 좌석
프랑스 망통 레몬축제	₤9(14,000원)	₤17(26,500원)	퍼레이드 입석 / 좌석
영국 에든버러 밀리터리 타투	₤23(36,000원)	₤55(87,000원)	좌석의 위치
함평나비대축제	3,000원	7,000원	노인, 어린이 개인, 단체 제휴할인요금에 의한 차등

자료 : 축제 홈페이지 자료 재구성(2011년 기준)

브라질 리우카니발의 관람석에 따른 요금

	Sat, Feb. 18th	Sun, Feb. 19th	Mon, Feb. 20th	Sat, Feb. 25th
Sector 3	115.85	262.20	262.20	182.93
Sector 4				
Sector 5	128.05	359.76	359.76	219.51
Sector 7	140.24	414.63	414.63	250.00
Sector 9	152.44	756.10	756.10	481.71
Sector 11	115.85	292.68	292.68	182.93

ROW "A"/"B"

	Sat, Feb. 18th	Sun, Feb. 19th	Mon, Feb. 20th	Sat, Feb. 25th
Sector 3	609.76	1,524.39	1,524.39	975.61
Sector 4	*not for sale*			
Sector 5	640.24	1,707.32	1,707.32	1,036.59
Sector 6				
Sector 7	670.73	1,890.24	1,890.24	1,158.54
Sector 9	731.71	2,012.20	2,012.20	1,219.51
Sector 11	609.76	1,524.39	1,524.39	975.61
Sector 13				

ROW "C"/"D"

	Sat, Feb. 18th	Sun, Feb. 19th	Mon, Feb. 20th	Sat, Feb. 25th
Sector 3	426.83	1,219.51	1,219.51	792.68
Sector 4	*not for sale*			
Sector 5	457.32	1,402.44	1,402.44	853.66
Sector 7	487.80	1,585.37	1,585.37	975.61
Sector 9	548.78	1,768.29	1,768.29	1,036.59
Sector 11	426.83	1,402.44	1,402.44	853.66

	Sat, Feb. 18th	Sun, Feb. 19th	Mon, Feb. 20th	Sat, Feb. 25th
Sector 2 or Hiper Covered Box	1,829.27	4,268.29	4,268.29	2,439.02

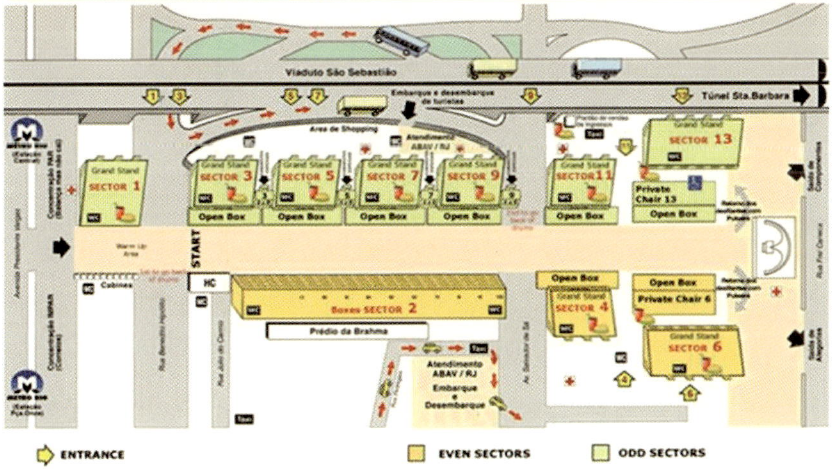

자료 : 축제 홈페이지(http://www.edintattoo.co.uk/)

영국 에든버러 밀리터리 타투의 좌석별 요금 세분화

사실 세분화된 요금체계는 이미 세계 여러 곳에서 보편화된 추세이다. 우리나라의 대표적 관광축제인 함평나비대축제도 노인과 어린이, 개인과 단체, 신용카드사와의 제휴 등으로 다양한 요금체계를 선보이고 있다. 브라질의 리우카니발과 에든버러 밀리터리 타투(Military Tatto)의 경우 관람형 축제로써 관람편의에 따라 훨씬 세분화된 요금체계를 갖고 있다. 리우카니발은 최저 약 12만 원에서 최고 약 220만 원까지 요금을 선택할 수 있다. 밀리터리 타투의 경우 좌석의 위치에 따라 최저와 최고 요금이 두 배 이상 차이가 나기도 한다. 축제장을 폐쇄형으로 운영하면서 입장료를 받는 미국 텍사스주 갤버스턴(Galveston)의 디킨스 온 더 스트랜드(Dickens On The Strend), 미국 캘리포니아 오렌지카운티의 갈릭페스티벌(마늘축제), 캐나다 캘거리 스탬피드의 경우도 입장료를 부과하고 있다.

6) 매년 새로운 테마 구성으로 차별화 시도

어떻게 축제와 이벤트 주제를 개발하고 축제의 모든 부분에 주제를 일관되게 반영시킬 것인가? 모든 축제는 주제를 가지고 있는데 주로 지역의 문화유산이나 특유의 생활방식을 기념하고 경축한다. 그러나 주제는 단지 기념하는 대상물 이상의 의미를 갖는다. 그것은 주제가 축제나 축제의 모든 부분에 스며들어 축제를 단일화하고, 또 주제는 프로그램의 방향과 일관성을 제시하기 때문이다. 그래서 축제방문객들이 축제를 쉽게 이해할 수 있는 근거를 마련해 주는 것이다. 그러므로 주제를 이벤트에 현실화한다는 개념은 즉, 이벤트 프로그램들에 일관성을 부여하고, 이벤트의 이미지를 생성하는 것이 된다(정강환, 2007).

축제는 테마의 선택이 중요하다. 최근 세계의 많은 축제 조직자들이 언급하는 가장 경계해야 하는 부분이 축제 프로그램 또는 내용에서 매너리즘(Mannerism)에 빠지는 것이다. 이것은 축제방문객들에게 매력적인 관광이벤트를 제공하는 데 있어 가장 큰 장애요인이 되기 때문이다. 매년 축제 프로그램 구성과 내용에 전혀 변화를 주지 않고 똑같은 내용을 반복한다면 이는 축제방문객들의 만족도를 낮추는 지름길이라 할 수 있다.

중국 하얼빈 빙설대세계에서는 축제의 테마 변화를 통해 차별화를 시도하고 있으며, 매년 새로운 이슈를 제공함으로써 빙등에 대한 매너리즘을 해결하고 있다. 최근 6년간 축제의 주요 테마는 한 · 중수교 15주년, 올림픽, 월트디즈니, 애니메이션 등 당시 트렌드 및 주요 이슈를 테마와 연계하여 축제의 주제를 설정함으로써 차별화를 시도한 것으로 볼 수 있다.

〈표 2-6〉 하얼빈 빙설대세계의 주제

연도	주요 테마	주 제
2007	한 · 중수교 15주년	한류
2008	올림픽	빙설올림픽게임
2009	월트디즈니	디즈니랜드
2010	러시아의 크렘린 궁전	설무태양도, 환락중국행
2011	이탈리아 로마 콜로세움	빙설세계, 동화왕국(氷雪世界, 童話王國)
2012	애니메이션	임해설원, 동만천지(林海雪原, 動漫天地)

2006년 연말 한 · 중수교 15주년을 맞이하여 한국과의 협력을 처음 시도하였다. 한국의 아이디어와 디자인 이념을 도입해 얼음으로 대량의 한국적 특색이 있는 빙등과 빙설 조각들을 만들었는데, 당시 가장 유명했던 건축물이 '몽환의 도시'였다. 또한 한 · 중수교 15주년을 기념하여 48m 높이의 한 · 중 우정탑을 건설하였으며, 우리나라의 주요 건축물인 경회루, 수원성, 첨성대, 광화문, 석굴암, 안중근 의사, 이순신 장군 동상 등이 제작되었다.

당시 한국 드라마 대장금이 중국 내에 방영되면서 하얼빈에서 큰 인기를 끌었던 배우 이영애 씨가 빙설대세계의 홍보대사로 활동하였다. 그때 많은 관광객이 참여하였는데 당시 한국의 국무총리도 함께하여 혹한의 날씨에도 불구하고 열렬한 환영을 받았다. 당시 배우 이영애 씨는 축제 홍보대사로서 신선한 한국 붐을 일으켰으며, 축제를 통해 한국과 중국은 친선과 우애를 다지는 계기를 마련하기도 하였다.

얼음으로 지어진 한국 테마의 주요 건축물들

거북선 모양의 건축물

광화문 모양의 건축물

자료 : http://him.hs.ac.kr/

2008년은 베이징 올림픽이 개최된 해로 천안문과 자금성을 주제로 한 빙등이 제작되었으며, 2009년에는 월트디즈니와 3년간 MOU를 체결함으로써 월트디즈니 캐릭터를 활용하여 빙등을 제작하였다.

임해설원(林海雪原)과 애니메이션을 테마로 하여 2012년에는 애니메이션을 빙설로 제작하였으며, 또한 산수화 같은 경치를 이용한 공연(실경공연)으로 볼거리를 제공하였다. 영하 30도의 혹한에서 300여 명의 공연팀이 특별한 무대를 준비하는데 실경공연도 세계에서 가장 큰 규모이며 축제장의 다양한 빙등조각은 모두 애니메이션으로 꾸며진 것이 특징이라 할 수 있다.

큰 규모의 공연을 위한 특별무대

Case Study 매년 새로운 테마 구성으로 차별화를 시도하는 국내 축제 사례

연차별 테마변화로 차별화 포인트를 마련한 대가야체험축제

국내에서도 매년 새로운 테마구성으로 차별화를 시도한 사례로 대가야체험축제가 있다. 경북 고령의 대가야체험축제 역시 매년 스토리텔링 형식으로 새로운 주제를 통해 축제를 진행하고, 그 모든 주제가 대가야 문화와 관련되어 기획의 참신성과 독창성을 인정받고 있다.

사실 우리나라의 많은 축제들이 테마는 있으되, 그 테마와 프로그램이 일치하지 않는 경우가 많다. 하지만 대가야체험축제는 이러한 부분의 차별화를 위해 대가야의 문화유적들을 철저하게 당시 시대를 반영할 수 있도록 하여 그것을 하나의 교류프로그램, 체험프로그램화시키는 작업을 실시하였다. 2005년 신비의 고대왕국, 대가야비밀체험이라는 주제로 대가야 왕릉전시관을 주세로 무형의 대가야소재를 유형화하였으며, 2006년 우륵박물관 개관과 연계하여 열두 줄의 비밀이란 주제로 가야금과 관련된 프로그램으로 축제를 구성하였다. 2007년의 경우 대가야의 철기문화를 중심으로 한 '철의 신화'의 주제를 설정하였으며, 2009년 낙동강과 뱃길이라는 지역 소재를 활용하여 '대가야의 대항해'라는 주제를 활용하였다.

	주 제	소 재
2005년(제1회)	신비의 고대왕국, 대가야 비밀체험	대가야를 테마화
2006년(제2회)	열두 줄의 비밀	우륵의 가야금
2007년(제3회)	철의 신화	대가야의 철기문화
2008년(제4회)	무덤의 전설	지산동 고분군
2009년(제5회)	대가야의 대항해	낙동강, 뱃길
2010년(제6회)	용사의 부활	대가야 병사
2011년(제7회)	대가야 탐구생활	대가야의 생활문화

7) 다채로운 국제행사 개최를 통한 시너지 효과

하얼빈 국제빙설제는 일본 삿포로 눈축제, 캐나다 퀘벡 윈터카니발과 함께 세계 3대 겨울축제로 꼽힌다. 하얼빈 겨울 이벤트의 연합축제로 매년 1월 5일 개막되어 2개월간 지속되는데 빙설관광, 빙설경제무역, 빙설예술, 빙설문화, 빙설스포츠, 빙설조각 등 총 6개 부분으로 구성되어 있다. 우리가 알고 있는 하얼빈 빙설대세계는 하얼빈 국제빙설제 행사의 일부라고 할 수 있다.

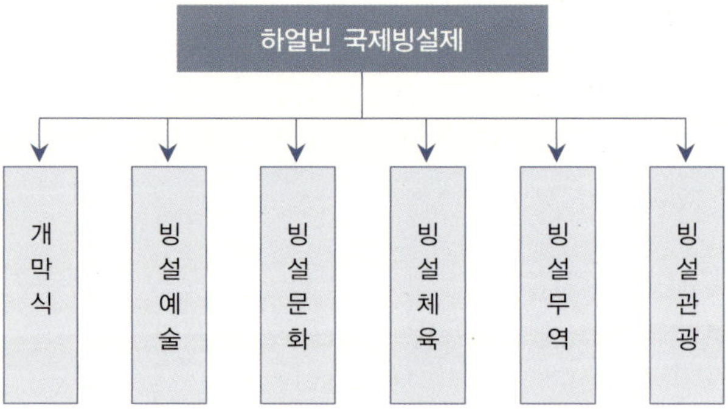

[그림 2-4] 하얼빈 국제빙설제의 구성도

하얼빈은 겨울이 되면 빙설대세계, 태양도 국제눈조각예술박람회, 빙등유원회, 흑룡강 국제스키축제, 빙설축제빙상합동결혼식, 중국하얼빈국제빙설축제경제무역상담회, 국제눈조각경기, 애니메이션전시회, 눈판모터사이클, 빙암타기, 빙설운전, 빙상음악회와 영화전시회 등 100여 개 연계행사를 마련하여 하얼빈시 전체가 빙설 · 빙등관련 축제도시로 탈바꿈한다.

하얼빈 국제빙설제의 프로그램 일정표를 살펴보면 축제에 관련한 행사장소를 알 수 있다. 주요 빙설축제에 관련한 행사장뿐 아니라 시구와 지방, 또는 행사관련 회장, 극장, 전시관, 호텔, 스키장 등 다양한 장소에서 약 100여 개 프로그램들이 개최되고 있다.

① 20여 개 국가가 참여하는 국제얼음, 눈조각 경연대회

눈, 얼음을 조각하는 과정도 볼 수 있고, 조각이 완성된 작품에 조명을 설치하여 새로운 조명과 시각에서 눈조각을 감상할 수 있는 또 하나의 매력적인 요소 중 하나라고 할 수 있다.

② 하얼빈 국제빙설제만의 이색적인 프로그램, 겨울수영(冬泳)

언론방송에 가장 많은 화제를 제공할 수 있는 '화제 노출형' 프로그램이라 할 수 있다.

송화강의 얼음에서 개최되는 겨울수영 장면

③ **태양도 국제눈조각예술박람회**

태양도 국제눈조각예술박람회는 러시아연방 주심양 총령사관, 하얼빈시 정부 외사판공실, 하얼빈 송북구 정부에서 공동 주최하였다. 2012년은 중러선린우호조약체결 10주년이 되는 해이며, 2012년은 '중러관광년'으로 '눈으로 러시아를 읽고 태양도를 온정으로 비춘다'를 주제로 하며 태양도의 현존 러시아문화자원과 자연환경 및 빙설경관을 유기적으로 결합시켜 '러시아풍정', '시베리아삼림 보물찾기', '도시설향' 등을 제작하였다.

④ **흑룡강 국제스키축제**

흑룡강 국제스키축제는 12월 12일에 오픈하여 익년도 4월 말까지 지속된다. 흑룡강성 정부, 하얼빈 정부가 주최하고 흑룡강성 관광국이 주관한다. 1998년 전국에서 처음으로 스키를 주제로 명명한 중국 · 흑룡강 국제스키축제를 열었다. 11년간 열어온 스키축제로 접대한 관광객은 매년 두 자릿수 이상으로 성장하면서 연 1,450만 명의 관광객을 맞이했다. 중국 스키관광의 발원지와 빙설관광 주요 성인 흑룡강성은 이미 스키축제로 유명하며, 해마다 축제기간이면 러시아, 일본, 한국, 싱가포르 등의 나라와 지구의 스키 애호가들이 이곳을 찾아 겨울스포츠의 매력을 즐기고 있다. 당면 흑룡강성에는 이미 백여 개에 달하는 각종 스키장과 200여 갈래의 스키라인, 6만여 개의 스키 장비를 소유하고 있으며, 지난 2009년에는 처음으로 1억 명이 넘는 관광객을 맞이했다.

〈표 2-7〉 하얼빈 국제빙설제 행사 구분

분 류	내 용	장 소
개막식	제27회 중국 하얼빈 국제빙설축제 개막식, 제12회 빙설대세계 개원식	하얼빈 빙설대세계, 회의 전시 중심회관
빙설예술	제23회 눈조각박람회, 제37회 빙등유원회, 제3회 디스니 빙설유원회, 제25회 국제얼음조각경기대회	태양도 풍경구, 빙등박람중심회관
빙설문화	2011년 신년 연주회, 제27회 중국 하얼빈 국제빙설축제 빙상단체웨딩, 러시아 빙상 발레 공연, '빙설 향전충' 흥미 빙설운동회	태양도 눈박람회 회장, 회의 전시 중심회관, 빙설대세계, 태양도 풍경구
빙설체육	국제아이스볼경기대회, 전국아이스볼경기대회, 하얼빈 소년빙상운동대회, 설지 축구대회, 하얼빈 동계수영대회, 하얼빈 빙상낚시경기대회, 하얼빈 국제동계수영경기대회	시 아이스볼경기장, 태평호, 성 체육경기장, 국제빙설축제 동계수영장
빙설무역	제27회 중국 하얼빈 국제빙설축제경제무역상담회	향각이랍 호텔, 아포력 지역 등
빙설관광	제13회 국제스키축제 개막식, 국제우성관광포럼, 하얼빈 제1회 빙설관광미술품전시회	아포력스키장, 각 풍경구, 시문화국, 시관광국 등
지방활동	제23회 남강 백화제, 남강 빙상운동회, 관광상품전시회	시 남강구, 중앙대로 등

8) 민 · 관 합작의 수익창출형 축제경영 모델

2006년 문화관광부에서 발표한 「문화관광축제의 변화와 성과」에 따르면 민관 공동운영이 41.7%, 민관전문가 공동운영이 22.2%, 관주도가 22.2%, 민간주도가 13.9%로 나타났다. 우리나라에서 관주도 형태의 축제운영체계는 침체된 지역을 활성화하고 지역의 대외적 이미지를 개선하는 등 지역에 대한 포괄적인 파급효과를 기대함으로써 지역개발형축제의 전략을 모색하고 있으나 법적 · 제도적 한계로 인하여 축제를 통한 직접적인 경제효과를 기대하기는 어려운 상황이다. 반면 민간이 주도하는 축제의 경우 창의성과 축제연출에 있어 강점이 있으나 축제를 추진하는 데 있어 필요한 지원에는 한계가 있다. 예를 들어 민간의 경우 축제를 알리는 플래카드, 홍보탑을 도로변에 배치할 때 까다로운 행정적 절차와 함께 관차원의 협조가 필요하다. 관이 주도할 경우 축제장에 응급서비스, 축제장 진입이 용이하도록 도로의 일시적인 차단, 공공부지를 주차장으로 활용하는 등 민간이 수행할 경우보다 필요한 비용이나 복잡한 행정절차가 간소화되는 장점이 있다. 따라서 상호보완적인 측면에서 민 · 관공동운영이 점차 확대되고 있다는 점을 발견할 수 있다. 우리나라에서 진주남강유등축제, 함평나비축제, 보령머드축제 등이 기설립된 법인 또는 축제를 운영하기 위한 법인을 신설하면서 공공적 측면과 함께 축제경영수익 창출을 도모하고 있다.

하얼빈 빙설대세계는 축제기간 중 하얼빈 연간 GDP의 10분의 1을 창출하는 공공적 목적과 함께 축제방문객의 입장료, 광고협찬 등으로 수익 창

하얼빈 빙설대세계를 운영하는 하얼빈 마디얼그룹

자료 : 마디얼그룹 홈페이지(http://www.hrbmodern.com/)

출을 극대화하는 방법을 활용하고 있으므로 잘 살펴볼 필요가 있다. 중국 하얼빈 빙설대세계는 빙설제조직위원회를 설치 · 운영하고 있다. 조직위원회는 크게 두 그룹으로 나뉘어 있는데, 하나는 시정부의 각 부서가 관여하고 공영기업 성격의 '마디얼'이라는 회사가 관여한다. 마디얼은 하얼빈시의 레저종합기업으로서 2008년부터 빙설대세계의 운영에 참여하고 있다. 민간기업은 축제의 위탁업무를 맡고 실무적인 인력운영, 입장료 징수, 시설설치 및 관리, 재원 마련 및 협찬, 축제운영 등을 책임지고 있다. 하얼빈시는 국가여행국을 중심으로 시정부에서 약 50명의 인력이 조직위원회에 파견되어 있다. 하얼빈 시정부는 그해 축제의 기본계획과 개막행사를 지원하고 축제의 홍보와 방문객 유치를 전담한다. 축제의 경영수익은 민간기업이 얻지만 축제를 통해 얻은 수익에서 시정부는 세금을 확보하는 것이다. 민간기업이 축제의 경영과 운영을 전담하지만 시정부는 세금을 통해 일방적인 축제 지원에 그치지 않고 축제의 기본설계를 담당하면서 세수(稅收)도 확보하는 방식을 적용하고 있다. 우리나라에서도 관 · 민주도의 비중이 높지만 여러 법적 · 제도적 한계로 인하여 지방자치단체가 축제재원을 마련하는 데 어려움을 겪고 있다. 하얼빈 빙설대세계의 모델은 우리나라의 축제가 경영체계로 한 단계 도약하는 데 있어 시사하는 바가 크다고 하겠다.

중국의 경우 정부에서 축제를 운영하다가 민간기업으로 넘기는 것이 추세라 할 수 있다. 처음에는 정부지원이 많지만 차츰 기업으로 축제경영을 넘겨주는 방식이라 할 수 있다. 2007년까지만 해도 문화콘텐츠에 대한 민간업체의 제한을 두었지만 중국 내 정책이 바뀌어 민간업체도 관여할 수 있게 되면서 민간기업으로 운영권이 넘어가고 있는 상황이다. 특히 민간기업으로 운영권이 넘어가면서 상업화되었다는 지적을 받을 수도 있지만 긍정적인 요소를 발견할 수도 있다. 우선 정부운영은 문화콘텐츠 사업을 운영하는 데 있어 제한적 요소가 많은 데 반해 기업운영은 정부보다 변화가 신속하고 문제발생 시 해결속도가 빠르다는 장점이 있다.

9) 하얼빈 빙설대세계의 공격적인 스폰서십

하얼빈 빙설대세계에서 발견할 수 있는 특징은 협찬사 노출이 매우 적극적이라는 점이다. 마치 협찬사들의 얼음조각전을 방불케 한다. 중국기업뿐 아니라 해외기업들을 대상으로 협찬을 적극적으로 유치하고 있는 상황이다. 중국 내 하얼빈맥주, 중국이동통신 등과 국내기업인 LG, 기아자동차, 다국적 기업인 코카콜라 등이 눈 조각물에 기업 로고를 부착하는 등

협찬사의 광고물을 통한 협찬기업 노출

협찬기업 노출에 적극적이다.

협찬기업의 유치 확대를 위하여 빙설대세계에서 볼 수 있는 몇 가지 특징을 살펴볼 필요가 있다.

첫째, 축제장의 랜드마크 기능을 하는 얼음 조각물에 기업의 로고 또는 협찬 기업명을 부여한다. 특히, 협찬을 제공한 기업의 특징을 잘 반영할 수 있는 얼음 건물에 기업명과 로고를 부여하는 세심함도 볼 수 있다.

둘째, 방문객 편의시설을 협찬사가 제공하도록 함으로써 축제비용을 절감하면서도 오히려 협찬을 유치하는 효과를 거두고 있다. 빙설대세계 행사장에서는 추운 날씨 탓에 온기를 제공할 수 있는 많은 수의 휴게시설이 필요하기 때문이다. 휴게시설을 협찬사가 짓도록 하고 협찬사의 명칭과 로고를 붙일 수 있게 하는 것이다. 그런가 하면 식음료를 제공할 수 있는 기업에게는 외부를 조망할 수 있는 통유리형의 식음료를 판매하는 휴게 및 관람형 실내 푸드코트를 제작하게 하고 참여사의 로고를 외부에 부착하도록 하고 있다.

셋째, 커피와 주류를 판매하는 회사의 경우 독립형 판매부스에 기업의 로고를 넣어 직접 짓도록 하고 판매를 허락하고 있다.

넷째, 얼음 조각물의 형태를 협찬하는 기업의 주요 제품으로 제작해 주는 방식도 있다. 맥주, 의류, 우유회사 등은 대표제품을 직접 얼음으로 조각하여 제공한다.

다섯째, 축제장 내 공연무대에 회사의 명칭을 부여하여 운영한다. 무대의 명칭이 협찬사의 이름인 것이다.

여섯째, 축제장 입구의 좌우로 늘어선 벽을 활용하여 협찬기업의 광고물을 얼음 속에 넣어 화려한 야간 LED를 이용하여 노출한다.

일곱째, 빙설대세계 입장권에 협찬사를 명기하여 입장하는 모든 방문객

협찬을 제공하는 기업들

들이 기업의 로고에 익숙해지도록 한다. 이처럼 협찬사에게 제공하는 노출의 정도를 극대화함으로써 기업이 느끼는 혜택(Benefit)을 상승시키고 장기적으로 스폰서십을 유지하도록 매우 공격적인 스폰서십 유치전략을 구사하고 있음을 발견할 수 있다.

이러한 공격적인 스폰서십 유치노력은 12년간 지속적인 협찬을 제공하는 기업들을 유치하는 효과를 낳았다.

우리나라의 경우 법적 또는 제도적 한계로 인하여 적용하기 매우 어렵고 생소하기까지 한 하얼빈 빙설대세계의 공격적인 스폰서십 유치전략은 최근 우리나라에 불고 있는 축제 재원 마련의 한계에 대한 다른 방식의 대안으로써 참고할 만한 사례라고 하겠다.

그 밖에 빙설대세계에서는 축제기간을 이용한 기업 간의 비즈니스가 활발히 이뤄지고 있다. 축제기간에 열리는 '빙설상담회'는 한마디로 '빙설로 무대를 만들어 경제가 노래를 부른다'고 알려져 있다. 2011년 빙설상담회는 300여 개의 대만기업이 참가하였으며, 흑룡강성 첫 녹색식품전시주간은 800여 개 기업이 참가하여 3,000여 개의 제품을 전시, 26억 8천만 원에 달하는 53건의 계약이 성사되는 성과가 나타나기도 했다.

TIP 제품 및 기업 프로모션의 장으로 축제 활용

하얼빈 빙설대세계 기간에 기업제품 시연회 개최

하얼빈 빙설대세계에서는 오색등을 밝힌 신비로운 빙등을 관람하기 위해 수많은 방문객이 행사장을 찾는다. 기업에서는 이런 홍보기회를 놓치지 않고 축제기간에 제품 시연회를 개최함으로써 제품 및 기업의 브랜드 홍보를 적극적으로 노출시키고 있다.

특히 중국 진출에 성공하여 연평균 42%의 성장률을 보이는 한국 두산인프라코어에서는 하얼빈시의 특색인 빙설축제를 통해 두산그룹의 제품들을 국내·외에 널리 홍보하고 중국시장 점유율을 확보하기 위해 제품 홍보를 실시하고 있다.

하얼빈 빙설대세계는 단순히 빙등을 관람하는 축제가 아니라 기업의 홍보와 연계된 다양한 산업적인 부분도 강화되고 있다고 할 수 있다.

자료 : 흑룡강신문(http://www.hljxinwen.cn/)

기업제품 시연회

10) 축제 마스코트를 활용한 홍보마케팅

국내의 지역축제들과 비교할 때 중국 하얼빈 국제빙설제는 축제 마스코트를 활용하여 적극적인 홍보 마케팅을 실시하고 있다. 국내 문화관광축제를 대상으로 축제 캐릭터 유무에 대한 활용을 조사한 결과 축제캐릭터를 보유한 축제는 약 75%로 나타났으나 활용부문에서는 미비한 것으로 나타났다. 축제 마스코트가 축제에서 차지하는 비중과 역할, 마스코트를 활용하여 축제를 마케팅하는 측면에서는 외국의 겨울축제에서 선보인 좋은 사례들을 국내축제에서 벤치마킹해야 할 점이 많다고 할 수 있다.

하얼빈 국제빙설제 마스코트 애니메이션

자료 : New Ocean新洋科技(www.newocean.com.cn)

축제 마스코트부문에서 오랜 시간과 노력으로 효과를 극대화한 사례로는 퀘벡 윈터카니발의 '본옴(Bonhomme)'을 들 수 있다. 중국 하얼빈 빙설대세계가 윈터카니발이나 윈터루드와 차별화되는 점은 축제 마스코트를 애니메이션 주인공으로 활용하였다는 점이다.

국제빙설제 마스코트인 슈에와(雪娃; 설와)는 제작사 New Ocean Co.와 하얼빈시 정부 간의 전략적 합작 MOU 체결로 만들어진 중국 최초의 3D 애니메이션 영화의 주인공인 슈에와(雪娃; 설와)가 활용되었다. 특히 2010년 축제 개최 직전에 중국 CCTV를 통해 전국에 방영함으로써 청소년을 주 타깃으로 한 홍보를 실시하는 데 큰 역할을 하였다.

빙설과 인간의 결합을 통해서 만들어진 슈에와(雪娃; 설와)의 이미지는 인류와 자연이 평화롭게 지내야 한다는 친환경적인 주제를 제시하고 있다. 마스코트 슈에와(雪娃; 설와)의 머리 부분은 눈꽃 형상으로 하얼빈의 빙설 문화와 빙설 조각 예술을 상징하는 것이며, 항상 웃고 있는 얼굴은 국내·외의 관광객을 환영하는 의미로 알려져 있다.

2009년 하얼빈 국제빙설제의 마스코트로 확정하여, 빙설대세계, 조린공원, 국제조각경기대회에서 이 마스코트를 많이 사용하였다. 2010년 빙설대세계의 후원사 마디얼그룹은 마스코트의 브랜드 가치를 높이기 위해 행사기간에 기념품 인형, 의류, 공예품 등 마스코트에 관련한 기념품을 판매하였다. 현재 하얼빈 빙설대세계의 마스코트는 이미 하얼빈 국제빙설제뿐만 아니라 하얼빈 빙설문화와 빙설관광의 홍보대사로 자리매김하고 있으며, 2010년 중국 10대 캐릭터에 선정되는 영예를 안기도 하였다.

TIP 중국 10대 캐릭터 선정

2010년 5월 13일, 중국 국제 뉴미디어 애니메이션 페스티벌에서 중국 10대 캐릭터가 선정 발표되었다. 본 심사를 주최한 기관은 중국 국가 광전총국 선전사와 중국 동화학회, 심천 광보전영전시집단으로 2개월 동안 작품신청을 받고 예심과 결심을 거쳐 10개 캐릭터를 선정하였다. 총 2,000여 개의 신청작품 중 628개의 작품을 선별하여 심사하였으며 예심에서 7명의 중국 내 캐릭터 애니메이션 전문가들이 작품 내용과 창작 소재, 표현형식, 개발력, 사회적 영향력 등의 항목을 심사하여 100개를 선정한 후 최종 10개 작품을 선정하였다.

슈에와(雪娃; 설와)

喜羊羊(씨양양) / 雪娃(슈에와)
美猴王(메이호우즈) / 大角牛(따자오니우)
嘟噜嘟比(두루두오비) / 福星八戒(푸씽빠지에)
憨八龟(한빠구이) / 蓝猫(란마오)
小破孩(샤오포하이) / 猪猪侠(주주씨아)

자료 : http://ent.sina.com.cn/

11) 하얼빈 빙설대세계의 사계절 관광상품 : 얼음상설전시관

지역개발형축제는 외부에서 관광객들을 유치하는 일은 물론 지역을 전국에 알리는 이미지메이킹 역할을 하고 있다. 또한 지역상품 판매 등 여러 가지 지역개발에도 전략적으로 연계가 가능하다. 이러한 이유로 세계 곳곳에서는 지역개발형축제를 전략적으로 육성하는 사례가 늘어가고 있다. 이에 따라 축제는 점점 경쟁력을 갖추게 되고 발전하기 시작했는데, 축제가 발전하는 단계를 정리하면 다음과 같다.

첫째, 임시단계이다. 임시단계는 일 년 중 축제기간에만 운영하는 축제들로 일 년에 한 번만 체험할 수 있는 단계라고 할 수 있다.

둘째, 상설과 병합 초기단계라고 할 수 있다. 축제가 유명해짐으로 인해 축제와 더불어 주말 상설을 실시하며, 박물관에 일부 전시가 이뤄지는 형태라고 할 수 있다.

셋째, 상설강화단계는 축제와 더불어 축제테마전시관 및 테마체험관이 이뤄지는 경우를 말한다. 보령머드축제가 상설체험관을 운영하여 연중 방문객을 유치하고, 대가야체험축제가 대가야박물관을 통해 체험프로그램을 운영하는 경우가 이에 해당된다. 이와 같이 상설강화 이후의 단계를 상설완성단계라 할 수 있다. 축제가 테마관광지가 될 수 있는 것이다. 상설완성단계는 독일 옥토버페스트의 맥주거리, 이천 도자기축제의 도자기거리를 예로 들 수 있다.

하얼빈 빙설대세계는 연중 얼음을 체험할 수 있는 얼음상설전시관을 조성함으로써 상설과 병합 초기단계와 상설강화단계 사이에 위치하는 것으로 볼 수 있다.

단 계	내 용	사 례
임시단계	축제기간에만 임시 운영 일 년 중 축제기간만 체험	화천산천어축제 함평나비대축제
상설과 병합 초기단계	축제 주말상설 포함 전시(박물관)	대가야체험축제 (대가야박물관)
	하얼빈 빙설대세계 + 얼음상설전시관	
상설강화단계	축제(테마)전시관 테마체험관	보령머드축제 (머드체험관)
상설완성단계	거리 조성 테마관광지로 발전	독일 옥토버페스트(맥주거리) 이천도자기축제(도자기거리)

[그림 2-5] 축제 발전단계

보령머드축제의 머드전시체험관과 고령대가야체험축제의 박물관 및 대가야 역사테마관광지, 안동 탈춤공원, 이천 설봉공원, 김제 벽골제, 담양 죽녹원 등은 축제의 인기가 높아지면서 축제 이후에도 지속적으로 관광객들이 행사장을 찾는 대표적인 관광지이다. 이는 곧 축제로 인해 사계절 관광명소로 부각되고 있는 축제장소라 할 수 있으며, 축제기간 이후에도 지속적으로 방문객을 유치할 수 있는 매력성이 높은 곳이라 할 수 있다.

중국 하얼빈 빙설대세계가 개최되는 태양도공원은 여름철 동남아관광객을 지속적으로 유치하고 있는 상황이다. 이를 위해 하얼빈에서는 겨울에만 볼 수 있는 얼음조각을 연중 관람이 가능하도록 태양도 빙설예술관을 건립하여 운영 중이다. 추운 겨울이 아닌 여름에도 빙설대세계를 관람할 수 있게 하려는 전략이다. 이는 하얼빈 빙설대세계로 지역활성화에 성공한 하얼빈은 축제를 보는 시각이 지역을 살리는 '산업'으로 확장되고 있다는 것을 입증하는 것이다. 여기에 하얼빈은 축제를 통한 지역경제의 생산파급효과를 인식하고 중장기적인 지역개발과의 연계를 모색하고 있다는 점이다.

태양도 빙설예술관은 총 건축 면적이 5,000평방미터에 달하고 사계절 내내 운영되고 있다. 하얼빈 빙설대세계의 행사장에 비해 규모가 매우 작지만 실내에 갖추어진 얼음조각 건축물들은 하얼빈 빙설대세계의 화려한 얼음조각 건축물 못지않게 다양한 색깔의 조명을 더해 화려한 볼거리를 제공하고 있다.

혹한의 날씨에 개최되는 하얼빈 빙설대세계를 방문하지 못하는 관광객

태양도 빙설예술관의 얼음조각물

자료 : 중국의 창(http://korean.cri.cn)

들에게는 제격인 셈이다. 빙설예술관의 실내온도는 얼음조각을 유지하기 위해서 영하 10~15℃를 유지하고 있다. 추운 겨울을 피해 여름에 찾아오는 관광객들에게는 더할 나위 없이 시원한 피서지로서의 역할을 하며, 연중 관광지로서 동남아관광객을 유치하는 등의 효자노릇을 하고 있다.

빙설예술관 입장료는 80위안(한화 약 15,000원)이며, 실내온도를 고려하여 두꺼운 겨울옷을 10위안(한화 약 2천 원)에 임대하고 있다. 그 밖에 튜브를 이용한 미끄럼틀을 이용하여 어린이들도 즐길 수 있는 체험요소를 제공하고 있다.

그 밖에 빙설대세계를 운영하는 중국 마디얼그룹은 세계에서 가장 큰 사시사철 빙설을 즐길 수 있는 사계절 빙설낙원과 하얼빈 국제맥주축제를 구상하고 있다. 봄, 여름, 가을, 겨울 사계절 모두 즐길 수 있는 얼음호텔, 얼음모텔, 빙상쇼 공연, 빙상전시 등을 할 수 있도록 구성하여, 연중무휴 얼음도시로서의 특색 있는 볼거리를 제공할 수 있을 것으로 기대하고 있으며, 얼음나라 하얼빈의 도시이미지를 국내·외 방문객들에게 연중 제공함으로써 가장 특색 있는 도시로 거듭날 것으로 전망되고 있다.

빙설예술관(좌)
빙설예술관의 입장권(우)

자료 : 중국의 창(http://korean.cri.cn)

12) 계절형 축제로서 개최기간을 탄력적으로 운영

축제의 개최기간은 축제 성패에 영향을 주는 중요한 고려사항이다. 특히 겨울축제의 경우 축제기간 결정에 따라 환경의 영향을 많이 받을 수밖에 없다. 캐나다 윈터루드의 경우 관광객이 집중되는 주말만을 골라 3주 연속으로 9일간 개최하는 혁신적인 개념의 축제 개최전략을 사용하고 있다. 그런데 중국 하얼빈 빙설대세계는 개최기간을 탄력적으로 운영하는 전략을 활용하고 있다. 이는 중국만의 독특한 개최기간 모델이라 할 수 있다.

하얼빈 빙설대세계의 특징은 축제시기에서 찾을 수 있다. 축제 개최의 시작과 끝이 정확한 일자로 공개되는 것이 일반적인 축제의 형식이지만 하얼빈 빙설대세계는 개최되는 월까지 공개되고 일자는 불분명하다. 서양이나 우리나라의 경우 축제 개최기간을 정확하게 정하고 그 안에서만 개최하는 특징을 가지고 있다. 그러나 중국은 시작과 끝이 기후의 상황에 따라 변할 수 있는 가변적 상황이라 할 수 있다. 하얼빈 빙설대세계의 공식 개막일은 매년 1월 5일로 정해져 있지만 크리스마스 전날인 12월 24일을 전후로 시험개장을 하면서 공식 개막일까지 작품 완성 및 일부 방문객을 맞이하여 축제운영 체계를 점검한다. 축제의 시작은 정해져 있지만 축제가 종료되는 날짜는 정해져 있지 않다. 이러한 특징은 계절축제로써 기후환경을 인위적으로 조절하기 쉽지 않다는 점에 기인하고 있다. 하얼빈 빙설대세계의 프로그램은 대부분 야간에 빙등을 관람하는 것인데 날씨나 온도에 따라, 얼음과 눈이 녹는 시점에 따라 폐막일을 늦추기도 하고 당기기도 하는 것이다. 또한 날씨가 추우면 공식개막일에 앞서 조기 오픈하는 경우도 있으며, 축제가 마무리되는 2월에 날씨가 추우면 행사기간이 연장되기도 하는데 얼음이 녹아 무너질 수 있는 상황 직전까지 빙등을 최대한 관람할 수 있도록 축제의 폐막일을 연장하기도 한다. 이는 곧 축제의 경영 수익과 연결되는 부분으로 축제 개최기간을 탄력적으로 조정함으로써 축제의 수익을 극대화하는 것으로 볼 수 있다.

이렇게 축제 개최기간을 최대한 늘리기 위해서는 눈과 얼음 구조물의 지속적인 관리와 활용을 해야 한다. 이는 방문객을 장기간 모객하기 위한 필수요소라 할 수 있지만 기후에 따라 개최기간을 최대한으로 늘릴 경우 얼음조각이 무너질 수 있는 위험성이 있기 때문에 운영의 노하우가 필요하다.

〈표 2-8〉 하얼빈 국제빙설제 축제 개최기간 분석

축제명	개최기간	장소
하얼빈 국제빙설제	2012년 1월 5일~ 2월 중순 및 2월 말	태양도 눈박람회공원, 하얼빈시 자오린공원 등
흑룡강 국제스키축제	2011년 12월 12일~ 강설기 결속까지	성내 각 대형 스키장
치치하얼 관동문화관광축제	2011년 12월 28일	치치하얼
가목사삼강국제눈싸움축제	2011년 12월 말~ 2012년 2월 중순	가목사시
중국 설향관광축제	2011년 12월 28일~ 2012년 1월 말	대해림 림업구 쌍봉설향
중국 대경 설지온천축제	2011년 12월 말~ 2012년 1월 중순	대경시 두얼버트몽골자치구, 림전군 등
중국 막하 동지축제	2011년 12월 말	막하군
목단강 경박호가을겨울철관광문화축제	2011년 9월 28일~ 2012년 2월	목단가시
림업도시 이춘삼림빙설환락축제	2011년 11월~ 2012년 2월	이춘시

자료 : 뉴스(hljxinwen.cn)

이러한 개최기간의 탄력적 운영의 특징은 하얼빈에서 개최하는 다른 축제에서도 찾아볼 수 있다. 하얼빈시에서 11월부터 열리는 9개의 겨울축제 개최시기를 보면 대체로 월 단위까지 공개하고 있으나 정확한 개막일과 폐막일을 노출하지 않고 있다. 이는 날씨와 기온에 의존하는 계절형 축제의 특징을 잘 보여주는 사례라고 하겠다.

13) 화제를 창출하는 이색 프로그램(언론방송용)

① 이랭치랭(以冷治冷) 극한에 도전한다! '영하 20도 얼음수영대회'

최근 축제에 화제성을 낳고, 활성화하는 전략으로 역발상 아이디어가 필요하고, 역발상 프로그램들이 개발되어야 한다는 점들이 자주 회자되고 있다. 이는 축제프로그램의 한계를 극복하고 특화된 장점으로 바꿀 수 있

영하 20도의 얼음수영대회

자료 : http://photo.donga.com/

는 기회를 찾을 수 있기 때문이다.

하얼빈 국제빙설제에서도 추운 겨울에 여름 콘셉트를 도입하여 역발상을 시도하는 프로그램인 '둥융(凍泳)'이라는 '겨울철 수영축제'가 또 다른 명물이다. 눈으로 온몸을 문지르는 러시아의 '눈샤워'와 달리 중국인들은 온몸을 얼음물에 푹 담그는 '얼음수영'을 즐긴다. 얼음수영은 한 해 내내 감기에 걸리지 않고 건강을 유지한다는 믿음 속에 북방인들의 오랜 전통으로 자리 잡아 왔다.

빙설대세계에 쓰일 얼음을 채취한 강 한편에 마련된 하얼빈 송화강의 얼음수영장에서는 얼음수영대회가 열린다. 지켜보는 사람들은 코트에 장갑, 모자까지 꽁꽁 둘러 싸맸지만 수영복만 입은 약 300여 명의 참가자들은 차가운 물속에서도 추위를 모르는 듯 수영을 즐기는 모습이다. 참가자들의 복장은 자유사항이며, 장갑을 끼든, 신발을 신든 제한이 없는 것이 특징이다.

② 온몸으로 추위를 느끼는 얼음미끄럼틀(230m)

하얼빈 빙설대세계는 다양한 얼음조각과 빛이 결합된 아름다운 장면을 지켜보는 것만으로도 시간이 부족하다. 눈으로만 즐기는 하얼빈 빙설대세계에 추위가 선사해 주는 즐거움을 온몸으로 즐길 수 있는 기회가 바로 얼음미끄럼틀이다. 아이들에게는 신나는 놀이터로 어른들에게는 동심의 세계로 돌아갈 수 있는 특별한 기회이다. 얼음미끄럼틀은 직접 만지고, 딛고, 몸으로 즐길 수 있도록 만들어졌다. 얼음미끄럼틀은 계단을 올라가 약 30m의 길이를 미끄러져 내려오는 것으로 하얼빈 빙설대세계에서 남녀노소 누구나 즐길 수 있는 체험형 프로그램이라 할 수 있다.

얼음미끄럼틀 프로그램은 유료형 프로그램으로 운영되는 점이 특징이다. 축제의 입장료를 지불하더라도 프로그램을 이용하기 위해서는 별도의

자료 : http://blog.naver.com/prologue/

축제에서 즐길 수 있는 얼음미끄럼틀

요금을 지불하는데 이를 통해 축제의 수익을 창출할 수 있는 기회를 마련하고 있다. 입장료를 지불하고 별도의 체험비를 지출하게 되면 불만사항이 있기 마련이지만 이곳에서는 오히려 인기가 매우 높다. 이는 시설의 규모화를 통해 방문객들의 호기심을 자극하기 때문이다. 2010년의 경우 180m에 달하던 얼음미끄럼틀은 2012년 230m에 달해 여름철 수영장 미끄럼틀과 같은 빠른 속도감과 스릴을 즐길 수 있도록 규모를 확장하고 있는 점이 특징이라 할 수 있다. 그 밖에 태양도공원을 찾지 못하는 하얼빈시 지역주민을 위해서는 시내 곳곳에 대형 미끄럼틀을 운영함으로써 축제의 분위기를 고조시키고 있다.

송화강 얼음미끄럼틀

시내에서 즐길 수 있는 미끄럼틀

자료 : http://tourace1.egloos.com/

③ 새로운 이슈 창출 : 기네스 도전 프로그램

하얼빈 빙설대세계에서 우리가 주목해야 할 점은 매년 새로운 이슈를 창출하고 있다는 점이다. 60만 평방미터에 달하는 행사장 크기, 18만 입방미터에 달하는 얼음의 양, 영하 40도에 달하는 추위 등 홍보매체를 통해 하얼빈 빙설대세계의 특징을 확실하게 강조하고 있다. 캐나다 윈터루드에서는 7.8km에 달하는 세계에서 가장 긴 리도운하에서 스케이트 타기 프로그램이 세계 기네스에 올라 있으며, 이를 통해 축제의 핵심메시지로 타 축제와는 차별화되는 전략을 시도하고 있다. 하얼빈 빙설대세계 역시 눈으로 보여지는 특징뿐 아니라 기네스 도전이라는 이슈를 통해 방문객들에게 효과적으로 축제를 노출시키고 있다. 특히 온갖 빛깔의 광선이 투명한 얼음 결정체를 통해 굴절되어 나오면서 환상적인 분위기를 연출하고 규모면에서는 타 축제와 비교할 수 없는 독보적인 위치에 있다는 점을 부각시키고 있으며, 최근 세계에서 가장 높은 빙등 기네스에 도전하면서 언론에서 화제가 되기도 하였다.

가. 2012년 가장 높은 빙등 기네스 도전

현재 빙설대세계의 빙등 전시물들은 얼음으로 만든 건축물 중에 가장 높은 것으로 세계기록을 신청할 예정이다. 최근 선보인 230m 길이의 얼음 미끄럼틀과 45m 높이의 성루, 눈으로 만든 두 개의 불상은 20m가 넘는다. 축제에 전시된 얼음 작품을 보고 있으면 규모와 함께 조각의 정교함에 압도당하는데 앞으로 지구상의 어떠한 인공물이라도 외형상 재현이 가능할 것으로 보고 있다. 하얼빈에서는 주어진 환경적 요인인 추위와 물, 인력의 3박자를 통해 지속적인 이슈가 가능해 보인다.

자료 : 하얼빈 빙설대세계 홈페이지(http://www.hrbicesnow.com)

아이스바 먹기 기네스(좌)

아이스바 먹기 대회(우)

나. 2012년 1월 16일 아이스바 먹기 기네스

외국인 관광객이 참여하는 먹는 아이스대회를 개최하였다. '눈과 얼음의 세계에 여러분을 초대합니다'라는 캠페인을 벌여 3,000여 명이 넘는 사람들이 참여하였는데, 기존 영국에서 가지고 있던 2,728명의 기록을 넘어 새로운 기록을 달성하여 이슈를 창출하였다.

14) 추운 날씨를 극복하는 1석 3조형 관람편의시설

하얼빈의 체감온도는 영하 30도를 넘는 혹한의 날씨로 겨울축제를 개최하기에는 최적의 장소라 할 수 있다. 하지만 얼음이 녹지 않고 지속될 수 있는 날씨는 곧 방문객이 축제를 관람하기에는 최악의 날씨라고 할 수 있다.

빙설대세계가 열리는 기간 중 하얼빈의 야간시간 온도는 영하 30도에 육박한다. 중무장에 가깝게 옷을 껴입어도 한 시간을 버티기 어려울 지경이다. 2011년 하얼빈을 방문했을 때 손난로까지 동원해 봤지만 추위의 고통은 견딜 수 없었던 것을 기억한다. 사실 이렇게 추운 날씨는 얼음과 눈으로 축제를 진행하는 데 좋은 점도 있다. 추운 날씨 덕에 적은 비용으로 송화강의 얼음을 채취할 수 있고, 얼음이 장기간 녹지 않으므로 축제를 장기간 진행할 수 있기 때문이다. 하지만 축제방문객들에게는 현란한 얼음과 빛의 축제를 감상하는 데 추위가 저해요인이 되기도 한다. 이러한 저해요인을 해결하기 위한 방안으로 하얼빈 빙설대세계는 효율적인 방법으로 방문객들에게 서비스를 제공하고 있다. 축제장 내에 설치한 푸드코트, 휴게시설, 따뜻한 관람시설의 역할을 동시에 수행할 수 있는 시설이 있다.

견딜 수 없는 추운 날씨로 인해 방문객 체류시간이 짧아지고 방문객의 소비지출이 떨어지는 약점을 극복하고 모든 방문객들에게 따뜻한 관람서비스를 제공하기에는 비용부담이 크기 때문에 하얼빈 빙설대세계는 민간업체의 참여를 통해 이러한 문제를 해결하고 있다. 축제장 내에 푸드코트

축제장 내 실내 푸드 코트

를 설치하되 따뜻한 실내공간을 만들고 실내에서 화려한 빙등을 볼 수 있도록 통유리로 외벽을 설치하였다. 푸드코트에 입점하는 업체는 축제주체에 비용을 내야 하는 구조를 통해 축제방문객의 체류시간 연장, 축제방문객 소비지출 향상, 비용을 최소화하면서 축제방문객이 추위를 해소할 수 있는 서비스를 제공하는 효율적인 방법을 찾은 것이다. 특히, 통유리를 통해 따뜻한 곳에서 차와 음식을 먹으며 빙등을 관람하는 것은 축제의 핵심인 빙등관람과 방문객 만족도 향상, 소비지출 향상, 방문객 체류시간 연장의 효과를 동시에 누리는 하얼빈 빙설대세계의 1석 3조 전략의 대표적 사례라 하겠다.

그 밖에 하얼빈 빙설대세계는 방문객들을 위한 편의시설을 점차 확대하고 있다. 통유리로 조성된 실내형 카페와 더불어 최근에는 실내형 매표소를 운영하여 빙설대세계를 관람하기 전 입구에서부터 추위에 노출되었던 문제점을 극복하고 있다.

축제장 내 실내 푸드코트 실내

자료 : 동북신문, 2012.1.5

실내형 매표소

자료 : 동북신문, 2012.1.5

15) 얼음도시의 매력은 금융위기도 못 막는다 : 국내 · 외 방문객 분석

하얼빈 빙설대세계 기간에는 중국의 광저우, 대만, 홍콩 등 설경(雪景)을 즐기려는 남방인(南方人)들을 포함해 매년 국내 · 외 100만 명 이상의 관광객들이 방문할 정도로 인기가 높으며, 하얼빈은 여름보다 겨울 관광객들의 열기가 뜨거운 곳이다.

하얼빈 빙설대세계는 송화강을 중심으로 축제가 개최되고 있다. 이 모든 행사장의 이동시간은 40분 이내로 가능하며, 행사장에서 공항까지 이동거리는 1시간 10분 이내가 소요되므로 방문객 유치에 긍정적인 요인이라 할 수 있다.

하얼빈 관광국에 따르면 2009년 제25회 하얼빈 국제빙설제를 방문한 국내 · 외 총 방문객 수가 1,114.5만 명이며, 국내 관광수입은 1조 6,400억 원, 국외 관광수입은 6,100만 달러(한화 약 665억 원)로 총 관광수입이 약 1조 7천억 원으로 파악되었다(동북신문, 3월 6일자 보도). 또한 2010년 26회 하얼빈 국제빙설제는 총 1,202.7만 명이 하얼빈시를 찾았으며, 지난 25회보다 방문객 수가 7.9% 증가한 것으로 나타났다. 그에 따른 총 관광수입은 110억 6,100만 위안(우리 돈으로 약 2조 1천억 원)에 달하는 엄청난 경제효과를 창출하였다.

〈표 2-9〉 최근 3년간 전체 방문객 수 (단위 : 만 명)

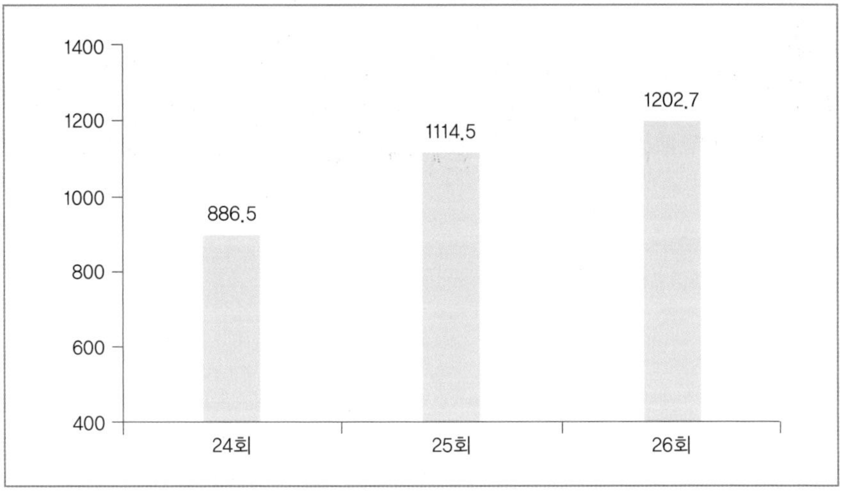

횟수 / 연도	전체 방문객 수(만 명)	증가비율(%)
제24회 / 2008년	886.6	-
제25회 / 2009년	1,114.5	25.7
제26회 / 2010년	1,202.7	7.9

자료 : 중국 하얼빈시(http://www.hlj.gov.cn/)

〈표 2-10〉 최근 2년간 국내·외 방문객 수 (단위 : 만 명)

횟수 / 연도	전체 방문객 수		증가비율(%)
제25회 / 2009년	국내 방문객 수	1,104.4	△25.9
	해외 방문객 수	10.06	△ 5.4
제26회 / 2010년	국내 방문객 수	1,195.7	△ 8.3
	해외 방문객 수	6.95	▽30.9

자료 : 중국 하얼빈시(http://www.hlj.gov.cn/)

최근 2년간 국내·외 방문객 증가비율을 살펴보면 2009년 중국 내 방문객 수는 2008년 대비 25.9% 증가한 1,104.4만 명으로 파악되었으며, 2010년은 전년대비 8.3% 증가한 1,195.7만 명으로 나타나 중국 내 방문객이 지속적으로 증가하는 추세로 나타났다. 또한 하얼빈시를 찾은 외국인 방문객의 경우 2009년 10.06만 명이었으며, 2010년에는 6.95만 명으로 나타났다. 내국인 방문객의 경우 남쪽 지방 관광객이 다수를 차지하였으며, 민속명절 춘절기간에 관광객이 집중하는 것으로 나타났다. 특히 27회 춘절 명절기간의 연휴 3일간 빙설대세계는 8만 명이 입장한 것으로 파악되었다.

하얼빈 국제빙설제 기간에 하얼빈시를 찾은 국가별 방문객 순위를 분석해보면 동남아 지역이 60%, 대만이 20%, 싱가포르가 12% 순으로 나타나 기온이 따뜻한 동남아 지역에서 방문한 관광객이 집중된 것으로 볼 수 있다.

하얼빈 국제빙설제를 통해 하얼빈시는 총 2조 1천억 원의 관광수입을 올리며, 2010년에는 2009년보다 22.3% 증가한 것으로 나타났다. 이 관광수입은 2009년의 하얼빈시 연간 총 관광수입 중 35.7%를 차지함으로써 축제가 지역의 산업으로써 큰 역할을 하고 있음을 알 수 있다.

〈표 2-11〉 국외 방문객 국가별 분석

국외 방문객 구분	방문객 비율(%)
동남아	60
대 만	20
싱가포르	12
한국 / 일본	5
기 타	3

자료 : 중국 하얼빈시(http://www.hlj.gov.cn/)

III

캐나다 오타와 원터루드

1. 캐나다 오타와

캐나다의 수도인 오타와는 기온이 영하 30도까지 떨어지는 혹한의 도시이다. 전 세계 수도 중 겨울철에 춥기로 유명한 몽골의 수도인 울란바토르(Ulan Bator) 다음으로 추운 도시로 언급되기도 한다. 1979년 오타와의 국립수도권개발위원회가 오타와의 추운 겨울을 소재로 도시를 홍보하고 춥고 긴 겨울을 보내는 지역주민들에게 활력을 불어넣어야겠다는 역발상적인 아이디어와 1970년 리도운하를 스케이트장으로 만든 후 유지비가 많이 드는 것에 비해 효율성이 다소 부족하자 이를 개선하고자 '윈터루드'를 개최하게 되었다. 윈터루드는 온타리오(Ontario)주의 오타와(Ottawa)시와 퀘벡(Quebec)주의 가티뉴(Gatineau)시에 걸쳐 있는 수도권 지역에서 개최된다.

그 후부터 지금까지 윈터루드로 인해 오타와는 혹한의 겨울시즌에 지역주민들에게 따뜻한 바람을 불어넣고 있으며, 지역경제의 활성화뿐만 아니라 매력적인 오타와의 이미지를 강화하는 데 기여하고 있다. 보다 구체적인 수치로 본다면, 반복방문객을 감안한 방문객들의 축제 방문횟수는 130만 번에 이르며 축제방문객 수로 환산하면 650,000명이며, 윈터루드로 인한 지역경제효과는 온타리오와 퀘벡 지역에 151백만 달러(한화 약 12,900억 원)에 이르고 온타리오주에만 82백만 달러(한화 약 700억 원)에 이른다. 국립수도권개발위원회에서 최근에 조사된 수치에 따르면 2012년 한 해에만 약 695,000명이 윈터루드를 방문했으며 현재도 계속 증가하고 있는 추세라고 한다. 이는 또한 1억 5천9백만 달러의 지역경제효과를 가져오는 등 지역개발형축제로서의 비중이 높다. 또한 적극적인 마케팅전략으로 축제인지도가 국제적으로 확산되고 있으며 도널드 게츠(Donald Getz)와 같은 국제적인 이벤트관광학자들도 모범사례로 그의 저서에서 자주 언급하고 있다. 특히 세계축제협회(IFEA World)에서 27번이나 상을 수상한 경력은 축제경영의 견실함을 보여주는 것이라고 할 수 있다. 이러한 축제성공의 비결을 한국의 지역축제와 비교 관점에서 살펴보기로 하자.

2. 캐나다 오타와 윈터루드의 성공전략

1) 분산형 축제장소와 세계에서 가장 긴 스케이트웨이(Skateway)를 통한 크리에이티브 전략

축제장소는 일반적으로 '집중형'과 '분산형'의 두 가지로 나뉜다고 볼 수 있다. 한곳에서 모든 축제프로그램을 구경할 수 있는 것이 '집중형' 축제장소로서 대부분의 국내 · 외 축제에서 선택하는 방식이지만, 서구의 예술축제나 프린지축제(Fringe Festival)처럼 3~4주 동안 시내 곳곳의 공연장, 미술관, 강당 등에서 개최되는 형태를 '분산형' 축제장소라고 할 수 있다. 일반적으로 축제기간이 짧을수록 집중형 축제장소의 형태를 보이며, 반대로 장기간 개최하는 축제일수록 분산형 축제장소의 형태를 보인다.

윈터루드는 주행사장 한곳으로만 집중되는 한국의 일반적인 축제에서 나타나는 형태가 아니라 공원들과 운하 등 주요 4곳을 중심으로 다른 곳에서도 펼쳐지는 '분산형 축제장소'모델을 택하고 있다. 주요 축제장소로는 일반적인 겨울축제의 대표모델인 눈조각 관련 이벤트를 포괄하는 쟈크카르티에공원(Jacques-Cartier Park)과 얼음조각관련 프로그램을 수용하는 컨페더레이션공원(Confederation Park)이 있고, 일반적인 겨울축제와 차별화되는 축제장소로는 리도운하 스케이트웨이(Rideau Canal Skateway), 축제의 다양성 확보를 위한 캐나다민속박물관(Canadian Museum of Civilization)이 있다.

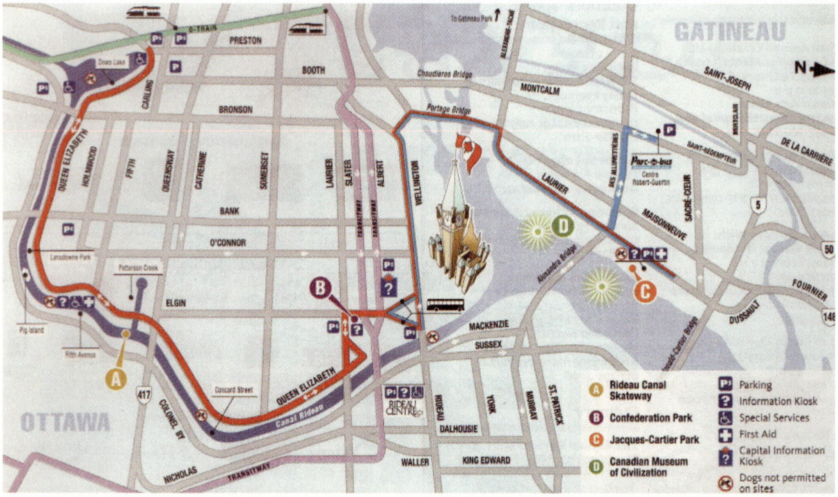

윈터루드의 분산형 축제장소

〈표 3-1〉 윈터루드의 개최장소 및 프로그램

지역	개최장소	프로그램
오타와 (Ottawa)	리도운하 스케이트웨이(A)	야간공연프로그램(Snowbowl), 운하에서 스케이트 타기, 원주민관련 프로그램, 윈터루드 철인 3종 경기 등
	컨페더레이션공원(B)	국제얼음조각경연대회, 크리스탈가든 등
가티뉴 (Gatineau)	쟈크 카르티에공원(C)	눈의 궁전, 국내눈조각경연대회, 아이스호그의 겨울스포츠 어드벤처, 거리퍼포먼스, 공예품 만들기 등
	캐나다민속박물관(D)	불꽃놀이(Fireworks), IMAX영상 등

오타와 윈터루드 하면 떠오르는 리도운하의 스케이트웨이는 그 길이가 7.8km에 달하며 세계에서 가장 긴 야외스케이트장이라고 알려져 있다. 기존 겨울축제의 눈과 얼음을 활용한 축제들과는 차별되는 윈터루드 축제만

의 차별화된 크리에이티브 전략이라고 할 수 있다.

우선 다른 겨울축제와 가장 차별화된 요소는 리도운하 스케이트웨이이다. 퀘벡 윈터카니발, 삿포로 눈축제 등 오랜 역사를 가진 겨울축제들에 비해 한참 후발주자인 윈터루드는 보다 경쟁력을 갖기 위해 '차별화'와 '화제성'전략을 펼쳤다. 눈 · 얼음과 관련된 프로그램들이 주였던 기존의 겨울축제와 차별화하기 위해 스케이트 타기 프로그램을 메인 프로그램으로 정하여 적극적으로 홍보하였다. 그리고 화제성을 유발하기 위해 기네스를 활용하였다. 리도운하 스케이트웨이는 세계에서 가장 긴 스케이트웨이로 지난 2005년 세계 기네스에 기록되었다. 길이가 무려 올림픽 링크의 200배에 달하는 7.8km이며 긴 길이만큼 긴 역사를 지니고 있다. 윈터루드의 세계에서 제일 긴 스케이트장 리도운하는 일회성이 아니라 매해 이용 가능한 축제장이기 때문에 보다 더 의미 있다고 할 수 있다.

리도운하 스케이트웨이는 지역의 재생관점에서 관련이 깊다고 할 수 있다 지역에서 목적에 맞는 역할을 제대로 하지 못한 도시 인프라를 겨울축제 행사장의 일부분으로 특히 스케이트웨이를 활용하는 군용목적의 리도운하는 지역주민의 레크리에이션과 관광목적으로 활용되는 소프트웨어적 지역재생 사례로 분석할 수 있다.

〈표 3-2〉 겨울축제 차별화 포인트

구 분	차별화 포인트
퀘벡 윈터카니발 / 삿포로 눈축제	눈조각
하얼빈 빙설대세계	빙등
오타와 윈터루드	리도운하 스케이트장
화천산천어축제	얼음낚시

자료 : http://orbiscatholicussecundus.blogspot.com

7.8km의 긴 스케이트웨이가 윈터루드의 주요 축제장소인 리도운하 스케이트웨이

오타와(Ottawa)부터 킹스턴(Kingston)까지 뻗어 있는 리도운하는 군수 운송을 목적으로 1826년과 1832년에 수천 명의 프랑스계 캐나다인들과 아일랜드계 캐나다인들에 의해 만들어졌다. 하지만 아이러니하게도 군수운송을 위해 사용된 적은 한 번도 없었다고 한다. 이러한 역사적인 운하에서 스케이트를 타는 크리에이티브한 아이디어를 제공한 것은 1970년대 국립수도권개발위원회(NCC : National Capital Commission)의 사장인 더글라스 풀러턴(Douglas Fullerton)이었다. 당시 이러한 아이디어를 현실화하여 대중들에게 큰 인기를 끌었으며 그 후부터 리도운하 스케이트웨이는 지역주민 및 인근 주민들이 추운 겨울을 나는 데 도움을 주는 레크리에이션 장소

로 꾸준히 사랑받아 왔다. 이런 점이 바로 도시 인프라가 보다 생산적으로 활용되는 하나의 '지역재생'으로 평가될 수 있다는 점이다. 국립수도권개발위원회에서도 윈터루드를 눈과 얼음조각대회가 중심 프로그램인 기존의 겨울축제와 차별화하기 위해 세계에서 가장 긴 스케이트장을 강조하여 홍보하고 있으며, 다른 겨울축제에서는 볼 수 없는 리도운하 스케이트웨이와 같은 독특한 자연적 요소가 지역주민뿐만 아니라 관광객의 발길을 사로잡는 데 큰 역할을 담당하고 있다.

윈터루드를 찾은 방문객들과 축제현장에서 인터뷰를 한 방문객들에게 '축제방문 전 윈터루드에서 기대하는 요인'에 대해 설문조사를 했는데 '리도운하에서 스케이트 타기'와 얼음조각작품이 전시되어 있는 '크리스턴가

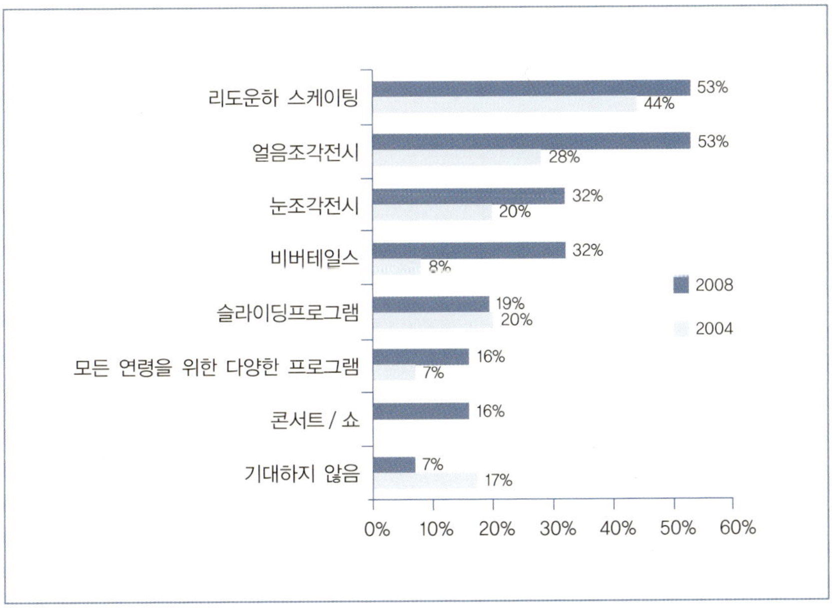

자료 : National Capital Commission(2008)

[그림 3-1] 윈터루드를 방문하기 전 방문객들이 기대하는 요인

든'을 각각 53%가 기대하였다. 특히 외지방문객들은 지역주민들보다 '리도운하에서 스케이트 타기'에 대한 기대가 60%로 높게 분석된 것으로 볼 때 리도운하 스케이트웨이가 관광객들에게 매력적인 요소로 작용함을 알 수 있다.

또 하나의 중요한 요소는 리도운하 스케이트웨이를 통해 윈터루드의 다양한 행사장이 연계된다는 점이다. 즉 국제얼음조각대회 및 전시프로그램, 월드오브아너(World of honor) 프로그램이 개최되는 컨페더레이션공원을 비롯한 각각의 축제장소를 연결해 주는 연결고리 역할을 한다. 리도운하 스케이트웨이에서 스케이트를 즐기면서 철도역사박물관(Via Rail Concord Station Rest Area), 원주민들의 전통음식과 문화를 즐길 수 있는 피그아일랜드(Pig Island) 등을 방문할 수 있다. 또한 리도운하 스케이트웨이의 시작지점에 설치된 무대에서 야간프로그램의 하이라이트인 스노우볼(Snow-bowl)을 관람할 수 있다.

컨페더레이션공원은 크리스탈가든이라고도 부른다. 해마다 다른 주제로 국제얼음조각대회가 열리고, 대회를 통해 완성된 다양한 얼음조각품들이 축제기간 동안 전시된다. 올해의 국제얼음조각대회는 '세계를 바라보는 창(A Window on the World)'이라는 주제로 개최되었으며, 20년 동안 참여했던 일본 팀을 비롯한 다양한 국가로부터 국제 팀들이 경합을 벌였다.

가티뉴(Gatineau)시의 쟈크 카르티에공원에서는 축제가 시작된 때로부터 5년 후에 시작된 플레이크킹덤(Flake Kingdom)을 설치하고 거대한 눈미끄럼틀을 조성하여 아이들을 동반한 가족관광객들에게 매우 인기가 많은 곳이다. 또한 캐나다 각 지역에서 참가한 13개 팀들이 눈조각경연대회를 펼치며 시상식 후 2주 동안 전시되어 볼거리를 제공한다. 또한 캐나다 민속박물관에서는 박물관의 상설 전시 및 체험프로그램과 IMAX영상, 대형 스크린을 통한 재미난 겨울영상, 북부지역의 서커스공연 등 특별공연이 실시되었으며, 윈터루드의 개막식 행사인 불꽃놀이(Fireworks)가 진행되었다.

그 밖에 바이워드마켓(Byward Market), 캐나다 문명박물관(Canadian Museum of Civilization), 카지노(Casino de lac-leamy Theatre), 오타와 시청(Ottawa City hall) 등의 장소에서 다양한 축제프로그램이 펼쳐진다.

2) 국립수도권개발위원회의 중앙정부형 관주도 조직으로 축제운영 효율화

국내 대부분의 축제조직은 관주도형태의 조직으로서 민간주도형태의 축제조직이 많은 서구의 일반적인 사례와는 대비된다고 할 수 있다. 최근 많은 국내 축제들이 관주도이기 때문에 실패사례가 많다고 하여 민간주도로 전환되어야 한다고 주장하지만 아직도 국내의 효과적인 축제성공사례들은 관주도형이 대부분이다. 또한 민간주도의 뚜렷한 성공모델이 미약하여 관주도형이면서도 성공적이며 효율적인 모델을 찾는다고 할 때 바로 캐나다 윈터루드의 축제조직인 국립수도권개발위원회를 벤치마킹할 수 있는 점들이 많다고 본다.

윈터루드를 운영하는 국립수도권개발위원회는 캐나다 국가조직이다. 1958년 캐나다정부의 국가수도법(The National Capital Act)에 의해 설립된 국립수도권개발위원회에서는 캐나다 수도권 지역(CCR : Canada Capital Region)에서 캐나다정부의 정책과 프로그램을 조정하는 역할과 함께 수도권 지역 국가소유의 토지와 관련하여 토지사용에 대한 용도변경뿐만 아니라 빌딩의 디자인승인 등에 대한 다양한 역할을 담당한다. 또한 수도권의 프로모션 기능을 담당하고 있다(국립수도권개발위원회, 2005).

국립수도권개발위원회 디렉터회의 모습

국립수도권개발위원회를 이해하기 위해서는 수도인 오타와를 알 필요가 있다. 오타와는 온타리오와 퀘벡주 사이에 있으며 영국계와 프랑스계가 공존하는 지역으로 영어와 불어를 모두 사용하고 있다. 이 지역을 국가에서 의도적으로 수도로 지정하여, 이 신생 수도를 홍보하기 위한 조직을 구성하였는데, '국립수도권개발위원회'가 바로 그것이다. '국립수도권개발위원회'의 목표는 전국에 오타와 수도를 알리고, 세계에 홍보하고 마케팅하는 것이다. 이에 오타와를 알리기 위한 일환으로 개최한 축제가 '윈터루드'이다.

[그림 3-2]를 보면 수도권의 업무를 담당하는 다양한 부서로 구성되어 있는데 그 가운데 국가프로그램구성부서(National Programming Part)에서

다양한 축제 및 이벤트를 총괄하고 있다는 점이 특징이다. 이 부서의 목적은 오타와를 중심으로 외지에서 온 관광객들에게는 수도권의 보다 나은 이미지를 강조하여 이미지개선효과를 추구하며, 동시에 수도권 지역주민들에게는 여가 · 레크리에이션기능을 제공하는 것에 중점을 둔다. 이러한 관점에서 국가프로그램구성부서에서는 '윈터루드'와 같은 겨울축제에 중점을 두지만 사계절 축제이벤트들을 전략적으로 기획하여 운영하고 있는데, 봄에 운영되는 '튤립축제(Tulip Festival)', 여름에는 '소리와 빛의 쇼(Sound & Light Show)', 독립기념일에 개최되는 '캐나다데이(Canada Day)', 가을에는 '가을랩소디(Fall Rhapsody)', 또 하나의 겨울행사로 '크리스마스라이츠(Christmas Lights)' 등이 있다. 이러한 축제를 통해 수도인 오타와에서 오타와의 시민 및 모든 캐나다인들이 만날 수 있는 기회를 만들어 캐나다인들의 자부심과 통합을 창출한다는 전략을 가지고 있다. 특히 2005년 국립수도권개발위원회의 연차보고서에서 가장 성공적인 하이라이트사업을 윈터루드라고 표명하는 것을 볼 때 국립수도권개발위원회가 추진하는 사업 가운데 축제가 비중 있는 상위사업임을 알 수 있다.

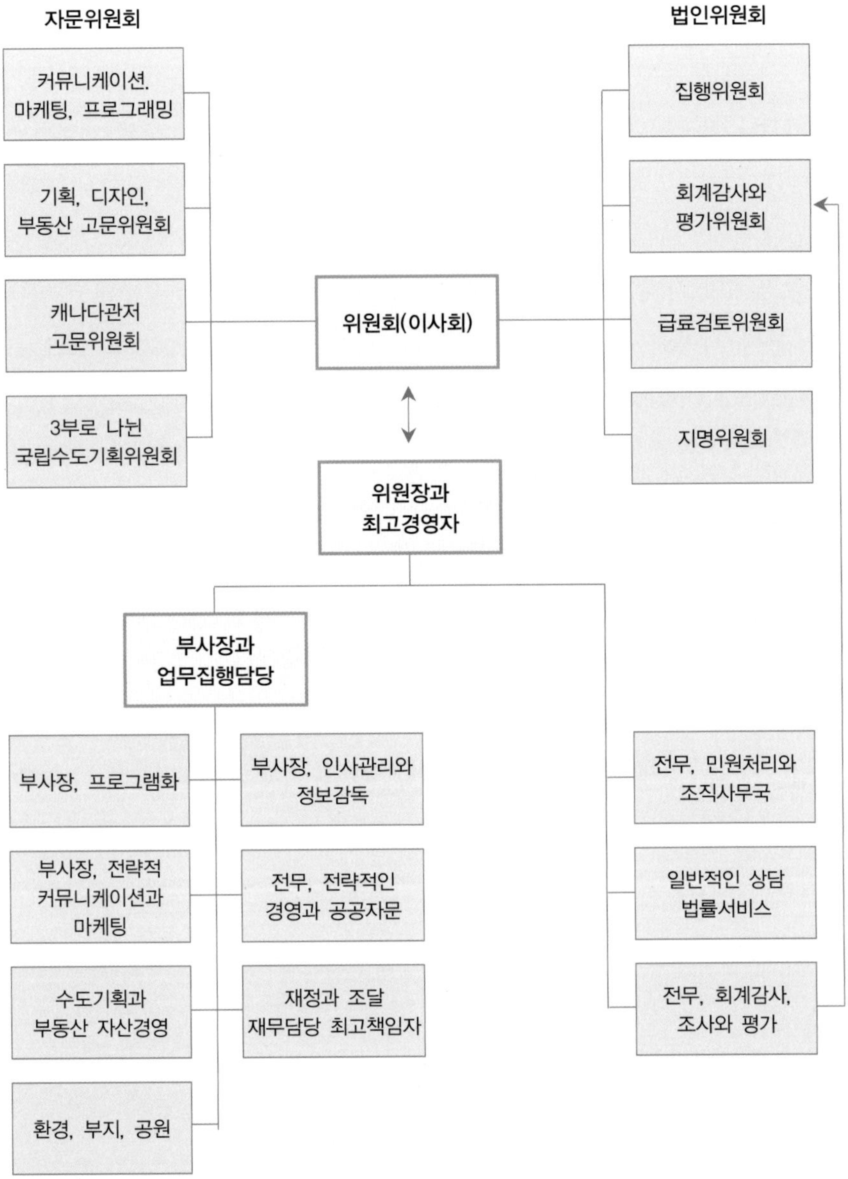

자료 : National Capital Commission(2005)

[그림 3-2] 국립수도권개발위원회 조직도(2005)

자료 : National Capital Commission(2012)

[그림 3-3] 국립수도권개발위원회 조직도(2012)

국가프로그램구성부서에서는 70명 정도의 직원이 다양한 축제업무를 담당하고 있으며 위에서 언급된 각 축제마다 3~5명의 담당자가 전문적으로 축제업무를 담당하여 총괄하는 것으로 조사되었다. 또한 그 외에 국립수도권개발위원회에서 자원봉사센터(Volunteer Center)를 운영하여 각 축제에 필요한 인력을 조달하는 것으로 당시 국립수도권개발위원회의 부사장인 질 라론드(Gilles A. Lalonde)와의 인터뷰 결과 밝혀졌다. 이에 더하여 다양한 축제평가 및 경제파급효과의 측정을 통해 축제운영의 생산성을 조사하고 매년 결과보고서를 작성하여 축제의 발전을 도모하고 있다. 특히 국립수도권개발위원회에서는 축제의 효과적인 개최를 위해 주정부를 비

TIP 축제 전문조직 구성의 필요성

우리나라 축제의 경우에도 관광 및 문화부서에서 관조직이 축제를 담당하고 있지만 축제전담부서가 아닌 일반적인 관광, 문화 등도 포괄적으로 담당하기 때문에 전략적인 축제구성에 어려움을 느끼고 있는 실정이며, 단기간의 인사이동으로 축제를 전담하는 전문인력이 부족한 실정이다. 현재 문화체육관광부에서도 이러한 부분에 어려움을 공감하여 공무원이 아닌 외부의 전문가 채용 등의 방안을 고려하고 있지만 아직 뚜렷한 대책이 없어 개선이 필요한 부분이다. 윈터루드를 함께 방문한 당시 백제문화제를 운영하는 공주시청의 문화관광과 이태묵 과장(現 공주시 시민국장)은 "한국의 경우 축제조직이 1년 이내로 근시안적으로 운영되며, 잦은 인사이동에 따라 새롭게 축제를 담당하는 사람들이 크게 어려움을 겪고 있는 실정이어서 윈터루드와 같이 20년 동안 축제를 지속적으로 담당한 직원과 축제전담부서를 운영하고 있는 점은 벤치마킹해야 할 부분으로 여겨진다"라고 하였다. 또한 당시 고령 대가야체험축제를 운영하는 고령군문화체육과 곽용환 과장(現 고령군수)은 "고령 대가야역사체험의 경우 축제사무국이 있지만 주로 예산집행의 역할만 하고 그 외 축제관련 업무는 고령문화체육과 내 2~3명의 담당자가 80% 정도를 담당하고 있어 축제운영에 어려움을 겪고 있다. 또한 1년 후에 담당자들이 모두 바뀌어 매해 축제운영부분에서 어려움이 반복되고 있는 실정이므로 축제를 담당하는 공무원은 축제전문가를 채용해야 한다고 생각한다"고 하였다. 장기적으로 축제의 발전방향을 모색한다고 할 때 축제조직의 재정비 및 축제담당 직원의 전문화가 필요한 것으로 보인다.

롯한 국립수도권개발위원회의 파트너와 지역커뮤니티를 활성화하고, 협찬사를 적극적으로 활용하고 있다. 또한 2006년 세계축제협회(IFEA World)의 총회를 유치하는 등 국제무대의 축제분야에서도 적극적으로 활동하여 긍정적인 이미지를 강화하고 있다.

겨울축제 벤치마킹 교육여행에 참가한 구성원들 중 대부분이 국립수도권개발위원회의 축제운영방식을 매우 긍정적으로 평가했다. 구성원들 가운데 특히 축제를 담당하는 공무원들은 국립수도권개발위원회가 관주도형이면서 다양한 측면에서 우리나라의 관조직과 다른 장점이 있다는 점에 공감하였다.

국립수도권개발위원회가 관조직이라는 특성으로 인해 윈터루드를 찾은 방문객들에게 '국립수도권개발위원회에 대한 인지도'를 조사하였는데 평

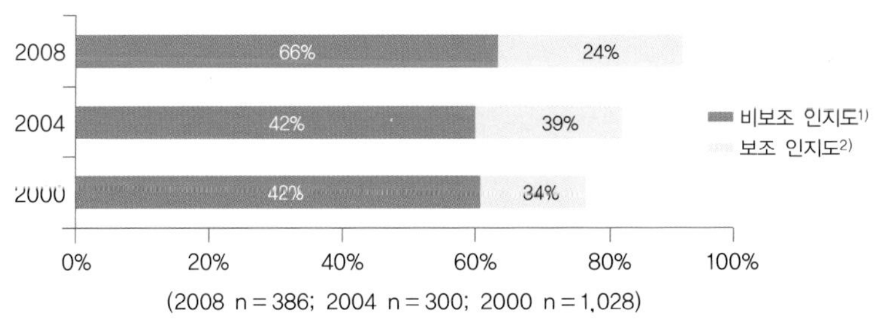

자료 : National Capital Commission(2008)

[그림 3-4] 국립수도권개발위원회(NCC)에 대한 방문객들의 인지도

---

1) 비보조 인지도(unaided awareness) : 소비자에게 한 제품범주 내에서 생각나는 브랜드들을 열거하도록 하는 것

2) 보조 인지도(aided awareness) : 소비자에게 한 제품범주 내에 있는 여러 브랜드를 제시하고 각 브랜드를 과거에 듣거나 본 적이 있는지를 조사하는 것

균 90%가 국립수도권개발위원회를 인지하는 것으로 분석되었다. 이 수치는 지역축제나 이벤트를 통해 국립수도권개발위원회를 오타와 지역주민과 관광객들이 인지하는 데 크게 기여하고 있다는 것을 알 수 있는 객관적인 증거라고 할 수 있다. 다시 말해서 공공기관의 위상과 이미지를 긍정적으로 전환시키는 데 축제가 큰 역할을 하고 있다는 증거이다.

3) 체계적인 자원봉사시스템 구축은 축제의 원동력

체계적인 자원봉사시스템의 운영으로 1,500여 명의 자발적인 축제운영 엔진과 축제홍보대사를 보유하고 있는 것도 윈터루드의 축제성공요인 중 하나이다. 자원봉사자들은 윈터루드 개최기간 동안 세 번의 주말에 중심을 둔 9일간 참여하며 윈터루드 기간 동안 800~900여 명의 자원봉사자가 축제홍보대사 역할 및 자원봉사활동을 한다. 전일근무가 아니며 대부분 파트타임(Part-time)으로 참여하는데 봉사시간을 모두 합하면 약 10,000시간 정도가 되는 것으로 추산된다고 한다. 이러한 자원봉사시스템을 통해 윈터루드는 축제경영관점에서 커다란 인건비절감효과를 거두는 것으로 나타났다.

컨페더레이션공원에서 자원봉사자들이 퇴역참전용사에게 편지를 쓰도록 엽서를 나누어주는 모습

윈터루드에 참여한 자원봉사자들은 윈터루드가 개최되는 주요장소인 리도운하 스케이트웨이, 컨페더레이션공원, 쟈크 카르티에공원을 비롯한 다양한 축제장소에서 각자에게 지정된 포지션에서 자원봉사활동을 실시한다. 쟈크 카르티에공원에는 방문객들이 눈미끄럼

틀을 체험할 때 편의를 제공하는 눈미끄럼틀도우미(Snow Slide Assistant), 아이들의 공예체험을 돕는 예술 및 공예품 도우미(Arts and Crafts Assistant), 아이스호그복장을 착용하는 자원봉사자, 주차요원(Parking Officer), 단체 그룹 환영도우미(Bus Host / Hostess) 등이 있다.

그리고 컨페더레이션공원에서는 국제얼음조각대회에 참가한 얼음조각가들을 보조하는 자원봉사자(Carver Assistant)와 유아방에서 아이들을 돌보는 자원봉사자(Toddlers' Court Assistant)가 활동한다. 또한 2005년이 '퇴역군인의 해'였기 때문에 전 해 축제에 참가해 준 퇴역군인들에 대한 고마움의 표시로 퇴역참전용사에게 편지를 쓸 수 있도록 엽서를 제공해 주는 자원봉사자들도 인상적이었다. 그 외 방문객들에게 윈터루드의 프로그램에 대한 정보 및 기타 관련 내용에 대한 정보를 제공하는 안내요원 등이 있다.

〈표 3-3〉 컨페더레이션공원의 자원봉사자 담당부분

포지션	세부내용
방문객 통제책임자 (Crowd Control Officer)	· 행사장 내 보안 · 방문객 통제와 협조
가족활동보조 (Family Activity Assistant)	· 아이들을 돌봐주는 업무 · 유아방을 청결하고 정돈된 상태로 유지하고 아이들의 안전에 유의해야 함
얼음조각가 접대 (Carver Host)	· 얼음조각가 접대 · 얼음조각가 보조 및 정리 정돈
예술가 보조(Artist Host)	· 국립수도권개발위원회 스태프들과 예술가들 사이에서 매개 역할 · 예술가 환대 · 방을 청결하게 유지하고 아티스트들에게 프로그램 스케줄 공지
화재예방 및 공원안전관리 (Fire Pit and Rest Area Supervisor)	· 화재 예방 · 공원 안전

자료 : http://www.canadascapital.gc.ca

〈표 3-4〉 쟈크 카르티에공원의 자원봉사자 담당부분

포지션	자원봉사자의 역할
버스 호스트 / 호스티스 (Bus Host / Hostess)	· 단체관광객들이 버스에서 잘 내리도록 환대 · 프로그램 장소, 서비스, 프로그램에 대한 안내 제공 · 그룹 담당자에게 프로그램 스케줄 제공
눈미끄럼틀 도우미 (Snow Slide Assistant)	· 미끄럼틀 감독 및 미끄럼틀 체험 방문객들의 안전도모 · 긍정적인 매너와 환대로 방문객 응대
방문객 통제요원 (Crowd Control Officer)	· 행사장 내 보안 · 방문객 통제와 협조
주차요원(Parking Officer)	· 주차안내 및 주차지도 설명
슈퍼게임 감독자 (Super Games Supervisor)	· 참가자들이 대회와 보물찾기, 장애물코스를 체험할 수 있도록 도움
예술 및 공예품 도우미 (Arts and Crafts Assistant)	· Maison Charron의 개막에 앞서 공예품 책임자들을 도움 · 아이들이 Maison Charron에 오는 것을 환영하고 아이들의 코트 관리 · 아이들이 자신들이 체험한 지역을 청결하게 할 수 있도록 돕고 공예품 만드는 것을 도움
아이스호그(Ice Hog)	· 축제 캐릭터인 아이스호그(Ice Hog) 의상을 입음
아이스호그 보조 (Ice Hog Assistant)	· 축제 캐릭터인 아이스호그(Ice Hog) 보조
시설물관리 (Logistics Assistant)	· 바리게이트, 울타리, 사인물, 장비 등을 설치하고 수리함
프로모션 아이템 배포 (Promotional Item Distributor)	· 방문객들에게 프로모션 프로그램 배포

자료 : http://www.canadascapital.gc.ca

〈표 3-5〉 기타 축제장소의 자원봉사자 담당부분

포지션	세부내용
안내요원 (Information Officer)	· 방문객들에게 윈터루드 프로그램에 대한 정보를 제공함
스페셜 아이스호그 (Special Ice Hog)	· 호텔(Hotels), 병원, NAC, 카지노(Casino) 등의 장소에서 아이스호그 복장을 입고 다양한 홍보 프로그램과 이벤트에 출연함
보조인력(Floater)	· 자원봉사자 및 쉬는 시간을 대체하는 인력

자료 : http://www.canadascapital.gc.ca

윈터루드에 참가하는 자원봉사자의 사전교육은 설문조사를 하는 자원봉사자에게 2시간의 교육을, 안내요원에게는 3시간의 교육을 실시한다. 그 외 다른 분야를 담당한 자원봉사에게는 공식적인 교육을 하지 않으며, 자원봉사자 가운데 오랜 경력을 지닌 코디네이터(Coordinator)에게 일임한다.

자원봉사자의 복장은 추운 날씨로 인하여 겨울코트를 착용하기 때문에 코트 위에 걸치는 조끼유니폼을 각 역할과 등급에 따라 색을 다르게 하여 자원봉사자들에게 나누어주고 축제가 종료되면 회수하여 다음 축제에 재활용한다. 책임자에게는 다른 자원봉사와 차별되는 빨간색 조끼유니폼을 배포한다. 조끼유니폼의 경우 앞면과 뒷면에 자원봉사자가 담당한 역할을 표기하여 방문객들이 쉽게 인지할 수 있도록 하였으며 조끼의 앞면에 큰 주머니가 있어 자원봉사자가 팸플릿 등 다양한 소품들을 쉽게 소지하고 다닐 수 있도록 편리성을 제공하였다. 우리나라의 경우 단일 디자인의 티셔츠(T-shirts)나 조끼 등 자원봉사자의 기능성을 고려하지 않은 복장을 착용하는 경우가 대부분인데 윈터루드와 같이 자원봉사자의 기능성과 실용적인 측면을 강조한 자원봉사사 유니폼도 고려할 사항인 것으로 판단된다.

윈터루드의 자원봉사자들은 최소 4시간에서 최대 8시간까지 자원봉사를 하는데 이에 대한 특별한 보상은 없다. 이는 축제기간이 너무 길고 참

역할에 따라 다른 색상을 착용하는 자원봉사자의 조끼유니폼(윈터루드)

여하는 자원봉사자의 수가 너무 많은 것도 하나의 이유이지만 자원봉사자에 참여한 경험이 학교와 사회에서 유리한 경력으로 인정되는 점이 크게 작용했을 것이라는 의견이 있다. 따라서 자원봉사자 모집에 대한 별다른 홍보 및 요구가 없더라도 학점이수를 위한 학생들(고등학생의 경우 1년에 40시간 자원봉사활동을 해야 학점을 얻을 수 있음), 직장을 구하기 위한 이민자들과 직장인들이 적극적으로 참여한다고 한다. 실제로 국립수도권 개발위원회에서도 직원을 채용할 때 자원봉사점수를 확인하여 채용한다고 하며, 특히 이민자들의 경우 자원봉사활동이 캐나다에 공헌한 자료로 남아 시민권을 취득하거나 직장을 얻는 데 중요한 이력사항이 되기 때문에 적극적으로 참여하는 이유 중 하나가 된다고 보고 있다. 또한 국제축제

TIP 대가야체험축제의 체계적인 자원봉사시스템

한국에서는 축제분야에서 자원봉사에 대한 뚜렷한 이점(benefit)이나 체계적인 관리시스템이 없어 자원봉사를 모집하는 데 어려움을 겪고 있는 실정으로 파트타임직업(Part-time Job)에 가깝다는 비난의 소리도 있다. 자원봉사자를 모집하더라도 식사, 교통비, 유니폼 제공은 물론 시간에 따른 지급을 하고 있는 실정이다. 또한 모집된 자원봉사자들의 경우도 일회성에 그쳐 매회 축제의 큰 역할을 담당하는 자원봉사자들을 새롭게 육성해야 하는 어려움이 있다. 윈터루드의 자원봉사시스템과 같이 축제에서의 자원봉사가 학교 및 사회적으로 하나의 경력이 될 수 있는 분위기 조성 등의 사회적 접근이 필요한 것으로 보인다. 겨울축제 벤치마킹 여행에 참여한 고령 대가야체험축제의 곽용환 과장(現 고령 군수)은 자원봉사자 모집 및 양성의 어려움을 토로하였다. 고령 대가야체험축제는 2005년에 처음 실시했는데 자원봉사자에 대한 혜택방안이 없어 모집이 어려웠다. 그때 축제컨설팅연구소의 도움으로 축제자원봉사자 경험이 있는 대학생 200여 명을 모집하여 무사히 축제를 치를 수 있었다고 한다. 이를 통해 경험 있는 자원봉사자의 필요성을 실감하여 정부의 신활력사업을 통해 예산을 지원받아 지역 내 가야대학교에 가이드양성 방안을 운영하여 6개월 코스로 고령에 관련한 자원봉사자를 운영하고 있다. 또한 2005년부터 매년 고령 대가야체험축제의 개최에 앞서 지역 내 자원봉사자들을 모집하여 2일간의 전문강사들을 초빙하여 '리더스아카데미' 교육을 실시하고 있다.

이벤트협회로부터 1999년 최고의 자원봉사프로그램으로 동메달, 2001년 최고자원봉사자 프로그램상 수상, 2003년 '캐나다의 날'의 자원봉사프로그램부문에서 실버 피너클상(Silver Pinnacle Award) 등 축제자원봉사분야에서 다양한 수상경력을 가지고 있다. 따라서 우리나라처럼 인센티브(incentive)를 주지 않아도 자원봉사자들의 운영이 가능하다. 체계적인 시책과 정책적 지원을 바탕으로 자원봉사자프로그램을 체계적으로 운영하고 있으며 자원봉사프로그램에 참여한 자원봉사자들에게도 혜택과 자긍심을 심어주고 있는 것이다.

윈터루드에서는 자원봉사자들에게 실질적인 대가를 지불하지는 않지만 매회 축제마다 협찬사에서 협찬받은 것을 지급해 준다. 특히 2006년 방문당시 보험회사인 클라리카(Clarica)가 지원한 모자, 목도리 등을 자원봉사에게 나누어주었다. 또한 국립수도권개발위원회에서는 자원봉사자들의 자원봉사활동을 보상 및 격려하기 위해서 매년 인증파티(Recognition Party)를 실시하여 자원봉사자들에게 동기부여를 한다. 자원봉사자들의 자원봉사시간, 참여횟수, 연도에 따라 인증서를 주거나 파티를 연다. 이를 통해 체계적으로 자원봉사자를 양성할 수 있으며, 큰 예산의 투자 없이 효과적으로 축제에 필요한 자원봉사인력을 활용하고 있다.

〈표 3-6〉 자원봉사자들의 연중봉사에 대한 인증(Recognition of Years of Service)

기간	시간	인증서(Certificate)
1년 내	1~15	국립수도권개발위원회 사장이 자원봉사자 카드에 사인
	16~24	국립수도권개발위원회 사장이 증명서 수여
	25 이상	국립수도권개발위원회 사장이 기념패 제공

자료 : http://www.canadascapital.gc.ca

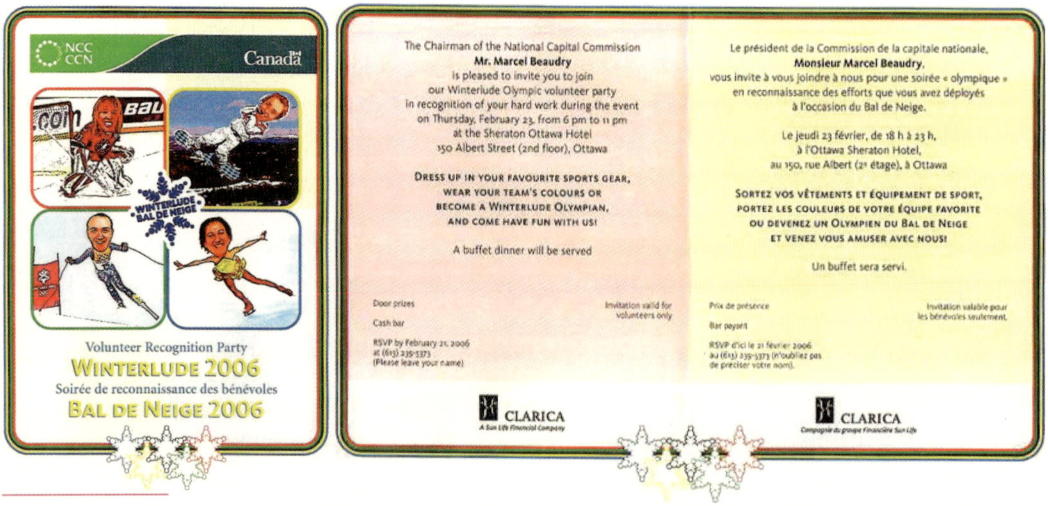

NCC CCN

Canada

WINTERLUDE BAL DE NEIGE

Volunteer Recognition Party

WINTERLUDE 2006

Soirée de reconnaissance des bénévoles

BAL DE NEIGE 2006

The Chairman of the National Capital Commission
Mr. Marcel Beaudry
is pleased to invite you to join
our Winterlude Olympic volunteer party
in recognition of your hard work during the event
on Thursday, February 23, from 6 pm to 11 pm
at the Sheraton Ottawa Hotel
150 Albert Street (2nd floor), Ottawa

DRESS UP IN YOUR FAVOURITE SPORTS GEAR,
WEAR YOUR TEAM'S COLOURS OR
BECOME A WINTERLUDE OLYMPIAN,
AND COME HAVE FUN WITH US!

A buffet dinner will be served

Door prizes

Cash bar

RSVP by February 21, 2006
at (613) 239-5373
(Please leave your name)

Invitation valid for volunteers only

CLARICA
A Sun Life Financial Company

Le président de la Commission de la capitale nationale,
Monsieur Marcel Beaudry,
vous invite à vous joindre à nous pour une soirée « olympique »
en reconnaissance des efforts que vous avez déployés
à l'occasion du Bal de Neige.

Le jeudi 23 février, de 18 h à 23 h,
à l'Ottawa Sheraton Hotel,
au 150, rue Albert (2e étage), à Ottawa

SORTEZ VOS VÊTEMENTS ET ÉQUIPEMENT DE SPORT,
PORTEZ LES COULEURS DE VOTRE ÉQUIPE FAVORITE
OU DEVENEZ UN OLYMPIEN DU BAL DE NEIGE
ET VENEZ VOUS AMUSER AVEC NOUS!

Un buffet sera servi.

Prix de présence

Bar payant

RSVP d'ici le 21 février 2006
au (613) 239-5373 (n'oubliez pas
de préciser votre nom).

Invitation valable pour les bénévoles seulement.

CLARICA
Compagnie du groupe Financière Sun Life

자원봉사자 인증파티(Volunteer Recognition Party) 초대장

자원봉사자 인증파티에서 국립수도권개발위원회 회장이 상장 수여 후 함께 사진을 찍고 있다.

자료 : http://www.canadascapital.gc.ca

국립수도권개발위원회에서는 1년 동안 25,000 달러(한화 약 2,600만 원)의 예산을 투입하여 자원봉사센터(NCC Volunteer Center)를 운영하고 있으며, 국립수도권개발위원회가 주관하는 윈터루드(Winterlude)를 비롯하여 캐나다데이(Canada Day), 크리스마스라이츠(Christmas Lights), 소리와 빛의 쇼(Sound & Light Show), 튤립축제(Tulip Festival), 가을축제(Fall Rhapsody) 등 다양한 공식행사 및 이벤트에 자원봉사자들을 활용하고 있다.

자료 : http://www.canadascapital.gc.ca

자원봉사자 인증파티에 참여한 윈터루드 자원봉사자들

〈표 3-7〉 국립수도권개발위원회 자원봉사센터의 자원봉사자 참여현황

행 사	자원봉사자 참여 내용
윈터루드 (Winterlude)	· 세 번의 주말 동안 총 9일간 참여 · 버스 호스티스, 눈미끄럼틀 도우미, 주차요원, 예술 및 공예품 도우미, 아이스호그 캐릭터, 시설물관리, 유아방 도우미, 조각가 보조, 예술가 보조, 통역안내 등의 역할 담당
캐나다데이 (Canada Day)	· 1일 참여 : 자원봉사자 프로그램에 반복 지원하는 수의 30%가 해외 출신 · 참여한 자원봉사자 가운데 30% 정도가 이민자임(참여를 통해 애국심을 보여주기 위함)
크리스마스라이츠 (Christmas Lights)	· 오타와시에 크리스마스라이츠 장식 및 점화, VIP관리, 미아관리, 음료 및 간식 등을 나눠주는 일 담당
스키 타는 시즌 (12월~3월 말)	· 10명씩 팀을 구성하여 2주에 한 번씩, 첫째 토요일, 첫째 일요일 등으로 나누어 자원봉사 · 스키를 타면서 자원봉사
가을 시즌(8월~10월)	· 하이킹이나 자전거를 타고 관광객들을 관리
매킨지 킹 저택관리	· 40년대 캐나다 수상을 했던 사람의 저택 · 가이드 겸 통역 8~10명 참여

자료 : National Capital Commission 제공

자료 : http://www.canadascapital.gc.ca

크리스마스라이츠에 참여한 자원봉사자들(상)

가티뉴공원의 스키 패트롤러 자원봉사자(하)

국립수도권개발위원회의 다양한 공식행사와 축제에 참여한 자원봉사자들은 VIP 고객관리, 안내요원, 캐나다데이(Canada Day)에 깃발 달기, 가티뉴공원(Gatineau Park)에서의 스키 패트롤러, 응급처치, 미아 찾기, 가이드, 정원사 등의 다양한 역할을 담당한다. 단순한 업무부터 전문가들이 참여하는 업무까지 참여할 수 있는 분야가 매우 다양하다.

국립수도권개발위원회의 자원봉사프로그램은 1979년에 시작되었으며 당시 200명이었던 자원봉사자가 현재 1,500여 명으로 증가하였다. 자원봉사센터에 소속된 자원봉사자들을 세 명의 정직원이 관리하는데 이들은 각각의 자원봉사자들이 담당할 분야를 자원봉사자와의 인터뷰를 통해 적성에 맞는 포지션으로 가이드해 주며, 자원봉사자 교육을 비롯하여 자원봉사자들의 봉사에 대한 보상으로 자원봉사자 파티를 기획하고 자원봉사자 각각의 활동연수와 시간에 따라 감사패, 증명서 등을 수여하는 역할을 담당한다. 특히 자원봉사자를 뽑을 때 직접 인터뷰를 하여 자원봉사자의 적성을 최대한 배려하는 점은 눈여겨볼 만하다. 또한 자원봉사자 가운데 오랜 기간 동안 자원봉사를 수행한 베테랑 25명 정도는 코디네이터(Coordinator)로서 축제기간 동안 자원봉사자들을 관리해 주고 일정시간대에 교대해 주는 현장인력관리자의 역할을 하며, 축제에서 중요한 부분을 담당한다.

자원봉사자의 인구통계적 특성을 살펴보면 63%가 여성, 37%가 남성으로 여성 자원봉사자가 다소 많으며, 거주지는 51%가 온타리오주의 거주민들이고 퀘벡주가 49%를 차지한다. 또한 자원봉사자 가운데 48%가 학점이수를 위한 18세 이하의 청소년들이며, 18%가 캐나다 태생이 아닌 62개국의 외국에서 이민 온 거주민들이다. 나머지는 적십자, 걸 스카우트 등 사회단체 소속자이다.

일본의 마쓰리나 국내 강릉단오제의 경우 지역의 자긍심을 가질 수 있는 기회라고 생각하여 학교를 휴교하고 학생들을 자원봉사자로서 축제에 참여시키기도 한다. 또한 고령화시대를 맞아 지역에 대한 풍부한 지식, 고향에 대한 자부심을 가진 고령의 자원봉사자를 모집하는 것도 좋은 방법 중 하나이다.

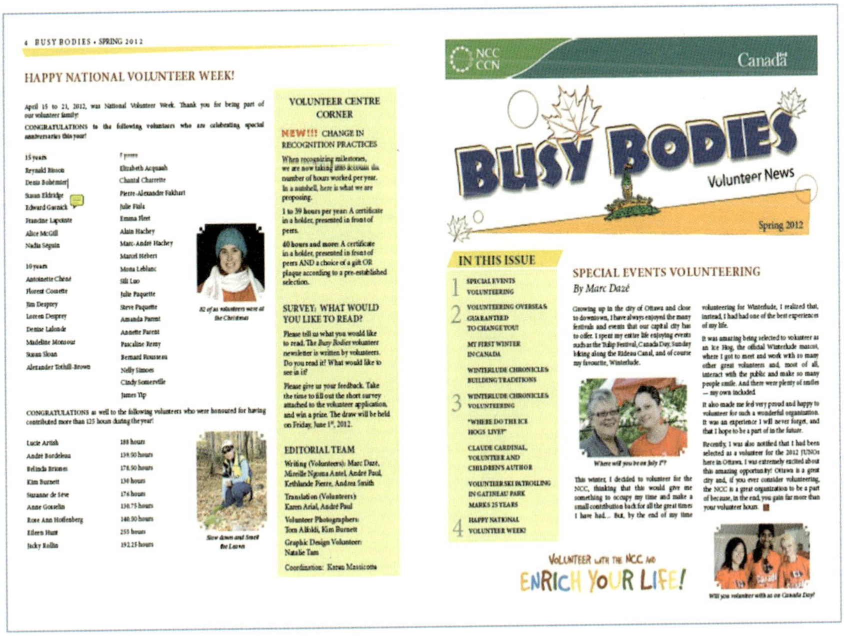

국립수도권개발위원회의 다양한 자원봉사자

4) 활용성이 강한 축제마스코트 '아이스호그패밀리'

여러 캐나다 축제에서 마스코트 활용 성공사례를 볼 수 있다. 축제에는 축제의 상징 '마스코트'가 없는 것보다는 있는 것이 효과적이고, 있다고 해도 의례적인 마스코트보다는 활용성이 강한 마스코트가 효과적이다. 또한 활용성이 강한 마스코트에 스토리메이킹(Story-making)적 요소를 포함시키면 축제에 대한 마스코트의 효과를 극대화하게 된다. 윈터루드의 마스코트는 '아이스호그패밀리(Ice Hog Family)'이고, 엄마, 아빠 그리고 쌍둥이 노우미(Noumi)와 노우마(Nouma)의 가족으로 구성되어 있다. 윈터루드의 주요 타깃층이 가족방문객이라는 점을 그대로 반영한 것이다. 윈터루드는 축제마스코트를 단순히 만들기만 한 것이 아니라 전설을 만들어 마

엄마, 아빠 그리고 쌍둥이 노우미(Noumi)와 노우마(Nouma)의 가족으로 구성된 아이스호그패밀리

자료 : http://www.canadascapital.gc.ca

스코트에 신비감을 부여하였으며, 마스코트 노래와 댄스를 통해 방문객들과 친근하게 어울릴 수 있도록 함으로써 마스코트에 생명을 불어넣었다.

TIP 마스코트 전설(Ice Hog Legend)

마스코트의 전설은 아주 오랜 옛날, 수천 년 전으로 거슬러 올라간다. 마지막 빙하기시대에 불가사의하고 털이 복슬복슬한 동물의 무리가 러시아에서 알래스카로 베링해협을 건너 캐나다를 여행하게 되었다. 이 신비하고 놀라운 창조물은 아이스호그(Ice Hog)라고 불리었다. 아이스호그는 지상의 돼지들과 비슷했지만 모습이 훨씬 크고 훨씬 신비로웠다. 그리고 겨울의 눈, 바람, 추위 등 겨울의 모든 것을 좋아하는 특성으로 인해 봄이 되면 다시 돌아올 것을 기약하며 겨울에 작별을 고하기 위한 성대한 파티를 열어 축하했고 한 주 동안 게임도 하고 댄스대회도 열었다. 파티가 끝나면 날씨가 곧 따뜻해질 것임을 알고 있었기에 아이스호그들은 긴 하면을 취할 준비를 했다. 아이스호그들은 따뜻하고 끈적끈적한 날씨를 싫어했다. 눈이 녹기 시작하고 날이 길어질 무렵 아이스호그들은 땅이나 빙하 아래에서 오랜 여름 동안 하면을 취했다. 긴 여름이 지나고 다시 추운 겨울이 돌아오면 아이스호그들은 긴 잠으로부터 깨어나 겨울을 환영했다.

아이스호그들은 오랜 기간 동안 숨어 지냈다. 그러던 중 28년 전에 미스터 아이스호그는 매우 흥미로운 소식을 듣게 되었다. 캐나다의 수도인 오타와에서 '윈터루드(Winterlude)'라 불리는 겨울축제에 대한 소식이었다. 윈터루드는 매우 재미있을 것 같았기 때문에 아이스호그는 윈터루드를 방문하기로 마음먹었다.

윈터루드를 방문한 미스터 아이스호그는 축제를 만든 조직자들에게 매우 환영을 받았고 그들로부터 축제의 마스코트가 되어달라는 요청을 받았다. 미스터 아이스호그는 매우 기쁘게 이 요청을 받아들였다. 그 다음해에 아이스호그는 아내와 함께 윈터루드를 방문했고 그 다음해에 쌍둥이인 노우미(Noumi)와 노우마(Nouma)를 데려왔다.

아이스호그패밀리는 축제기간 동안 윈터루드의 눈조각이 전시되어 있는 쟈크 카르티에 공원(Jacques-Cartier Park)에서 살며 윈터루드의 프로그램이 진행되는 모든 장소를 방문하고 방문객들과 함께 축제를 즐긴다. 아이스호그는 리도운하에 있는 오렌지색으로 페인트칠 된 홀을 통해 축제의 어느 장소든지 쉽고 빠르게 이동할 수 있다. 이것이 축제기간 동안 어느 축제장소에서든지 아이스호그를 볼 수 있는 이유이다. 여러분들은 홀에 가까이 가면 안 된다. 홀은 매우 깊은 물로 가득 차 있다. 하지만 눈을 크게 떠라. 누구도 마법의 창조물인 아이스호그와 함께 무슨 일이 일어날지 예측하기 어려울 것이다.

자료 : http://www.canadascapital.gc.ca

TIP 캐릭터를 활용한 개막식 연출

대전 KBS방송총국의 김애란 PD는 축제의 캐릭터는 지역주민과 관광객들에게 상징성을 갖게 하고 축제의 이미지를 형상화할 수 있는 좋은 특성을 가지고 있다고 하였다. 또한 캐릭터의 노래를 통해 친근감을 형성하고 축제의 주요 타깃층인 어린아이들에게 관심과 애정을 얻을 수 있도록 한 점도 매우 인상적이었다고 한다. 하지만 국내축제의 경우 상징적인 캐릭터를 갖고 있지만 홍보부족으로 인지도가 낮아 관광객뿐만 아니라 지역주민들도 알지 못하는 사례가 매우 많다. 따라서 윈터루드처럼 축제 개막식에 캐릭터를 등장시켜 캐릭터에 의미를 부여하고 공신력을 주는 방안 등은 벤치마킹해 볼 수 있는 좋은 사례라고 생각한다.

특히 윈터루드의 시작을 알리는 개막식에 마스코트가 시장으로부터 축제의 열쇠를 건네받으면서 축제가 시작되기 때문에 윈터루드에서 마스코트는 축제의 주인공이다. 윈터루드의 개막식은 우리나라와 다르게 대형 텐트 안에서 간소하게 이루어진다. 주요 축제장소 가운데 한 곳인 쟈크카르티에공원에서 실시되는데 약 200여 명의 어린아이들과 축제관련자들

윈터루드의 개막식

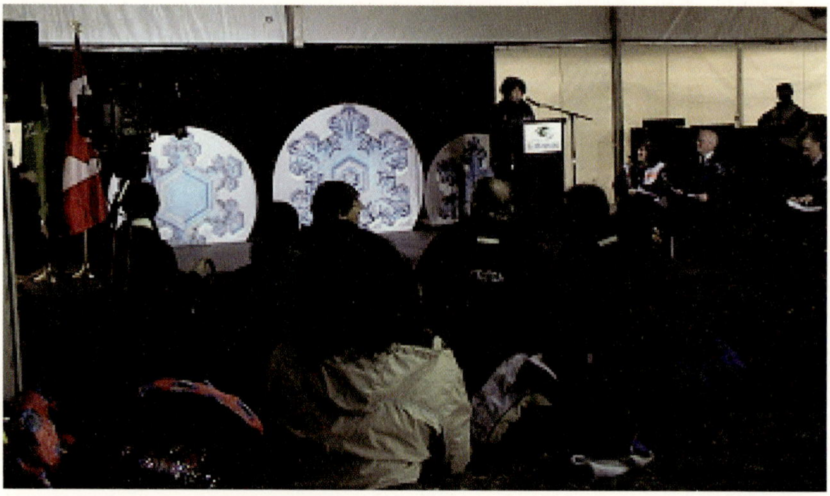

이 참석하고 국내·외 방송사가 참여한 가운데 개막식이 이루어진다. 축제의 시작을 알리는 의미로서 매체관련자들을 초청하여 축제의 시작을 지역 및 나라, 세계에 알리는 것이다. 개막식을 시작할 때에도 축제의 마스코트인 아이스호그패밀리가 마스코트의 노래에 맞춰 춤을 추며 축제의 시작을 알린다.

윈터루드의 개막식에서 노래에 맞추어 춤을 추는 마스코트 아이스호그패밀리

윈터루드의 마스코트인 아이스호그패밀리는 축제 팸플릿뿐만 아니라 축제상품, 축제조형물, 안내표지판 등 축제의 다양한 부분에 활용되며, 축제기간이 아닌 기간에는 축제홍보대사의 역할을 수행한다. 다시 말해 축제에서의 활용도가 매우 높다. 우리나라의 경우 축제캐릭터를 팸플릿과 축제장 입구에만 활용하는 경우가 많기 때문에 대부분의 축제에서 방문객들이 캐릭터를 알기란 쉽지 않다.

TIP 차별화된 개막식 연출

우리나라처럼 축제의 피크타임(Peak time)에 시장 및 지역인사가 축제 치사 및 환영사를 하면서 축제의 시작을 알리는 것과 비교할 때 많이 다른 것을 알 수 있다. 현재 우리나라의 일부 축제에서도 개막식이 간소화되고 축제의 주제를 반영하기 위해 노력하고 있다. 태안마늘요리축제에서는 시장이 요리사복장을 입고 축제의 시작을 알렸으며, 고령대가야역사체험축제에서는 시장이 대가야시대 왕의 복장을 입고 축제의 시작을 알려 축제의 주제성을 표출하였으며 간소화된 개막식을 진행하였다. 하지만 여전히 일부 지역축제에서는 지방자치제 장과 의원들의 축사 및 치사로 구성된 개막식 진행으로 개선이 필요한 실정이다.

TIP 장성 홍길동축제 캐릭터 사례

매해 5월 5일 어린이날을 기점으로 어린이를 동반한 가족방문객들을 대상으로 한 홍길동축제가 장성에서 열린다. 허균의 소설 홍길동전 속의 주인공 홍길동의 생가가 장성에 소재하는 사실과 소설 홍길동전의 이야기에 근거한 율도국뗏목타기, 활빈당테마당, 율도국테마마당 등 다양한 프로그램이 실시된다. 장성 홍길동축제에도 축제의 메인소재를 활용한 홍길동 캐릭터가 있다. 길똥클럽이라는 캐릭터를 구성하여 지금은 다양한 연령층에서 많은 인기를 얻고 있지만 지금의 캐릭터를 만들기까지 많은 우여곡절을 겪었다.

처음 장성홍길동축제의 캐릭터는 왼쪽의 첫 번째 그림과 같이 홍길동만화의 실제모습을 캐릭터로 만들었다. 이 캐릭터를 활용하여 축제상품도 개발했는데 방문객들의 호응이 저조하여 두 번째 그림과 같이 미남 홍길동으로 캐릭터를 다시 만들었다. 하지만 여전히 방문객들의 호응은 저조하였고 축제의 캐릭터로 인식하기보다는 소설 속의 주인공으로 받아들였다. 이러한 배경으로 축제의 타깃인 어린이들의 눈높이에 맞춘 길똥이를 다시 개발하였는데 축제캐릭터로 채택되기까지 난관이 많았다. 축제위원회의 위원들이 새롭게 개발된 홍길동 캐릭터에 반대하였다. 홍길동이라는 이름 대신에 똥을 소재로 한 길똥이로 축제의 캐릭터 네이밍을 바꾸고 우스꽝스럽게 효자손으로 악당들을 무찌른다는 콘셉트를 받아들이지 못하였다. 하지만 캐릭터 개발을 추진한 조직위와 홍길동축제의 컨설팅을 담당하고 있는 연구소에서 설득하여 지금의 캐릭터가 축제캐릭터로 채택되었다. 길똥클럽으로 캐릭터가 변화되고 길똥이 캐릭터 외에 애단이, 대갈마왕, 통달도사, 꾸리 등 다양한 소설 속의 서브캐릭터를 개발하여 축제에 참여한 어린이들에게 많은 사랑을 받고 있다. 또한 신규 캐릭터를 활용한 다양한 캐릭터상품을 개발 및 판매하여 미남 홍길동 캐릭터상품을 판매했을 때보다 매출이 30% 정도 증가하는 결과를 초래하였다. 이는 마스코트가 축제의 타깃에 맞춘 고객지향형이어야 한다는 것을 보여준 사례라고 할 수 있다.

축제의 마스코트는 단순히 만드는 것이 아니라 지역의 설화, 역사, 배경, 동물 등 실재소재를 활용해야 한다. 또한 아이들에게 친근하게 다가갈 수 있도록 고려하여 개발해야 하며 마스코트를 활용하여 축제를 어떻게 홍보할 것인지도 고려해야 한다(정강환, 2007).

5) 축제방문객에 대한 구체적 표적시장(Target Market) 설정

윈터루드의 조직인 국립수도권개발위원회에서는 축제담당 부서 안에 홍보 및 마케팅 부서가 따로 존재한다. 국제축제이벤트협회의 부사장인 질 라론드를 통해 윈터루드의 축제 속 이야기를 쉽게 접할 수 있었다. 윈터루드와 관련한 각 파트별 전문가가 프리젠테이션을 통해 축제에 대한 정확하고 다양한 정보를 제공해 주었다. 그 가운데 국립수도권개발위원회의 마케팅 담당자가 윈터루드의 홍보전략에 대한 프리젠테이션을 해주었고, 그녀를 통해 윈터루드의 체계적인 홍보전략을 파악할 수 있었다.

윈터루드에서는 표적시장을 설정하여 전략적인 홍보마케팅을 실시한다. 1차 표적시장은 지역 내에 거주하는 25세에서 54세의 가족을 대상으로 한다. 윈터루드에 참여하는 방문객의 약 64%가 지역주민이고, 윈터루드를 방문하는 36% 정도의 외지관광객들 가운데 오타와에 친지 및 친구를 보기 위해 방문하는 경우가 많기 때문에 매우 중요한 마케팅그룹이라고 할 수 있다. 2차 표적시장은 오타와 지역에서 400km 거리권 내에 거주하는 관광객들과 학교그룹(School Group)이다. 근거리권에서 자가용으로 축제를 방문할 수 있는 관광객들을 대상으로 한 홍보가 중요하며, 또한 윈

윈터루드의 홍보전략을 설명하는 국립수도권개발위원회의 마케팅 담당자

터루드의 경우 아이들의 교육을 위해 축제기간 동안에 주변 학교에서 방문하는 경우가 많기 때문에 이러한 관광객을 위한 홍보도 매우 중요한 부분을 차지한다. 그 다음으로 3차 표적시장은 홍보를 통해 축제를 방문할 가능성이 있는 전반적인 그룹을 대상으로 한다. 방송을 비롯한 다양한 홍보를 통해 윈터루드에 대해 알게 하고 참여하지 못하더라도 간접적으로 축제에 참여할 수 있도록 하는 데 목적이 있다. 윈터루드는 과거에는 지역주민시장공략에 힘써왔지만 지금은 국가적인 축제로 성장하여 캐나다 전국과 국제시장을 대상으로 한 홍보마케팅에 주력하고 있다. 이렇게 축제의 홍보마케팅 전략에서도 불특정다수가 아닌 1차, 2차, 3차 표적시장을 선정하여 전략적으로 홍보마케팅을 실시하는 점은 우리나라의 지역축제가 벤치마킹해야 할 사항이라고 생각한다.

〈표 3-8〉 윈터루드 표적시장

타 깃	지 역	대 상
1차권역	오타와 지역	25세에서 54세의 가족
2차권역	오타와 지역에서 400km 거리권	관광객들과 학교그룹
3차권역	캐나다 전역 및 국외	홍보를 통해 축제를 방문할 가능성이 있는 그룹

6) 핵심(Key) 메시지를 근거로 한 홍보전략

윈터루드에서는 축제를 홍보할 때 TV, 신문, 잡지, 라디오, 포스터, 리플릿 등의 홍보매체에 축제에서 강조해야 할 메시지를 명확하게 구분하여 전달한다는 점도 우리가 주목해야 할 부분 가운데 하나이다. 쉽게 말하자면 다른 축제와 차별화되는 그 축제만의 장점을 확실하게 강조해야 한다는 것이다. 윈터루드에서 강조하는 메시지는 다음과 같다.

TIP 윈터루드에서 강조하는 홍보메시지 내용

- 세계 기네스기록을 지닌 세계에서 가장 긴 리도운하 스케이트웨이가 축제장소라는 점
- 윈터루드가 캐나다의 추운 겨울시즌에 실시되는 독특하고 독보적인 특정행사라는 점
- 겨울에 온 가족이 함께할 수 있는 가족형 축제라는 점
- 윈터루드 프로그램의 대부분이 무료운영된다는 점
- 관조직인 국립수도권개발위원회에서 캐나다인들을 위해 개최하는 행사라는 점

윈터루드가 홍보매체에 넣을 메시지를 확실하게 구분하고 있는 것처럼 어느 축제든지 홍보매체에 어떤 메시지를 넣어야 방문객들을 효과적으로 끌어들일 수 있을 것인가를 판단해야 한다. 어느 축제에서나 볼 수 있는 틀에 박힌 홍보메시지로는 기대한 만큼의 홍보효과를 거두지 못할 뿐만 아니라 방문객들의 모객에 어려움을 겪게 될 것이다. 2006년에는 특히 2005년에 리도운하 스케이트웨이를 세계에서 가장 긴 스케이트웨이로 세계 기네스기록에 등록시킨 것이 큰 화제성을 유발하였다. 또한 리도운하 스케이트웨이의 멋진 야경, 축제프로그램 등 잘 찍은 사진을 보유하고 있는 것도 축제 홍보전략에 중요한 요소

세계에서 가장 긴 리도운하 스케이트웨이

가 된다. 백문이 불여일견(百聞而不如一見)이라는 말이 있다. 멋진 사진은 축제에서 전하고자 하는 메시지와 함께 방문객들을 끌어들일 수 있는 중요한 요소가 된다.

한편, 세계적으로 이슈가 되고 있는 트위터(twitter), 페이스북(facebook) 등을 이용한 소셜미디어 마케팅도 하고 있는데 윈터루드의 공식 페이스북 방문자가 2009년 대비 2011년에 2배 이상 증가했다고 한다.

페이스북을 활용한 축제홍보

7) 축제의 다양성 확보를 위한 파트너십 확대 및 파트너 홍보

축제를 주관하는 국립수도권개발위원회 윈터루드팀에 가장 역점을 두는 사항은 파트너십(Partnership)을 크게 확대시키는 부분이다. 돈이나 현물을 기부하여 축제조직을 돕는다면 스폰서십(Sponsorship)이 되겠지만, 축제운영조직에 돈(현금)이 오고가지 않으며 대등한 연계관계에서의 상호협조, 프로그램에 쌍방을 노출시키는 대상조직을 파트너라고 한다. 지금까지도 25개 파트너를 유치하고 있는 윈터루드가 2012년에 33개의 뉴 파트너를 추가하여 파트너들을 대폭 확대시키는 전략을 강력히 시행하고 있다. 그 배경에는 축제효과를 노리는 전략이 숨어 있다. 그중 가장 중요한 첫 번째 요인은 윈터루드 방문객들의 특징인 2회 이상 방문하는 재방문객 비중이 무려 77%에 이르며, 특히 3회 이상을 방문한 마니아에 가까운 재방문객의 비중도 약 50% 가까이에 이를 정도로 높다는 것이다. 이들은 윈터루드에 오면 어떤 주요 프로그램들을 수년에 걸쳐 반복 경험한다는 점으로 보아 무엇인가 새로운 것을 보여주어야 한다는 심각한 압박감과 예산관계에 대한 중압감이 생길 수밖에 없지만 중앙정부조직이라는 장점을 적극 활용함으로써 파트너들을 대폭 확대시켜 파트너들이 보여주는 프로그램을 상호 연계하여 적극적으로 노출시킴으로써 프로그램의 다양성 문제를 해결한다는 것이다.

가장 대표적인 사례가 캐나다 항공우주박물관, 캐나다 자연박물관, 캐나다 과학기술박물관과 파트너십으로 하는 3번의 쿨 사이언스 토요일(Cool Science Saturdays)프로그램이다. 또한 쟈크 카르티에공원의 메인 행사장 운영도 행사가 가티뉴시에서 개최되기 때문에 가티뉴에서 50%를 부담하고, 국립수도권개발위원회가 50%를 부담하는 Co-partner방식으로 운영하면서 시는 주로 시에 있는 인공눈제조기, 눈을 치우고, 바닥을 고르게 하는 장비들을 사용하는 방식으로 운영된다.

축제를 홍보하거나 축제관련 부대시설을 설치할 때 축제운영조직인 국립수도권개발위원회와 파트너(Partners), 스폰서(Sponsors)의 브랜드가 잘 노출되도록 하는 점도 매우 중요한 전략이다. 윈터루드는 축제조직인 국립수도권개발위원회와 스폰서, 파트너를 비롯하여 윈터루드를 개최하는 데 도움을 주는 협력그룹(Collaborators)으로 구성되어 있는데 이 모든 그룹을 축제와 함께 효과적으로 홍보하고 있다. 국립수도권개발위원회의 경우 방문객들에게 보여지는 모든 매체에 국립수도권개발위원회를 비롯한 협찬사의 브랜드 및 로고가 노출되도록 하여 방문객들에게 축제조직자임을 인지시키고 있으며, 브랜드 외에도 브랜드와 연관성이 있는 이미지나 다른 요소들을 가지고 방문객들에게 반복하여 보여줌으로써 명확한 이미지를 심어주고자 노력한다. 특히 축제에 협찬금을 지원한 스폰서의 경우 협찬을 통해 자사의 브랜드를 홍보하려는 목적을 가지고 있기 때문에 스폰서의 로고 등을 활용하여 적극적으로 홍보해 주어야 한다. 윈터루드에서는 각 프로그램에 따라 협찬사가 다른 것이 특징이다. 프로그램 명칭에 협찬사 브랜드 및 로고를 눈에 잘 띄는 곳에 배치하여 명확하게 홍보해

쿨 사이언스 토요일(Cool Science Saturdays)프로그램

자료 : http://www.canadascapital.gc.ca

주고 있으며 스폰서가 협찬한 프로그램 명칭 앞에 스폰서의 이름을 배치하였다. 또한 디자인 및 협찬사 로고를 세련되고 깔끔하게 배치하여 방문객들이 쉽게 인지할 수 있도록 배려하였다.

협찬사 로고가 표기된 모습 : 축제장소의 입구 및 프로그램 입구 앞에 아치형 안내 표지판을 배치하여 명시하고 각 협찬사를 표기하여 알리고 있다.

TIP 축제협찬

우리나라의 경우 캐나다의 윈터루드와 비교할 때 축제협찬은 그야말로 미진한 분야라고 할 수 있나. 지자체의 보조금 등 정부예산으로 공무원들이 기획·운영하는 관주도형이 주류를 이루고 있다는 성격과 관주도형일 때 「기부금품 모집규제법」 등의 법률적 제약 요인 등으로 적극적인 검토가 되지 않는 것이 축제협찬 부분이다. 협찬하는 회사나 단체도 홍보노출이 적극적으로 되지 않아 기부하는 형식에 그치고, '문예진흥기금' 등에 간접 기탁하는 방식이 있지만 좋은 일하면서 복잡한 과정을 치러야 하는 아이러니(irony)한 점이 있다. 그러다 보니 축제예산의 90~100%를 지자체나 관의 예산으로 충당하는 상황과 캐나다의 경우처럼 축제협찬이 적극적으로 허용되는 환경마련과 축제주관사의 협찬 유치와 같은 적극적인 전략을 통해 20~40%의 예산을 협찬금으로 충당해 내는 상황과 크게 대조된다고 볼 수 있다.

윈터루드의 경우 축제예산이 많지 않으면 축제성공전략에 어려움을 겪는 경우가 많은데, 이를 해결하기 위한 방법으로 축제조직에서는 홍보패키지를 잘 구성하여 스폰서의 협찬을 받기 위한 노력을 한다. 이를 통해 축제조직에서는 각 활용매체를 통해 적극적으로 스폰서를 홍보해 주고 있으며 스폰서에서는 축제 홍보매체를 통해 홍보하는 것이 직접 홍보하는

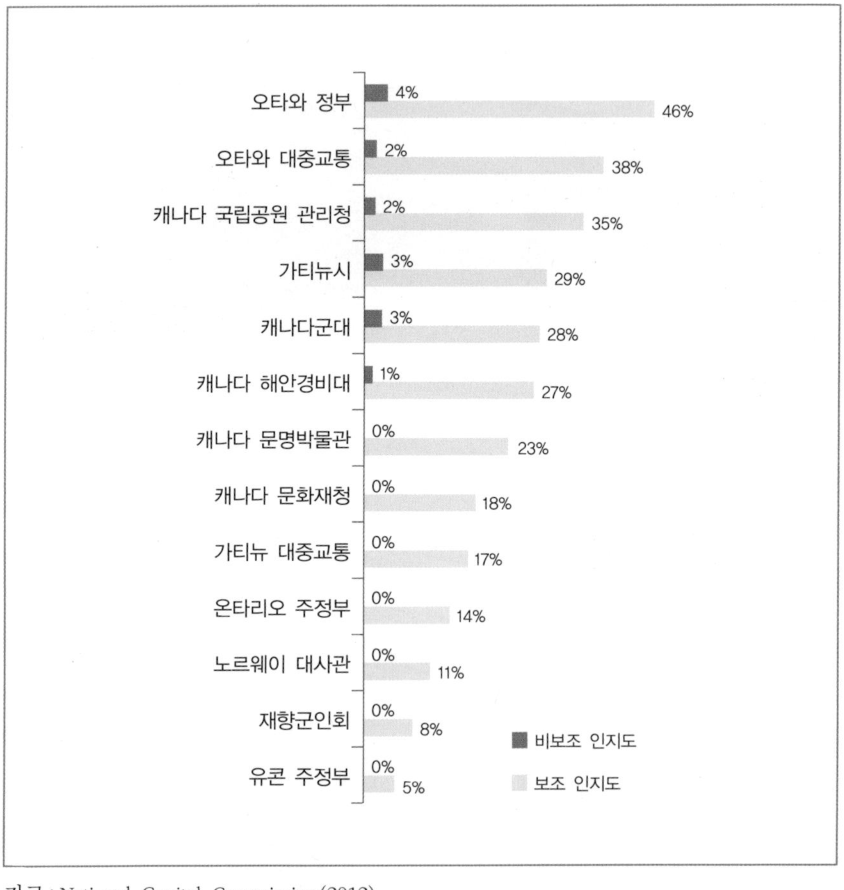

자료 : National Capital Commission(2012)

[그림 3-5] 윈터루드 파트너에 대한 인지도 조사결과

것보다 3~4배의 효과를 얻을 수 있으므로 이러한 관계를 상호 유지하고 있다. 또한 축제에 참여한 파트너의 경우도 홍보할 때 확실하게 명시해 주어야 한다.

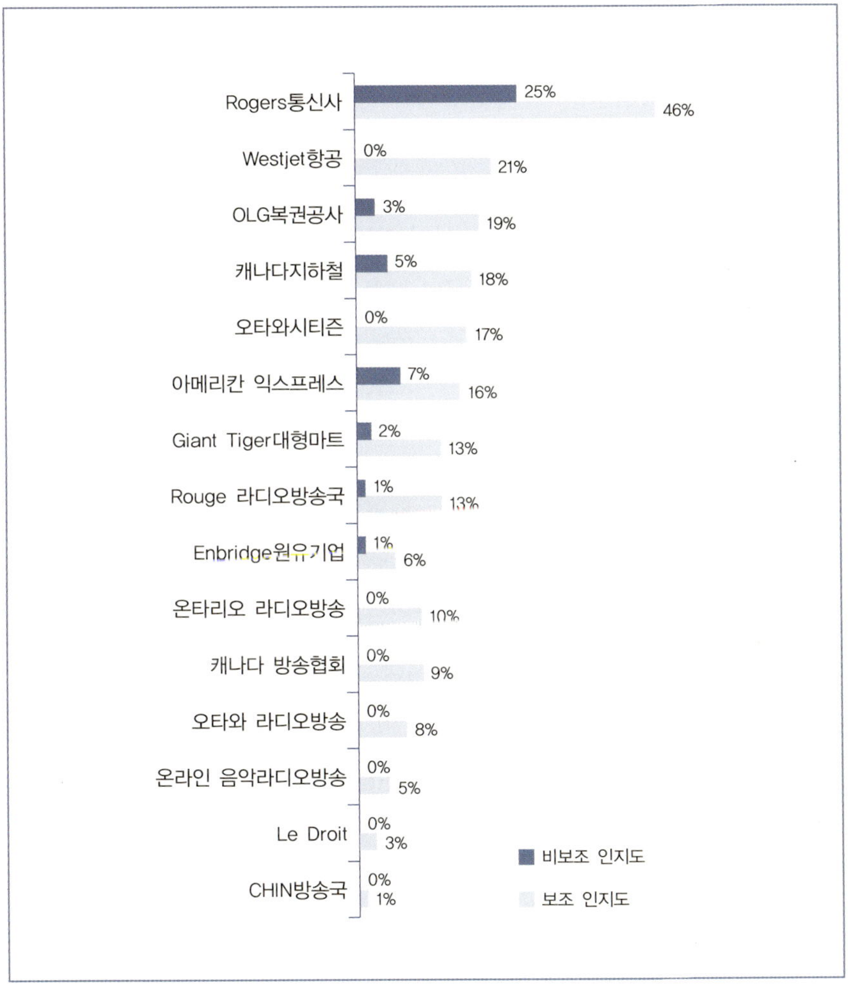

자료 : National Capital Commission(2012)

[그림 3-6] 스폰서에 대한 인지도 조사결과

이러한 관점에서 축제방문객들을 대상으로 '윈터루드 파트너들에 대한 인지도'를 조사한 결과 축제개최도시인 오타와가 46%로 가장 높은 인지도를 얻고 있는 것으로 파악되었으며, 그 다음으로 오타와의 대중교통회사인 오시트랜스포(OC Transpo)가 38%, 캐나다 국립공원 관리청(Parks Canada)가 35%, 가티뉴(Gatineau)가 29%로 긍정적인 인지도를 얻은 것으로 파악되었다. 반면, 유콘준주(Yokon gov.), 재향군인회(Veterans Aff.), 노르웨이 대사관(Norwegian Emb.), 가티뉴의 대중교통회사 에스티오(STO) 등의 경우 다소 낮은 인지도를 얻은 것으로 분석되었다.

또한 '윈터루드 스폰서에 대한 인지도'를 조사한 결과 방문객들이 인지하고 있는 것으로 분석되었다. 캐나다 이동통신 서비스업체 로저스(Rogers)가 46%로 분석되어 방문객들이 가장 많이 인지하고 있는 것으로 나타났으며, 항공사 웨스트젯(Westjet)이 21%, 온타리오복권도박공사(OLG)가 19% 등으로 나타났다.

아메리칸 익스프레스(American express)가 윈터루드의 다양한 프로그램을 협찬하여 윈터루드에서도 다양한 홍보매체를 통해 아메리칸 익스프레스를 홍보한 것으로 조사되었다. 또한 윈터루드 개막식의 불꽃놀이(Fireworks)를 진행하는 과정에서도 스폰서를 자주 언급함으로써 협찬에 대한 보답을 한 것으로 조사되었다.

스폰서에 대한 방문객 인지도 분석과 같은 효과를 측정하는 것도 지속적으로 좋은 스폰서를 유치하는 전략 중 하나이다. 또한 축제방문객들의 분석을 통해 방문객들의 연령대, 성별, 축제의 성격 등을 정확하게 파악한 포트폴리오를 작성하는 것도 좋은 스폰서를 유치하는 데 매우 유용한 자료가 된다.

8) 정부기관 및 지역참여 증가

정부를 비롯한 관광청 등의 관련조직과 긴밀한 협조관계를 유지하는 것도 홍보를 극대화할 수 있는 전략이다. 윈터루드는 국립수도권개발위원회에서 홍보관련 프로그램을 제작하여 직접 홍보하는 것은 물론 현지 개최도시 차원의 오타와관광청, 광역지자체 차원의 온타리오관광청, 국가차원의 캐나다관광청과의 연계홍보를 통해 광역홍보를 실시한다는 것이다. 그 외에도 오타와를 비롯한 다른 지역의 관광공사 및 주정부와 함께 윈터루드의 연계홍보를 실시한다. 주정부의 경우 주로 전국적 · 국제적인 홍보를 담당하므로 이러한 조직과의 긴밀한 협조관계가 매우 중요하다고 할 수 있다. 또한 윈터루드의 광역 및 국제홍보는 이러한 관광청들과의 연계를 통해 홍보비를 절감할 수 있다. 이러한 홍보전략은 우리나라뿐만 아니라 유럽, 아시아 등의 해외에서도 많이 볼 수 있다. 영국의 유명한 에든버러 밀리터리 타투(Edinburgh Military Tattoo)의 경우 영국 관광공사(BTA : British Tourist

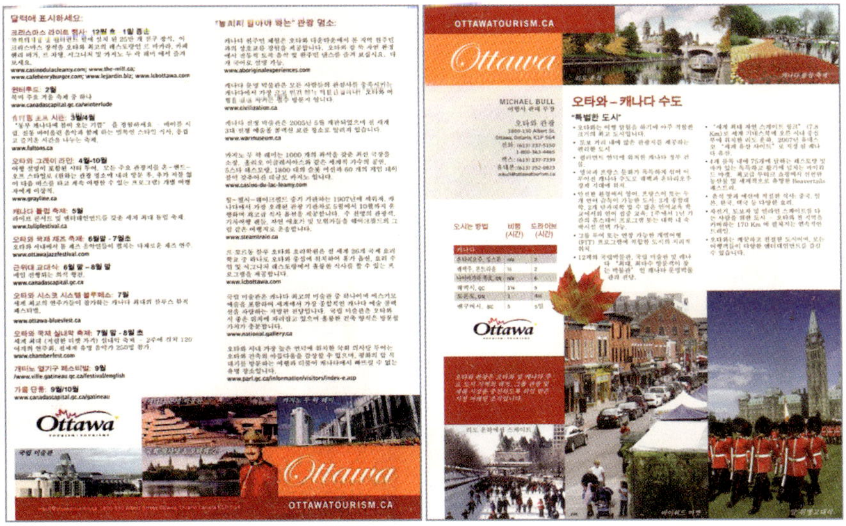

오타와관광청에서 윈터루드의 축제일정을 홍보하는 리플릿

Authority)가 국제홍보를 지원하고 있으며, 태국의 유명한 '물축제'인 송끄란축제(Songkran Festival)는 태국관광공사가 마케팅을 맡고 있으며, 한국의 경우 한국관광공사가 30대 문화관광축제의 국제홍보를 지원해 주고 있다.

특히 오타와의 경우 오타와관광청의 일 년 예산인 1,000만 달러(한화 약 106억 원)가 호텔세금으로 운영되기 때문에 호텔의 숙박점유율을 높이기 위해 오타와 내의 다양한 축제와 이벤트를 캐나다뿐만 아니라 세계에 적극적으로 홍보하고 있다. 오타와관광청의 총예산 가운데 800만 달러(한화 약 85억 원)가 관광객들을 유치하기 위한 마케팅비용으로 사용되고 있을 정도라고 한다. 예산자원의 구조로 인하여 관광청에서는 적극적으로 홍보하게 되는 것이다. 하지만 우리나라의 경우 중앙정부에서 공사의 예산을 총괄하고 분배하기 때문에 축제의 관광상품화 효과나 실질적인 숙박점유율에 무게중심을 두는 동기부여가 비교적 약한 실정이다.

오타와관광청 홈페이지에 소개된 윈터루드 리도운하

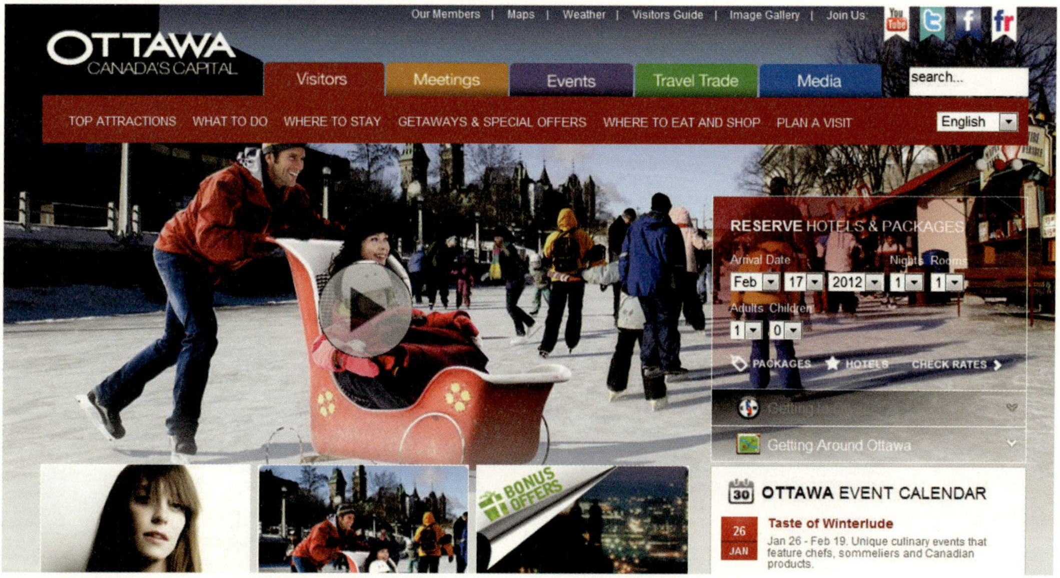

9) 축제조직 내 미디어팀 운영도 전략적인 홍보전략 중 하나

윈터루드는 축제조직 내에 미디어팀을 운영함으로써 전략적으로 다양한 매체와 협조적인 관계를 유지하고 있다. 윈터루드의 축제홍보는 28년 전에 윈터루드가 개최된 이후 현재까지 국립수도권개발위원회에서 꾸준히 담당하고 있으며 오랜 경험을 통해 다양한 언론방송매체와 긴밀한 관계를 유지하고 있다. 미디어팀 담당자와의 인터뷰 결과 TV홍보부분에 가장 많은 비용을 지출하고 있으며, 관광마케팅, 관광청, 관광패키지 등을 통해 다양한 홍보를 하고 있는 것으로 조사되었다. 우리나라에서는 관조직의 관광관련 부서에서 축제를 담당하고 있지만, 잦은 인사이동으로 축제를 담당하는 조직이 매우 미약한 수준이다. 또한 축제조직을 갖추고 있다고 해도 적은 인원으로 구성되어 팀을 구성하기보다는 소수정예가 축제 대부분의 업무를 담당하고 있으므로 개선이 시급한 실정이다. 무엇보다도 홍보의 중요성을 인지하지 못하는 경우가 많아 축제예산의 대부분을 홍보가 아닌 다른 부분에 투자하고 있으며, 홍보비가 있는 축제조직의 경우 전략적인 홍보비의 비중이 높은 홍보전문기관에 의뢰하는 경우도 많다.

또한 대부분의 축제조직이 광고를 살 만큼 충분한 예산을 갖고 있지 않기 때문에 기자들에게 파티 및 이벤트를 열어줄 수 있을 정도의 예산을 확보하는 것도 하나의 홍보전략이라 할 수 있다. 윈터루드의 팬케이크 브렉퍼스트(Pancake Breakfast)와 같이 고마움을 표시할 수 있는 이벤트를 열어 긴밀한 관계를 유지하는 것 또한 장기적으로 볼 때 축제를 홍보하는데 있어 중요한 부분이라고 할 수 있다.

스폰서, 파트너, 공공기관, 미디어팀 등 축제에 도움을 준 분들을 초청하여 고마움을 표시하는 팬케이크 브렉퍼스트(Pancake Breakfast)

국립수도권개발위원회 미디어팀에서는 다음과 같은 설문조사를 통해 축제방문객들이 선호하는 매체를 파악하고 실제로 축제방문객들에게 영향을 미친 매체를 파악하여 홍보전략에 효과적으로 활용하고 있다. 방문객들에게 '향후 윈터루드에 대해 선호하는 홍보매체'에 대한 설문조사를 실시한 결과 2008년의 설문조사 결과와 다소 차이가 있는 결과가 도출되었으며, 인터넷, 신문, TV, 국립수도권개발위원회의 브로슈어 순으로 분석되었다. 또한 거주지역에 따라 선호하는 매체가 다른 것으로 분석되었는데, 캐나다 수도권 지역의 온타리오 지역주민들(CCR Ontario residents)의 42%가 신문을 선호하는 것으로 나타났고 반면에 캐나다 수도권 지역의 퀘벡 지역주민들(CCR Quebec residents)의 41%가 TV를 선호하는 것으로 나타났다. 또한 캐나다 수도권 지역에서 퀘벡 거주민들의 30%가 국립수도권개발위원회의 브로슈어를 선호하는 것으로 나타났다. 이에 더하여 신규 방문객의 51%, 관광객들의 53%가 정보원천으로써 인터넷을 선호하는 것으로 파악되었고 관광객들의 12%가 다른 정보원천보다 정보를 이메일로 받는 것을 선호하는 것으로 파악되었다.

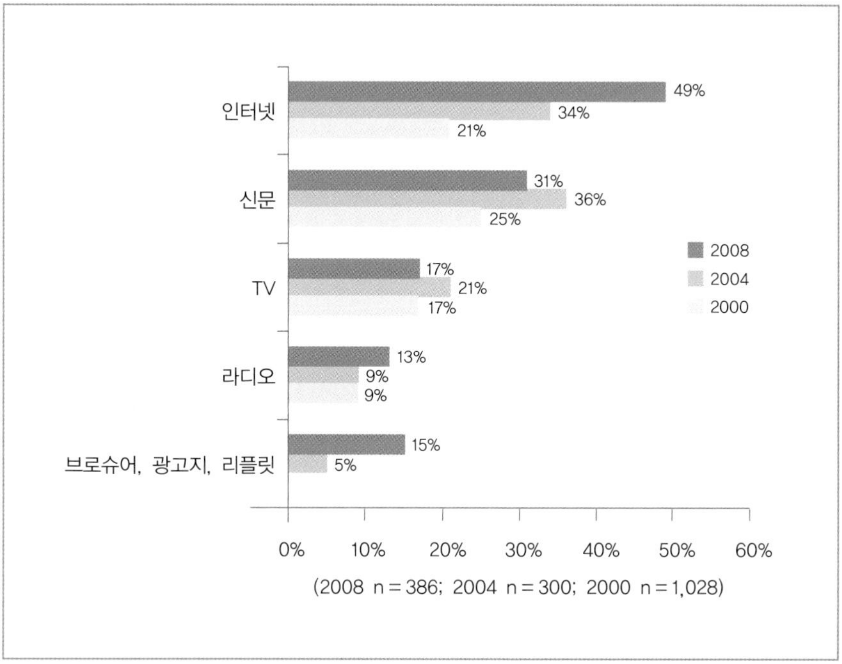

자료 : National Capital Commission(2008)

[그림 3-7] 방문객들이 선호하는 홍보매체

무엇보다도 인터넷이 현재 매우 중요한 정보원천이 되고 있다는 사실에 주목할 필요가 있다. 특히 관광객들의 경우 윈터루드에 대한 정보를 인터넷을 통해 얻는 것을 가장 선호하는 것으로 나타났다. 2000년의 방문객 설문조사 결과와 비교해 볼 때 TV, 신문은 감소한 반면 인터넷은 크게 상승한 것으로 파악되어 시간의 흐름에 따라 효과적인 매체의 중요성도 달라지고 있음을 간파할 수 있다.

또한 방문객들을 대상으로 '윈터루드와 관련한 광고가 기억나는 매체'에 대해 조사하였다. 방문객들이 선호하는 매체와 마찬가지로 2004년과 비교할 때 인터넷의 비율이 34%에서 49%로 크게 증가한 것으로 분석되었으며, 신문과 TV는 2004년과 비교할 때 다소 감소한 것으로 파악되었다. 하지만 조사매체항목 가운데 신문과 TV가 각각 1, 2위를 차지하여 여전히 축제를 홍보하는 데 중요한 매체수단인 것으로 판단된다.

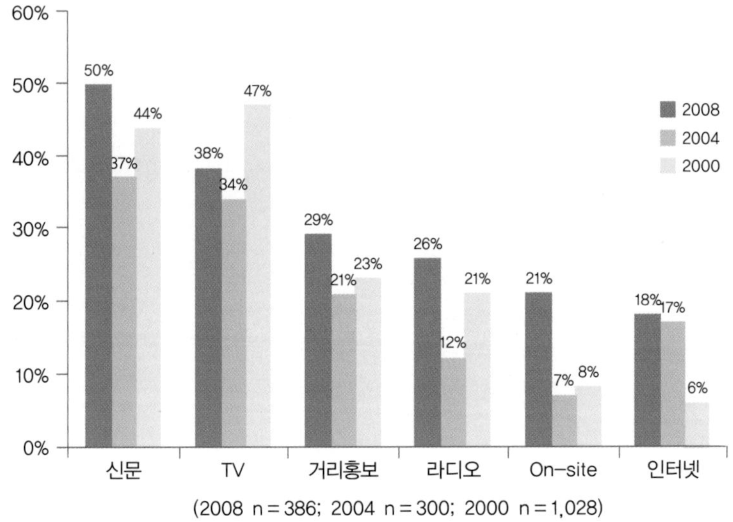

자료 : National Capital Commission(2008)

[그림 3-8] 방문객들이 윈터루드의 광고를 기억하는 홍보매체 분석

축제 홍보담당자와의 인터뷰에 따르면 무엇보다도 윈터루드가 성공적으로 홍보되는 또 하나의 이유는 윈터루드가 다른 겨울축제와 차별되는 리도운하 스케이트웨이에서 스케이트 타기 등의 좋은 프로그램을 가지고 있기 때문이라고 언급하기도 하였다.

10) 다른 겨울축제와 축제협정서(Agreement of Partnership)를 통한 협력홍보 실시

캐나다 겨울축제의 주목할 만한 홍보전략 가운데 하나는 바로 동 시기에 실시하는 토론토의 겨울축제(Winter City), 몬트리올의 빛축제(Festival Montreal En Lumiere), 퀘벡의 윈터카니발(Winter Carnival)과 오타와의 윈터루드(Winterlude)가 파트너십 협정을 맺고 공동홍보를 실시한 점이다. 2006년에 처음 실시하였는데 동 시기에 진행되는 겨울축제가 경쟁모드가 아닌 협력적인 모드를 구축함으로써 시너지를 창출하려 한 점은 높게 평가된다.

TIP 축제협정서의 내용

- 축제의 브로슈어, 팸플릿, 가이드, 프로그램에 자신의 축제 및 다른 축제도 함께 홍보
- 각 축제의 홈페이지에 각각 다른 축제의 배너 설치
- 다가오는 축제를 위해 여행사의 투어 오퍼레이터와 외국인 저널리스트들을 위한 팸투어(FAM Tour)를 공동조직함
- 다른 축제와 프로그램을 공동으로 통합하여 진행할 수 있음
- 이벤트에 대한 국제적 홍보를 할 경우 이를 지원 또는 기여하기 위해 겨울관광 개발에 관심 있는 도시나 지역의 관공서와 함께 축제 홍보를 실시

자료 : http://www.canadascapital.gc.ca

협정서 내용 가운데 브로슈어, 팸플릿, 홈페이지에 공동 홍보하는 부분은 성공적으로 추진되었지만 다른 축제와 공동으로 프로그램을 진행하는 부분까지는 이루어지지 못한 것으로 담당자 인터뷰 결과 조사되었다. 하지만 캐나다의 겨울축제를 찾는 관광객들에게 다양한 정보를 제공함으로

2011년 본옴을 활용한 축제 연계홍보(좌)

파트너십 협정서를 맺은 4개의 축제를 윈터카니발 팸플릿에 공동 홍보(우)

써 서로의 도시 및 축제 간에 연계가 이루어질 것으로 보고 있으며 긍정적인 효과가 창출될 것으로 예상하고 있었다. 세계적으로 유명한 프랑스의 니스카니발(Nice Carnival)과 망통 레몬축제(Menton Lemon Festival)도 두 축제를 연계한 축제패키지프로그램을 만들어 시너지효과를 창출하고 있으며, 일본의 동북 3대 마쓰리의 경우도 축제의 날짜를 맞추어 이 시기에 동북지방을 방문하면 3개의 축제 모두를 관람할 수 있도록 하였다. 이런 사례들로 미루어볼 때 우리나라도 시도할 수 있는 부분으로 여겨진다.

11) 관주도형의 축제 재원 마련과 협찬

윈터루드는 우리나라와 동일하게 국립수도권개발위원회라는 관조직에서 축제를 운영하는 공적인 이미지를 갖고 있기 때문에 일부 참가 및 스포츠프로그램을 제외한 모든 프로그램이 무료이다. 이러한 이유로 윈터루드에서의 예산 확보는 정부, 민간기업, 지역협력단체 등의 협찬에 의존하고 있으며 관조직의 공적인 이미지에 부합하는 스폰서 유치를 위해 노력한다. 우리나라의 경우 축제의 조직이 관에서만 재원을 마련할 수 있는 구조였으나 현재 정부 외에 기업이나 민간에서도 재원 마련을 위해 협찬받을 수 있도록 조직을 전환하고 있는 추세이다.

윈터루드의 축제 재원은 400만 캐나다달러(한화 약 42억 원)이다. 이 가운데 10% 정도는 정부에서, 약 30~40%는 민간기업에서 지원하고 있다. 그 나머지는 지역협력단체, 호텔, 식당, 국립수도권개발위원회 자체기금으로 마련하고 있다.

축제 팸플릿에 기재되어 있는 축제 협찬사

윈터루드의 경우 관조직이기 때문에 2005년까지는 축제가 상업화되었다는 인상을 주지 않기 위해 협찬받는 부분도 일부 제한을 두었지만 2006년에는 대표적으로 아메리칸 익스프레스(American Express) 등 기업의 협찬을 받아 축제의 예산을 확보하고 축제운영을 원활히 하였다. 2006년 아메리칸 익스프레스(American Express)는 윈터루드의 대표적인 야간프로그램인 스노우볼(Snowbowl)을 협찬하였고, 또한 아메리칸 익스프레스(American Express)와 국립수도권개발위원회가 협조하여 축제가 개최되기 전인 1월 20일부터 2월 2일까지 '윈터루드 음식축제(Taste of Winterlude)'를 운영하여 지역레스토랑과의 협조를 통해 방문객들에게 기존보다 저렴한 가격으로 캐나다의 특색 있는 스페셜 메뉴를 제공하도록 하였다. 지역레스토랑의 경우 아메리칸 익스프레스(American Express)의 가맹점식당으로 약 30여 곳이 참여하였다. 또한 축제가 개최되기 전에 실시되었는데 이는 윈터루드의 축제기간 전에 붐업을 조성함으로써 축제가 개최되기 전 식당가의 비수기를 활성화하는 데 효과적인 시기로 판단하였기 때문이다.

그 밖에 윈터루드 축제기간 동안 임시로 설치되는 판매부스 임대비, 주차비 등을 통해 재원을 마련하는 것으로 조사되었으며, 자율적으로 협찬할 수 있도록 하는 시스템도 마련하여 축제기금을 마련하는 모습을 볼 수 있었다.

이렇게 윈터루드가 대부분의 프로그램을 무료로 운영하는 것은 국립수도권개발위원회라는 관조직이 운영하기 때문으로 기존 민간주도의 유명 해외축제와 매우 차별되는 특징 중 하나이며, 윈터루드를 주관하는 국립수도권개발위원회가 직접적인 입장료 수입이 아닌 많은 방문객들이 캐나다 오타와의 윈터루드를 찾음으로써 오타와와 그 주변지역에 미치는 광역적인 경제파급효과를 기대한다는 점에서 한국의 문화관광축제시스템과 유사함을 알 수 있다.

리도운하 안전판에 설치되어 있는 축제 협찬사의 로고

12) 세계에서 가장 긴 리도운하에서 스케이트 타기

앞에서도 언급했듯이 윈터루드의 하이라이트는 세계에서 가장 긴 7.8km의 기네스기록을 가진 리도운하에서 스케이트를 즐기는 일일 것이다. 1970년 리도운하에서 스케이트를 타는 역발상 아이디어가 지금의 윈터루드를 있게 했다고 해도 과언이 아닐 것이다. 하루에 8만 명 정도가 체험하는 것으로 인터뷰되었으며 프로그램 운영기간 동안에 관광객들은 1~2회 방문하고 지역주민은 5~6회 방문하는 것으로 파악되었다.

리도운하 스케이트웨이는 매해 겨울 약 50일간 대중들에게 개방된다. 리도운하 스케이트웨이를 개방하기 전에 국립수도권개발위원회에서는 안전에 중점을 두고 다양한 점검을 실시하였다. 축제를 개최하면서 안전에 유의하지 않아 2005년 상주자전거축제 사태와 같은 사건을 맞게 되는 우리나라의 현실과는 많이 다른 모습이며 따라서 우리가 배워야 할 점 가운데 하나이기도 하다.

리도운하에서 기이 라플람(국립수도권개발위원회 부사장)과 함께 한 썰매체험

리도운하 스케이트장

리도운하를 얼리기 전에 방문객들의 안전을 위해 운하의 물을 최대한 빼내고 얼음이 언 후에는 얼음두께가 적정한지 전문가들에 의한 안전점검을 실시한다. 그 다음에는 스케이트 타기에 용이하도록 얼음의 표면을 평면화하는 작업을 거친다. 또한 계단, 편의시설, 부스 등의 시설물의 설치 시 설치지점에 흙을 깔아 안전하게 시설물을 설치할 수 있도록 기본작업을 거친다. 이렇게 기본작업을 마친 후 크레인으로 계단, 부스, 편의시설 등을 옮겨 설치하고 그 외 사인물, 안내표지판 등을 설치한다. 럭 그룰스(Luc Groulx)의 인터뷰에 따르면 1970년 리도운하 스케이트웨이를 실시한 첫해에는 별다른 조치 없이 얼음 위에 매점, 건물, 계단 등의 시설을 설치하여 얼음이 녹아서 부스가 가라앉은 사례도 있었다고 한다.

리도운하 스케이트장 평면화작업

시설안전 담당자 럭 그롤스(Luc Groulx)

시설안전 담당자가 리도운하 스케이트웨이에 대해 프리젠테이션하는 모습

인기 있는 축제음식 비버테일 판매부스 (좌)

비버테일을 맛보려는 방문객 (우)

리도운하 스케이트웨이와 도시의 거리 및 다른 축제장소와의 연결을 위해 설치된 계단은 모두 35곳이며, 장애인을 배려한 연결통로도 4곳이 설치되어 있다. 또한 다양한 24개의 판매장소가 리도운하 얼음 위에 설치되어 있으며 방문객의 편의를 위한 5개의 휴게소도 설치되어 있다. 특히 판매부스에서 판매하는 비버테일(Beavertails : 메이플시럽을 사용한 빵으로 비버라는 동물의 꼬리를 닮은 빵)은 방문객들에게 매우 인기가 많다. 방문객들이 일시에 비버테일을 먹기 위해 모이는 바람에 얼음이 깨질 것을 우려하여 비버테일 판매부스를 분산 · 배치한 적도 있었다고 한다.

5개의 휴게소는 각 협찬사에서 직접 데커레이션 및 프로그램을 운영하여 자사 브랜드의 이미지를 홍보하고 방문객들에게 편의를 제공한다. 방문객들은 각각의 휴게소에서 마련된 아늑한 공간에서 불도 지피고 다양한 음식도 즐길 수 있다. 또한 휴게소마다 방문객들이 이색체험을 할 수 있는 다양한 체험거리가 마련되어 있다. 캐나다 원주민들의 일상생활을 엿보고 원주민들이 먹는 빵도 맛볼 수 있으며, 메이플시럽 제조과정을 소개하고 재현함으로써 방문객들이 직접 만들어볼 수도 있다.

최근에는 IT기술과 리도운하에 대한 정보를 접목하여 정보를 제공하고 있다. 총 4가지 형태(Very Good, Good, Fair, Poor)로 리도운하의 빙질상태에 대한 정보를 제공함으로써 리도운하에서 스케이트 타기 프로그램에 대한 만족도를 높이고 있다. 그 밖에 7.8km에 달하는 리도운하 구간을 세부적으로 설정한 점은 세심한 배려라고 할 수 있다.

2012년 윈터루드 리포트에서는 윈터루드의 대표프로그램에 대한 전반적인 만족도를 조사하였는데 '리도운하 스케이팅(Skating on the Canal)은 20% 이상이 '매우 만족한다'고 응답하였고, 68%가 '일반적으로 만족한다'고 응답하여 매우 높은 수준의 만족도를 나타내는 것으로 파악되었다. '얼음조각전시(Displays of ice carvings)'는 19%가 매우 만족한다고 응답하였으며, 74%가 일반적으로 만족한다고 응답하여 높은 수준의 만족도를 나타내는 것으로 파악되었다. 또한 '가족체험 프로그램(Fun outing with friends /

리도운하 앱

family)'에도 28%가 매우 만족한다고 응답하고 67%가 일반적으로 만족한다고 응답하였으며, 'Sliding / Snowflake Kingdom'은 30%가 매우 만족한다고 응답하였고, 65%가 일반적으로 만족한 것으로 나타났다.

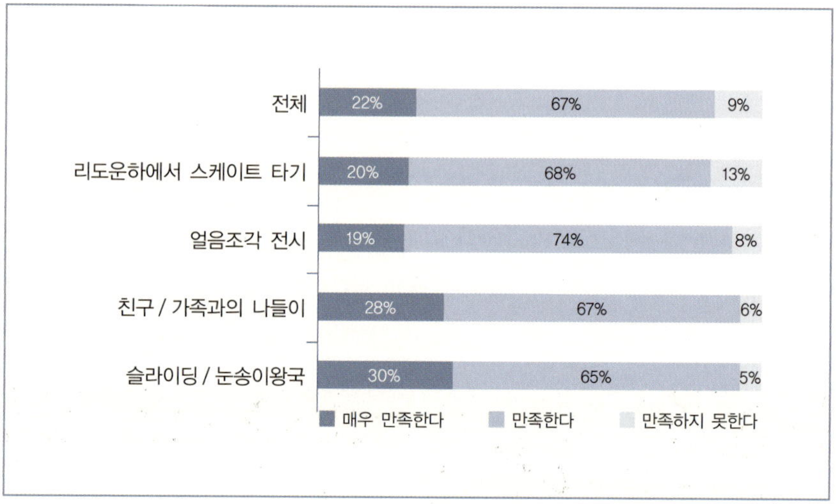

자료 : National Capital Commission(2012)

[그림 3-9] 윈터루드 대표프로그램에 대한 전반적인 만족도분석

13) 친환경 전략에 의한 프로그램 변화

윈터루드의 유일한 야간프로그램인 스노우볼(Snowbowl)은 지역주민 및 성인 방문객들이 저녁에 즐길 수 있는 축제프로그램에 대한 요구를 반영하고, 날씨의 온난화와 관계없이 운영할 수 있는 겨울음악회(Winter Concert) 개념을 도입하여 시작하게 되었다. 축제기간 동안 금요일과 토요일 저녁에 리도운하 스케이트웨이의 시작지점에 조성된 얼음 위의 무대에서 실시되며, 유명한 가수, 스포츠선수, 지역댄스극단, 퍼포머 등을 초청하여 최고

의 쇼를 펼친다. 환상적인 축제공연과 겨울 속의 열기에 방문객들이 열광하고 축제무대 뒤에는 오타와에서 유명한 페어몬트 샤토로리에(Fairmont Chateau Laurier)호텔과 캐나다의 국회의사당이 배경으로 서 있는데 시시각각으로 변하는 조명빛으로 환상적인 백드롭(Backdrop)을 보여준다.

자료 : National Capital Commission 제공

다양한 공연 및 불꽃놀이가 진행되는 스노우볼

무대 히팅시스템 : 윈터루드의 하이라이트 프로그램인 스노우볼은 히팅시스템을 통해 화려한 무대연출이 가능하다.

여름에 하는 야간공연은 저녁이 선선하기 때문에 야간에 이벤트를 할 수 있는 좋은 조건을 갖추고 있지만, 겨울축제의 경우 혹한의 날씨 속에서 진행되기 때문에 야간 이벤트를 하기가 어려운 상황이다. 하지만 축제조직인 국립수도권개발위원회가 영하 40도에서 어떻게 공연을 할 수 있을까를 고민한 끝에 불가능을 가능으로 만들 수 있었다. 리도운하 스케이트웨이의 얼음 위에 설치된 무대시설에 유명한 가수, 스포츠선수, 퍼포머들이 겨울의상이 아닌 무대의상을 입고 자유롭고 열정적인 무대를 펼칠 수 있는 데는 윈터루드의 무대에 노하우가 숨겨져 있다. 무대의 상단부에서 아래로 따뜻한 열기를 제공해 주는 히팅시스템(Heating System)을 설치하여 공연자들이 추위에 떨지 않고 자유로운 의상을 입고 추운 겨울날씨에도 공연할 수 있게 했다.

하지만 최근 윈터루드에서는 친환경전략에 의한 프로그램의 변화가 생겼다. 기존 윈터루드의 하이라이트 프로그램인 스노우볼은 프로그램 운영에 있어 가장 큰 부분을 차지하는 히팅시스템(Heating System)이 환경적으로 오염을 일으킨다는 점이 프로그램 변화를 가져오는 계기를 마련하였다. 이후 스노우볼을 대체하는 프로그램으로 친환경을 고려한 파이어워크(Fire Work)를 실시하였다.

친환경을 고려한 파이어워크는 크게 두 가지 특징이 있다. 우선 파이어워크는 다리를 활용하였다는 점이다. 또한 파이어워크는 음악과 함께 펼쳐지는 불꽃 싱크로나이즈 형태로 기존 스노우볼 못지않은 야간 핵심프로그램으로의 역할을 하고 있다. 다양하고 화려한 야간이벤트는 축제의 필수요소가 되었는데 이러한 이벤트들은 조명등을 이용하여 주간에 비해 뛰어난 연출효과를 줄 수 있으며, 소비활동을 창출할 뿐 아니라 무엇보다 관광객의 체류시간을 연장시킬 수 있는 장점이 있다.

파이어워크

자료 : http://www.canadascapital.gc.ca

5 : 00 pm : Free admission to the Canadian Museum of Civilization
8 : 30 pm : Official Winterlude Opening Ceremony
9 : 00 pm : Musical Fireworks
9 : 15 pm : DJ dance party with Kytami

캐나다 퀘벡 지역에는 수력발전이 많은 점을 활용하여 행사장 내 휴게 시설에도 친환경을 고려한 시스템이 운영되고 있다. 바로 방문객들이 간이음식을 먹을 수 있고 스케이트화를 벗을 수 있는 쉼터인 셸터(Shelter)는 수력발전의 전기로 실내온도를 높여주고 있는 것이다. 축제의 사소한 쉼터까지도 친환경시스템을 고려한 운영이 돋보인다.

윈터루드 리도운하 내 휴게소(셸터) (좌)

윈터루드 리도운하 내 휴게소(셸터)를 수력발전기로 돌리는 히팅시스템 (우)

14) '팬케이크 브렉퍼스트(Pancake Breakfast)'로 협찬사와 관광객 마음 사로잡기

팬케이크 브렉퍼스트(Enbridge FREE Pancake Breakfast)는 오전 10시에 시작되므로 브런치(brunch)와 같은 성격을 띠고 있었다. 서양에서는 주말에 늦게까지 잠을 자고 아침(Breakfast)과 점심(Lunch) 사이에 식사하는 브런치를 먹는 습관이 있어서 그런지 일요일에 개최하는 팬케이크 브렉퍼스트행사가 혁신적이면서도 나름대로 의미 있는 역할을 하였다. 브런치행사는 오타와 시청을 개방하여 실내와 실외에서 개최되었는데 실외광장에서는 오타와 시민들과 관람객들에게 팬케이크와 따뜻한 음료를 제공하면서 그 가운데 거리 퍼포먼스가 펼쳐지는 방식으로 운영되었고, 실내에서는 축제협찬사나 VIP 등을 초청하여 팬케이크 식사와 음료, 축제기념품을 제공함으로써 고마움을 표시하는 형식으로 운영되었다.

VIP를 초청했다고 해서 대단한 음식을 제공하는 것도 아니고 캐나다의 전통음식인 핫케이크와 팬케이크, 간단한 음료를 제공하지만 이러한 대접을 받는 사람은 그 이상의 것을 얻는 듯하다. 한국에서 온 우리 축제벤치마킹 방문단도 질 라론드(Gilles A. Lalonde)의 초청을 받아 참석하게 되었는데, 마침 오타와 시장과 국립수도권개발위원회의 사장인 마셀 베드리

팬케이크 브렉퍼스트에 참여한 방문객들과 거리 퍼포먼스

(Marcel Beaudry)를 만나 브런치를 했다. 또한 제공하는 기념품도 축제 모자, 티셔츠와 축제를 상징하는 눈 결정체 모양을 한 쿠키, 축제동영상 DVD 등이라 선물이 의미도 있으면서 윈터루드를 홍보하는 부분도 인상적이었다. 음식은 대단치 않았지만 특별한 대접을 받는 것 같아서 매우 인상적이었다.

또한 실외행사로 오타와 시청광장에서는 축제에 참여한 방문객들에게 팬케이크와 따뜻한 음료를 제공하는 광경이 펼쳐진다. 많은 방문객들이 가족 또는 연인과 함께 브런치행사에 참여하는 모습을 볼 수 있었으며, 브런치를 먹는 동안 주변에서 다양한 퍼포먼스를 보여주어 단순히 브런치만을 제공하는 것이 아니라 윈터루드에서 벌어지는 또 하나의 주요 프로그램에 참여하고 있다는 느낌을 받도록 하였다.

혁신적으로 생각할 수 있는 점은 브런치행사가 오타와 시청을 개방하여 실내와 실외에서 이루어졌다는 점이다. 함께 축제 벤치마킹 여행에 참여한 당시 공주시 이태묵 과장(現 공주시 시민국장)은 시장이 직접 브런치행사에 대해 설명하고 시청청사 내외를 개방하여 축제오찬장으로 사용한 부분에 대해 매우 인상 깊어했으며 이러한 행사를 통해 시청을 친근하게 만들고 시민의 전당이라는 느낌을 받았다고 하였다.

스폰서, 파트너, 공공기관, 미디어팀 등 축제에 도움을 준 분들을 초청하여 고마움을 표시하는 팬케이크 브렉퍼스트(Pancake Breakfast)

팬케이크 브렉퍼스트 가 진행되는 오타와 시청

15) 국제적인 예술프로그램으로 지속적인 발전을 하는 '국제얼음조각대회'

국제얼음조각대회는 대표적이고 국제적인 프로그램이자 겨울축제에 조각가들이 모이는 예술프로그램으로서의 특징을 가지고 있다. 윈터루드의 시작 첫 주 금요일에 컨페더레이션공원에서 개최되는 국제얼음조각대회는 축제가 개최된 이래로 매해 전 세계의 전문 조각가들과 아마추어 조각가들이 참여하여 새로운 주제 속에서 그들의 기량을 뽐낸다. 2006년에는 '세계를 바라보는 창(A Window on the World)'이라는 주제로 개최되었다.

방문객들은 단순히 완성된 얼음조각품을 보는 것이 아니라 얼음조각가들이 작업하는 모습을 관람하고, 관람한 결과를 투표에 반영하여 직접 심사에도 관여해 볼 수 있다. 또한 대회가 종료된 후에는 각 얼음조각에 조명을 설치하여 축제기간 내내 방문객들이 관람할 수 있도록 한다. 대회에 참여한 조각가들에게는 교통비와 체재비를 지원하고 심사를 통해 수상자에게 상금을 제공한다.

윈터루드에서는 당해 축제가 끝나자마자 대회에 유치하고자 하는 나라 및 얼음조각팀을 섭외하기 시작하며, 신청서와 제안서를 토대로 초청할 팀을 선정하고 참가시킨다. 국제얼음조각전이 끝난 후에도 조각가, 학생 등 다양한 아마추어들을 대상으로 하여 큰 얼음 한 덩어리를 가지고 대회를 펼치는 얼음벽돌도전(One-block Challenge)을 주말마다 실시한다.

조각가들이 참여하여 얼음을 조각하는 국제얼음조각대회

얼음조각전 전시장소

16) 겨울축제의 대표적 상징인 '눈의 왕국(Snowflake Kingdom)'과 '눈조각경연대회'

'눈조각경연대회'는 어느 눈축제, 겨울축제에서나 볼 수 있는 필수적인 프로그램으로 인식되어 있으며, 광역적이고 규모가 큰 눈축제에서 볼 수 있으므로 눈의 왕국이라고 표현할 수 있다. 축제가 개최된 지 5년 후인 1984년에 쟈크 카르티에공원에서 눈의 왕국을 열기 시작했다. 30여 개의 다양한 미끄럼틀, 눈미로, 눈으로 만든 눈휴식처 등 온통 하얀 눈으로 조성된 눈의 왕국에서 어린이뿐만 아니라 어른들까지도 다양한 체험을 즐길 수 있다. 그 밖에 축제마스코트인 아이스호그와 함께 다양한 쇼와 퍼포먼스가 펼쳐져 겨울철 즐거움의 묘미를 더한다.

또한 눈의 왕국에서 볼거리를 제공하기 위해 눈조각경연대회를 한다. 캐나다 각 지역에서 13개 팀이 참가하여 지역의 특징을 표현한 눈조각을

자료 : http://www.canadascapital.gc.ca/

행사장 내에서 인공 눈을 제조하는 장면

만든다. 2006년에는 '겨울스포츠 마니아(Winter Sports Mania)'라는 주제로 실시되었다. 완성된 눈조각작품은 쟈크 카르티에공원에서 축제기간 동안 전시된다.

윈터루드는 눈조각경연대회에 사용되는 눈을 확보하는 점에서도 친환경적인 부분을 고려하고 있다. 기존 눈조각경연대회에 사용되는 눈은 트럭 3,000대 이상의 눈을 수송하여 사용하였지만 눈을 수송하는 데 수반되는 트럭 연료 사용으로 인해 환경이 오염된다는 점에서 최근에는 인공눈을 사용하고 있다. 인공눈 사용으로 인해 기존 방법에 비해 비용절감효과 및 쟈크 카르티에공원의 친환경을 위해 앞장서는 등 일석이조(一石二鳥)의 효과를 거두고 있다.

인공눈으로 조성된 눈썰매장

17) 합리적인 윈터루드 평가시스템

윈터루드라는 축제는 합리적인 축제평가시스템을 기반으로 하고 있다고 해도 과언이 아니다. 윈터루드의 축제평가는 국립수도권개발위원회에서 실시한다. 오타와에서 개최하는 여러 축제들 중 '윈터루드'와 '캐나다데이'의 축제평가는 국립수도권개발위원회에서, 그 외의 축제는 오타와관광청(OTCN)에서 실시한다.

윈터루드의 축제조직이 관조직이기 때문에 평가자료를 통해 민간주도의 축제에 중점을 두는 축제경영을 위한 방문객 유치전략이나 고객분석을 통한 스폰서 유치자료로 쓰이는 목적보다는 공정하고 객관적인 데이터를 통한 평가보고서를 정부에 보고하여 본 축제가 캐나다 수도인 '오타와'와 '캐나다'를 알리는 데 중요하다는 것과 캐나다인들이 많이 즐기고 좋아한다는 것을 보고하는 차원이 강하다. 또한 평가결과를 통해 윈터루드축제의 개선 방안을 모색함으로써 지속적인 축제발전을 유도하는 데 그 목적이 있다.

평가를 할 때 최근의 축제가 고객지향적인 목표를 충족하기 위하여 지역주민과 관광객들에게 축제에서 개선해야 할 점과, 축제에서 보고 싶은 것이 무엇인지에 대한 질문을 빼놓지 않는다. 평가를 통해 축제가 개선해 나가야 할 방향을 고객에게 듣고자 하는 것이다. 실제로 평가조사를 통해 지역주민과 관광객들의 요구를 확실히 파악하고, 의견반영을 통해 프로그램을 다양화한 사례가 있다. 스노우볼(Snowbowl)이라는 야간공연프로그램은 새롭게 개발된 프로그램으로서 지역주민과 관광객들이 '야간에 실시하는 프로그램에 대한 요구'와 '윈터루드에 아이들을 위한 프로그램이 대부분이어서 어른들을 위한 프로그램이 필요하다'라는 의견을 적극적으로 반영하여 실시하게 되었기 때문이다. 이러한 지역주민과 관광객들의 의견을 반영하여 만든 프로그램이 현재 윈터루드에서 없어서는 안 될 중요한 메인 프로그램이 되었으며, 오타와의 국립수도권개발위원회에서 2005년의 연차보고서에서 핵심사업(Highlights of the Year)으로 꼽을 정도로 성장하였다. 또한 관광객들의 '캐나다 고유의 원주민 문화를 보고 싶다'는 의견을 반영하여 원주민의 집짓는 모습, 빵 만드는 모습, 전통춤 등의 다양한 프로그램을 실시하고 있다. 즉 평가를 통해 나타난 결과를 그냥 간과하는 것이 아니라 적극적으로 다음 축제에 반영함으로써 매해 발전적인 모습을 보여주는 것이다.

하지만 우리나라 평가는 관조직에서 축제결과를 보고하는 방향으로 진행되어 방문객 수나 경제파급효과를 과장되게 산출함으로써 문제점으로 나타나고 있다. 우리나라도 윈터루드처럼 합리적인 평가를 통해 축제를 올바르게 평가하고 개선시켜야 할 것으로 보인다.

18) 지역주민과 관광객을 명확히 구분한 방문객 분석

윈터루드는 캐나다 오타와 지역주민과 오타와 밖으로부터 많은 관광객들을 유치하고 있다. 2012년 '윈터루드를 찾은 방문객 수'는 약 695,000명이며, 방문객들의 평균방문횟수에 따른 '축제방문횟수'는 약 1,240만 번에 이른다. 총 방문객 수 가운데 '관광객비율'은 38%이고 '지역주민의 비율'은 62%를 차지했다. 지역 내 거주하고 있는 16세 이상의 인구가 약 1,451,000명이라는 점을 기초하여 지역주민의 수를 추정하면 약 431,000명이 축제에 참석한 것으로 파악되었다.

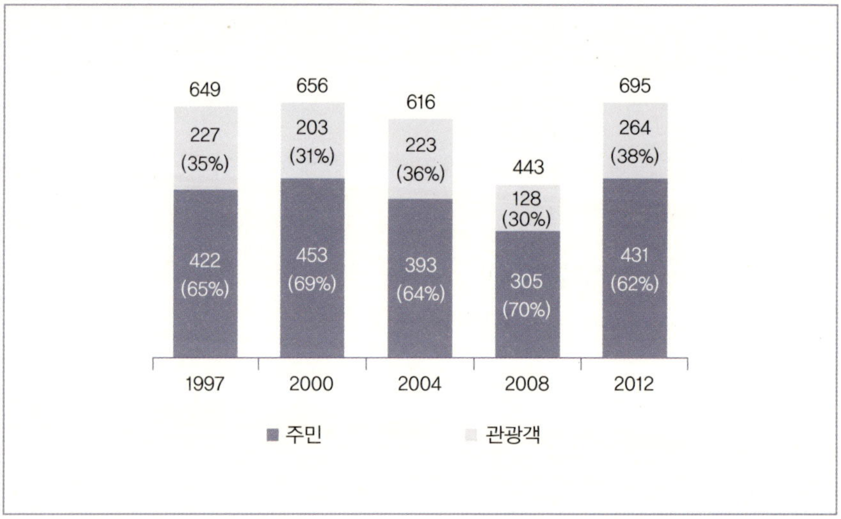

자료 : National Capital Commission(2012)

[그림 3-10] 윈터루드 방문객(1997~2012) 비율 분석

〈표 3-9〉 오타와 윈터루드의 총 방문객 수와 총 방문횟수

거주지	방문객 수	평균방문횟수	총 방문횟수
온타리오 지역주민 (CCR Ontario)	340,500	1.71	582,200
퀘벡 지역주민 (CCR Quebec)	90,500	1.65	149,300
관광객(Non CCR)	264,000	1.92	506,800
전체(TOTAL)	695,000	1.79	1,238,300

자료 : National Capital Commission(2012)

윈터루드를 방문한 방문객들 가운데 1/3은 오타와의 수도권지역에 살지 않는다. 윈터루드를 방문한 관광객들의 거주지는 아래의 표와 같이 분석되었다.

〈표 3-10〉 방문객 거주지 분석

거 주 지	2012
온타리오주 토론토 주변(Ontario o/s Toronto)	45%
토론토(Toronto)	31%
몬트리올(Montreal)	7%
퀘벡주 몬트리올 주변(Quebec o/s Montreal)	3%
서부지역(Western provinces / territories)	2%
대서양연안제주(Atlantic provinces)	2%
기타(Other country)	10%

자료 : National Capital Commission(2012)

또한 윈터루드 기간 동안 3곳의 행사장소를 찾은 방문객 비율을 조사한 결과 컨페더레이션파크(Confederation Park)가 약 495,900명으로 가장 많

은 방문객들이 참여한 것으로 나타났다. 그 다음으로 리도운하 스케이트웨이(Rideau Canal Skateway)는 약 457,800명이 참여하였고, 쟈크 카르티에공원(Jacques Cartier Park)은 약 327,200명이 참여한 것으로 파악되었다.

이는 중복방문자도 포함한 수치로 2개 이상의 사이트를 찾은 방문객 비율에 대해 조사한 결과 전체 방문객의 66%가 2개 이상 방문한 것으로 나타났으며, 방문객 그룹별로는 지역주민은 63%가, 관광객은 70%가 2개 이상의 사이트를 방문한 것으로 분석되었다.

〈표 3-11〉 오타와 윈터루드 행사장별 방문객 수

연 령	CCR Residents	Visitors	Total
리도운하 스케이트웨이(Rideau Canal Skateway)	275,800	182,000	457,800
컨페더레이션공원(Confederation Park)	271,500	224,400	495,900
쟈크 카르티에공원(Jacques Cartier Park)	176,700	150,500	327,200
합 계	431,000	264,000	695,000

자료 : National Capital Commission(2012)

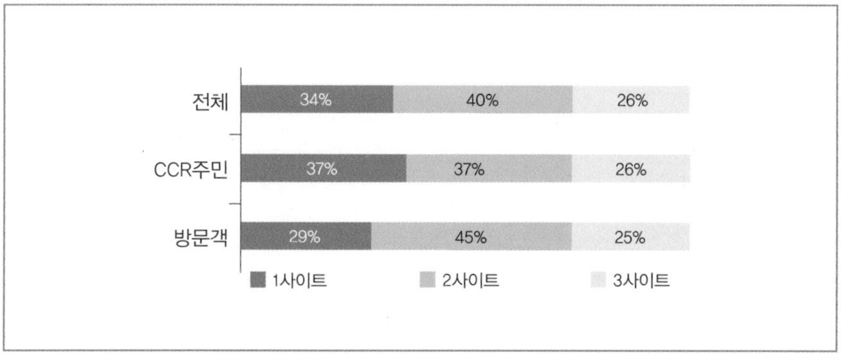

자료 : National Capital Commission(2012)

[그림 3-11] 윈터루드 행사 장소에 참가한 방문객 수 및 방문횟수

윈터루드에 참가한 방문객들의 인구통계적인 조사를 실시한 결과 '여성'이 62%, '남성'이 38%로 각각 분석되었으며, 방문객 연령분석에서는 '35~44'세가 31%를 차지해 주요 방문객층인 것으로 파악되었으며 '25~34세'가 21%, '45~54세'는 22%로 각각 분석되었다. '35~44세', '45~54세'가 차지하는 비율이 많은 것을 볼 때 윈터루드를 찾는 방문객들의 대부분이 가족층이라는 것을 유추해 볼 수 있으며, 최근 20대층의 축제 방문율이 증가하는 것으로 볼 수 있다.

〈표 3-12〉 윈터루드 참여방문객들의 연령분석

연 령	2004	2008	2012
16~17	-	-	2%
18~24	8%	6%	9%
25~34	19%	23%	21%
35~44	38%	32%	31%
45~54	23%	19%	22%
55~64	7%	15%	11%
65세 이상	3%	4%	4%
무응답			1%

자료 : National Capital Commission(2012)

방문객들의 교육수준에 대한 조사에서는 '대학재학' 이상이 90%인 것으로 분석되어 대부분 고학력자인 것으로 파악되었으며, 연소득수준의 분석결과에서는 $60,000 이하가 전체의 23%를 차지하였으며, $60,000 이상은 56%로 분석되었다.

〈표 3-13〉 윈터루드 참여방문객들의 교육수준과 연소득 분석

교육수준	2012
고등학교 이하	8%
대학교 재학	14%
전문대 졸업	17%
일반대학 졸업	59%
무응답	2%

<table>
<tr><th colspan="2">연소득</th><th>2012</th></tr>
<tr><td rowspan="2">$60,000 이하
(23%)</td><td>$40,000 이하</td><td>12%</td></tr>
<tr><td>$40,001~$59,999</td><td>11%</td></tr>
<tr><td rowspan="3">$60,000 이상
(56%)</td><td>$60,000~$79,999</td><td>11%</td></tr>
<tr><td>$80,000~$119,999</td><td>22%</td></tr>
<tr><td>$120,000 이상</td><td>23%</td></tr>
<tr><td colspan="2">무응답(22%)</td><td>22%</td></tr>
</table>

자료 : National Capital Commission(2012)

윈터루드에 참여한 방문객들을 대상으로 '윈터루드를 참가하는 이유'에 대해 설문조사를 실시한 결과 '운하 위에서 스케이팅(Skating on the canal)'이 42%, '친구 / 가족과 함께 즐기기 위해(Fun outing with friends/family)'가 29%, '얼음조각 전시(Displays of ice carvings)'가 25%, '슬라이딩 / 눈의 왕국(Sliding / Snowflake Kingdom)'이 17%로 각각 분석되었다.

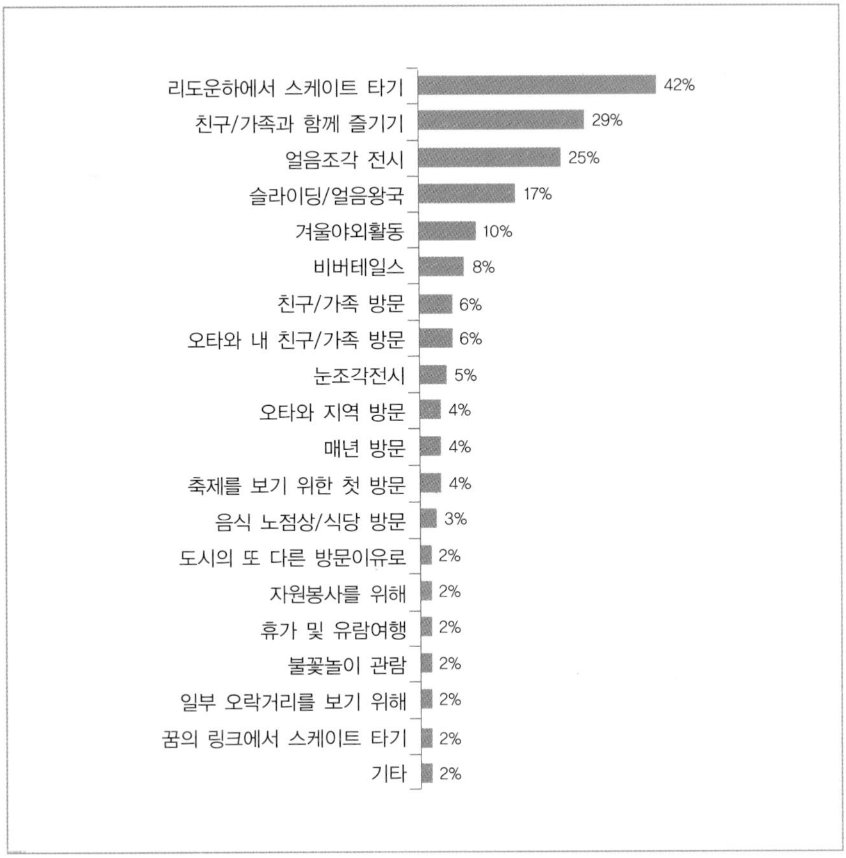

자료 : National Capital Commission(2012)

[그림 3-12] 윈터루드에 참여한 동기 분석

방문객 그룹별로 윈터루드 참여동기에 대해 분석한 결과 관광객들의 경우 최소 4만 달러(한화 약 4,200만 원)의 소득수준과 대학교육을 이수한 35세 이상의 관광객들은 '운하에서 스케이팅(Skating on the canal, 60%)'이 주요 참여동기인 것으로 나타났으며, 지역주민(CCR residents)의 경우 관광객들과 달리 '가족 / 친구들과 즐기기(Fun outing with friends / family, 37%)'

와 '얼음조각 전시(Displays of ice carvings, 28%)'인 것으로 파악되었다.

또한 연령과 매우 관계 깊은 것으로 분석되었다. 어린 자녀를 둔 35세에서 54세의 부모층 방문객들의 경우 21%가 '슬라이딩 / 눈의 왕국(Sliding / Snowflake King)'에 참여하고 방문한 것으로 조사되었다. 55세 이상 방문객들의 경우 39%가 '얼음조각 전시(Displays of ice carvings)'를 위해서 방문하였고, 54세 이하 방문객들의 경우 30%가 '가족 / 친구들과 즐기기(Fun outing with friends / family)' 위해 방문한 것으로 파악되었다. 특히 관광객 유치에 있어 윈터루드라는 겨울축제가 유치요인에 큰 역할을 하고 있지만 그중에서도 '세계에서 가장 긴 운하'를 가지고 차별화 마케팅을 한 점이 관광객을 유치할 수 있었다는 사실을 말해준다.

이에 더하여 관광객들에게 캐나다수도권지역(CCR) 방문결정에 윈터루드가 미치는 영향에 대해 측정하였는데 51%의 관광객들이 윈터루드가 76%에서 100% 정도의 긍정적인 기여를 한다고 응답하였고, 18%가 25%보

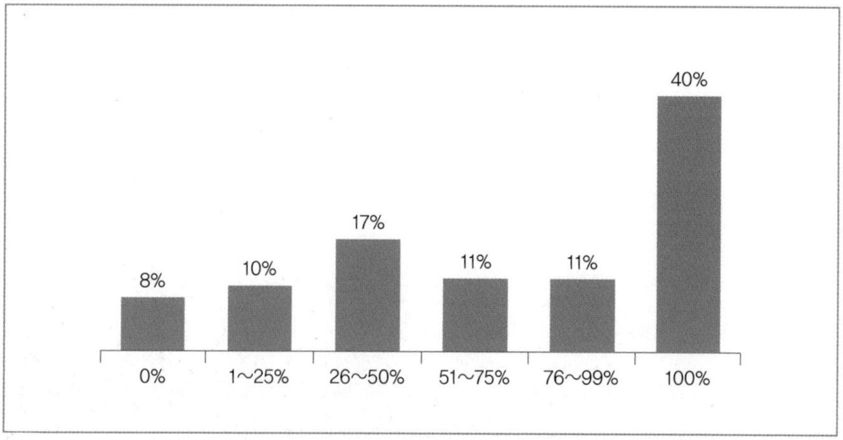

자료 : National Capital Commission(2012)

[그림 3-13] 캐나다수도권지역 방문결정에 윈터루드가 미치는 영향분석

다 적게 기여한다고 응답하였다. 즉 윈터루드가 관광객들에게 주요 매력 요소인 것으로 분석되었다.

이와 같은 분석을 실시하는 이유는 국립수도권개발위원회가 윈터루드를 개최하는 주요 목적인 수도권지역을 알리는 데 윈터루드가 얼마나 목표를 달성하고 있는지를 측정하기 위함이다.

매해 윈터루드 방문객들 가운데 23%가 처음 축제를 방문한 신규방문객들이다. 윈터루드의 경우 사람들이 재방문하기를 좋아하는 긍정적인 경험이기 때문에 한 번 이상 축제를 방문한 경험이 있는 '재방문객'이 77%를 차지한다. 대부분의 축제가 결과보고서를 작성할 때 방문객 수만 측정하

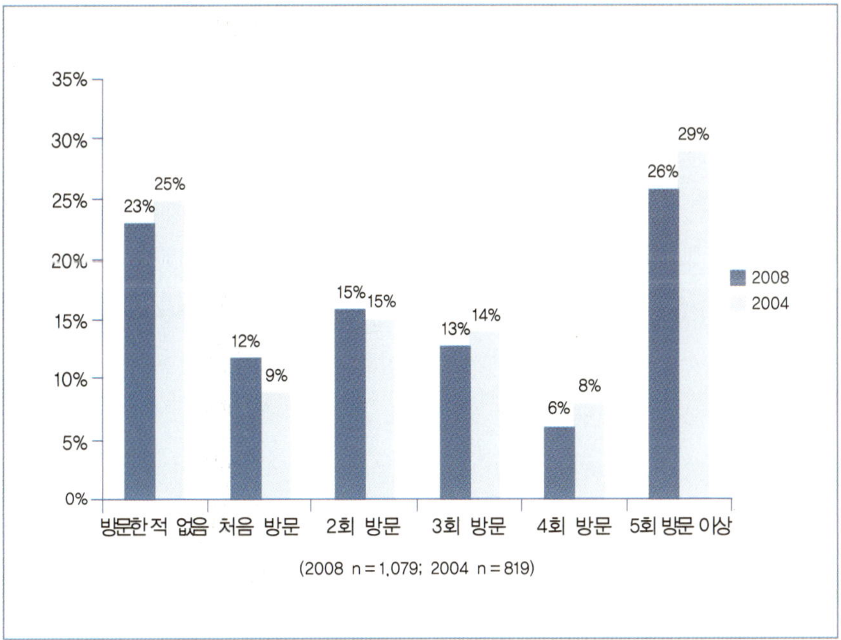

자료 : National Capital Commission(2008)

[그림 3-14] 윈터루드의 재방문객 비율 분석

는 데 비해 국립수도권개발위원회에서는 중복방문 및 총 방문횟수까지 확인하여, 보다 구체적으로 분석 및 작성하는 것을 알 수 있다. 특히 '재방문객'은 고정된 방문객 시장을 갖고 있느냐를 파악할 수 있는 항목으로 경쟁력 있는 축제를 판단하는 중요한 기준이 된다. 윈터루드의 프로그램 또는 관광관점의 경쟁력은 축제의 재방문이 '상징지표'라고 할 수 있는데 '재방문율'이 77%에 이른다는 것은 지표수치가 매우 높은 것이라고 평가할 수 있다.

19) 지역개발형축제로써 경제파급효과 측정

과거 축제가 사회문화적 가치나 주민화합적 가치가 강했다면, 최근에는 경쟁력 있는 축제들의 경우 지역개발적 가치나 경제적 가치가 상대적으로 부각되고 있는 추세라고 할 수 있다. 윈터루드에서도 관광경제적 가치를 중요시한다고 할 수 있는데 특히 관광객들의 숙박성향에 대한 설문조사를 통해 파악할 수 있다.

윈터루드를 찾은 약 98%의 관광객들이 1박 2일 이상 체류하는 것으로 파악되어 상당부분의 관광객들이 지역경제파급효과를 주는 체류형 방문객인 것으로 파악되었다. 세부적으로 살펴보면 2일에서 3일 이상 체류하는 관광객들이 전체의 73%를 차지하는 것으로 나타났다.

관광객들의 축제관람일수를 분석한 결과 43%가 '당일관람객'인 것으로 분석되었으며, 34%가 '2일', 15%가 '3일', 8%가 '4일 이상 관람'하는 것으로 각각 분석되었다. 따라서 2일 이상 축제를 관람하는 관광객비율이 57%로 분석되어 과반수 이상인 것으로 파악되었다.

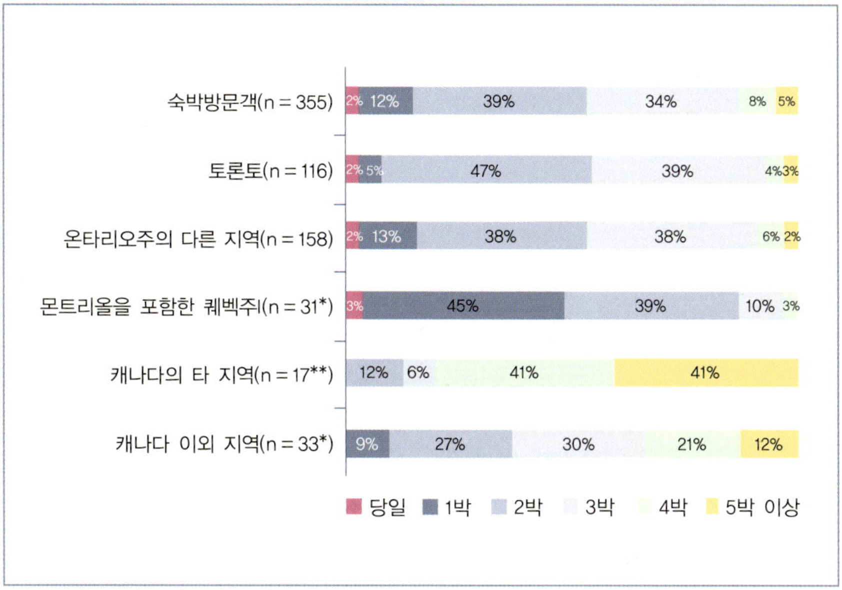

자료 : National Capital Commission(2012)

[그림 3-15] 윈터루드 체류형관광객 비율분석

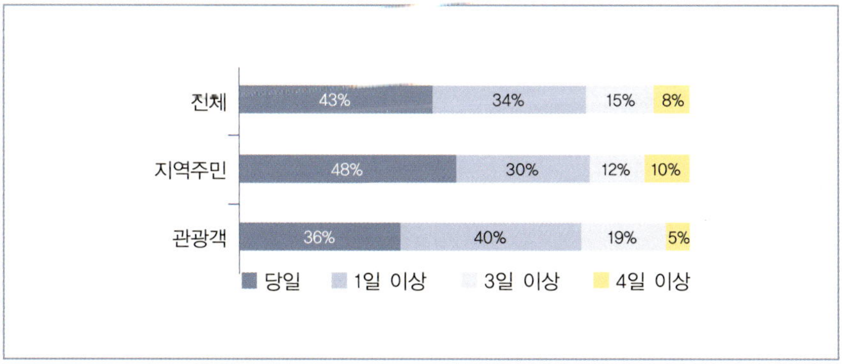

자료 : National Capital Commission(2012)

[그림 3-16] 방문객들의 윈터루드 관람일수 분석

국립수도권개발위원회의 부사장 질 라론드가 오타와의 4대축제의 방문객 주요경제효과에 대해 설명하고 있다.

또한 축제의 경제효과를 측정하는 지표로써 축제방문객들의 소비지출액을 파악하는 것이다. 특히 관광객들에게 조사하는 부분에 있어 윈터루드여행의 3가지 측면을 구분하여 조사했다는 점에 주목할 필요가 있는데 '수도권지역에 갈 때까지의 여행소비지출', '윈터루드(축제)에 참가하는 기간 동안의 소비지출', '수도권지역에서 본 거주지로 돌아갈 때까지의 여행소비지출'의 3가지 측면을 과정별로 세분화한 점이다. 또한 윈터루드 개최지역인 수도권지역 주민들에게는 음식, 주차, 기념품 비용에 대해 조사했다는 점에 주목할 필요가 있다.

〈표 3-14〉 윈터루드 방문객의 소비지출 분석

구 분	방문객		지역주민
	온타리오/퀘벡 주변지역	내부지역	
대중교통	$56.16(5만9천원)		
차량대여	$26.54(2만8천원)	$2.95(3천원)	
자가용	$238.82(25만3천원)	$26.54(2만8천원)	
지역교통		$39.00(4만1천원)	$21.00(2만2천원)
숙 박	$24.96(2만6천원)	$337.00(35만7천원)	
식음료(음식점)	$2.96(3천원)	$40.00(4만2천원)	$16.00(1만7천원)
식음료(레스토랑)	$15.41(1만6천원)	$208.00(22만원)	$36.00(3만8천원)
레크리에이션 / 오락	$12.07(1만3천원)	$163.00(17만3천원)	
의류 / 잡화	$4.59(5천원)	$62.00(6만6천원)	$10.00(1만1천원)
기 타	$3.04(3천원)	$41.00(4만3천원)	$26.00(2만8천원)
합 계	$384.55(40만7천원)	$919.49(97만4천원)	$109.00(11만6천원)

자료 : National Capital Commission(2012), 2013년 환율 기준

방문객들의 주요 소비지출항목은 음식, 교통, 숙박, 오락부분이 $100 이상을 쓰는 핵심항목으로 나타났고 그중에서도 교통부분이 $411로 전체비용 가운데 가장 높은 비중을 차지하였다. 세부적으로 살펴본다면 수도권지역에서 지출된 관광객 숙박비가 $337로 가장 높게 나타났으며, 캐나다 수도권지역(CCR) 외곽의 퀘벡과 온타리오 지역에서 지출된 자가용 교통비가 $238로 높게 나타났다. 그 밖에 캐나다 수도권지역(CCR) 주민의 경우 레스토랑에서 지출되는 식음료비가 $36로 가장 높게 파악되었다. 여기서 살펴봐야 할 점은 방문객 소비지출의 항목을 세부적으로 나눠 조사한 점과 소비되는 지역까지 세부적으로 조사했다는 점에서 조사의 정교함을 읽을 수 있다.

오타와 윈터루드가 온타리오주와 퀘벡주에 걸쳐 있는 수도권지역(CCR)에 기여하는 '총소비지출비용'으로 표현된 직접적인 지출비용은 약 6,300만 캐나다달러(한화 약 680억 원)로 산출되었다[캐나다 수도권지역(CCR)의 약 4,400만 달러(한화 약 465억 원)와 캐나다 수도권지역(CCR) 이외 온타리오와 퀘벡 지역의 지출비용 약 1,900만 달러(한화 약 200억 원)]. 세부적으로 지출비용을 살펴보면 교통비 항목이 30%를 차지하였으며, 숙박비 28%, 식음료가 20%, 여가활동이 13%, 기타(의류 / 잡화) 8%로 나타났다. 특히 집계의 구체성에 있어서도 축제장 안과 밖에서 쓴 소비지출비용을 구분하는 점인 체계적인 평가시스템을 가졌다는 한 단면을 느낄 수 있는 증거가 될 수 있다.

캐나다 수도권지역 주민이 윈터루드에서 지출한 총 비용

항 목	온타리오주	퀘벡주	합 계
대중교통	–	–	–
차량대여	–	–	–
자가용	–	–	–
지역교통	778,639 (8억2천5백만원)	219,616 (2억3천2백만원)	998,225 (10억5천8백만원)
숙 박	–	–	–
식음료(음식점)	593,249 (6억2천9백만원)	167,327 (1억7천7백만원)	760,576 (8억6백만원)
식음료(레스토랑)	1,334,810 (14억1천5백만원)	376,458 (3억9천9백만원)	1,711,295 (18억1천3백만원)
레크리에이션/ 오락	–	–	–
의류 / 잡화	370,781 (3억9천3백만원)	104,579 (1억1천1백만원)	475,360 (5억4백만원)
기 타	964,029 (10억2천2백만원)	271,906 (2억8천8백만원)	1,235,935 (13억1천만원)
합 계	$4,041,508 (42억8천3백만원)	$1,139,913 (12억8백만원)	$5,181,421 (54억9천만원)

자료 : National Capital Commission(2012), 2013년 환율 기준

또한 캐나다 수도권지역(CCR) 주민의 지출은 약 520만 캐나다달러(한화 약 57억 원)로 산출되었다. 지역주민의 경우 소비지출비용의 48%가 식음료비용으로 지출되었으며, 기타(의류 / 잡화)가 33%, 교통비는 19%로 나타났다.

윈터루드 경제효과	경제활동		GDP		임 금		연중고용효과	
	2008($)	2012($)	2008($)	2012($)	2008($)	2012($)	2008(명)	2012(명)
온타리오/ 퀘벡 전체	159.3 (1,684억원)	160.3 (1,695억원)	78.7 (837억원)	74.4 (784억원)	53.9 (572억원)	48.7 (519억원)	1,523	1,242
온타리오	134.9 (1,430억원)	116.2 (1,229억원)	66.8 (710억원)	53.1 (561억원)	45.8 (487억원)	34.3 (360억원)	1,228	854
퀘 벡	24.4 (254억원)	44.0 (466억원)	12.0 (127억원)	21.2 (223억원)	8.1 (85억원)	14.4 (148억원)	104	387
수도권 전 체	73.8 (784억원)	77.3 (816억원)	36.2 (381억원)	35.7 (381억원)	27.9 (297억원)	26.3 (276억원)	911	784
오타와	63.3 (668억원)	59.5 (636억원)	31.1 (329억원)	27.2 (286억원)	24.1 (254억원)	19.8 (212억원)	780	580
가티뉴	10.5 (117억원)	17.8 (191억원)	5.1 (53억원)	8.5 (95억원)	3.9 (42억원)	6.5 (74억원)	131	204

자료 : National Capital Commission(2012), 2013년 환율 기준

오타와 윈터루드의 소비지출로 인한 경제파급효과는 약 16,000만 달러(한화 약 1,724억 원)로 나타났으며, 지역을 세분화한 결과 온타리오주는 약 11,600만 달러(한화 약 1,250억 원), 퀘벡주는 4,400만 달러(한화 약 474억 원)로 나타났다. 축제로 인한 고용효과는 약 1,242명으로 윈터루드가 지역경제에 커다란 도움을 주는 지역개발전략이 되는 것으로 평가할 수 있다.

20) 축제 간의 국제협력을 통한 이슈(issue) 프로그램 구성

축제와 축제 간의 국제협력은 시류(時流)적으로 있는 모멘텀(Momentum)에 시도할 수 있는 전략으로 국립수도권개발위원회의 기관성격상 모든 나라의 대사관이 위치해 있다는 점, 수도권의 모든 주요기관이 파트너들로 여러 기관과 함께 공동협력이벤트 프로그램을 형성해 온 경험으로 축제의 예산절감 및 화제성을 제공하고 국제협력프로젝트의 경우 참여국가의 관광마케팅 이슈로 확대되는 효과를 가져온다고 할 수 있다.

그동안 윈터루드의 많은 파트너들과 축제운영을 해온 것은 준비에 있어 많은 시간할애와 협력이 요하는 부분이지만 공동으로 운영함으로써 예산의 전적인 부담을 분산시켜 축제 예산절감효과를 가져오고 파트너구역의 홍보마케팅협력으로 추가적인 축제방문객시장을 유치하게 되어 예를 들면 가티뉴시의 협력을 끌어내어 쟈크 카르티에공원 행사장의 축제운영을 분담시키고 가티뉴 시민들의 보다 적극적인 참여를 이끌어내며 매년 과학박물관이나 새로운 기관들과 협력으로 새로운 화제성을 창출하는 효과를 보였다. 특히 이러한 노력이 국제적 차원에서는 시류에 따른 특별 모멘텀을 축하하는 축제협력프로그램으로 나타나기도 했는데 캐나다-한국 수교 50주년과 캐나다 한국전쟁 참전 60주년을 맞아서는 국립수도권개발위원회가 세계축제협회(IFEA World)의 한국지부와 협력하여 진주남강유등축제를 초청하는 국제 간의 축제와 축제 협력사례를 낳기도 했다.

국립수도권개발위원회와 진주남강유등축제는 축제 간의 국제협력 MOU를 통해 오타와시가 진주유등프로그램을 초청하는 데 드는 경비를 양측이 합리적으로 분담하는 조항 합의를 통해 축제부담을 줄였다. 특히 진주남강유등축제에 대한 가치를 국립수도권개발위원회가 부각시켜줌으로써 진주로부터 일부 자발적인 투자유발을 해내는 포인트는 국립수도권개발위원회의 파트너들과 오랜 공동의 노력에서 나오는 노하우(Know-how)로 평가할 수 있다.

또한 윈터루드의 프로그램이 매년 유사하게 구성됨에 따라 매너리즘에 빠져 있었던 시기에 진주남강유등축제에서 유등을 설치, 운영함으로써 신선한 화제성을 제공하여 캐나다의 공영방송인 CBC, ROGERS TV, CHIN 라디오, 오타와 시티즌 신문 등이 앞다퉈 보도하는 등 언론의 관심을 유발하였다는 점도 축제 간 국제협력을 통한 성과라 할 수 있으며 이러한 기회를 통해 양 도시 간의 관광마케팅 기회를 확대시키는 효과를 가져왔는데 10명의 한국대표방문단을 초청하면서 국립수도권개발위원회는 오타와 관광청과 협력하여 겨울관광, 얼음낚시, 메이플시럽 레스토랑 등 캐나다 수도권의 관광목적지 등을 팸투어 형식으로 마케팅하였고 진주시 또한 10월축제의 테마를 캐나다로 선정하여 캐나다대표단을 초청하고 진주남강유등축제, 진주의 문화관광유적, 실크산업 등을 마케팅할 기회를 마련하였다.

2013년이 한국과 캐나다 수교 50주년과 6·25참전 60주년 기념의 해라는 점이 한국을 대표하는 진주남강유등축제와 캐나다 윈터루드 간의 국제협력을 이끌어내는 데 추진제 역할을 하였다고 볼 수 있다. 이번 협력사업의 주요내용을 살펴보면 먼저 컨페더레이션공원에 소망등 1,300여 개로 35m의 소망등 터널과 전통등 20여 기가 설치되었다. 리도운하에 있는 로리에 다리에는 길이 6m의 대형 소망등 4개가 설치되어 얼어붙은 리도운하에서 스케이트를 타는 방문객들의 시선을 붙잡았다. 캐나다 전쟁박물관에는 참전용사 등을 설치하여 캐나다 참전 60주년을 기념하였다.

특히 큰 범위에서의 국제적인 교류사업 추진에 필요한 절차와 소통부터 세부적으로 유등에 필수적으로 사용되는 전기시설을 설치하는 데 있어 양국의 서로 다른 전압사용과 까다로운 캐나다 전기법에 맞춰 유등을 성공적으로 설치할 수 있었던 점은 세계축제협회(IFEA World) 한국지부와 국립수도권개발위원회의 지속적인 교류와 협의를 통한 노력과 함께 진주남강유등축제를 주관하고 있는 진주문화예술재단과 진주시의 적극적인 협력으로 이뤄낸 성과라 할 수 있다.

개막식에 참석한 진주남강유등축제 대표단(좌)

윈터루드에 설치된 진주남강유등축제 소망등 모습(우)

야간에 불을 밝힌 소망등 모습

Case Study 축제 교류협력을 통해 이슈를 발생한 축제 사례

보령머드축제와 스페인 토마토축제의 국제교류

국내에서도 국제교류프로그램을 실시한 사례로 보령머드축제와 스페인 토마토축제 간의 홍보교류사업이 있다. 보령머드축제는 필자가 한국지부 회장으로 있는 세계축제협회(IFEA World) 한국지부에서 가교역할을 함으로써 2010년부터 스페인 토마토축제와 홍보제휴를 통해 각 홈페이지에 축제배너를 설치하는 등 축제 간의 교류협력을 실시하였다. 특히 2012년 토마토축제가 개최되는 스페인 부뇰시의 호아킨 시장이 보령머드축제를 방문하면서 보령시, 부뇰시, 세계축제협회(IFEA World) 한국지부 간에 축제공동 홍보추진을 위한 다자간 협력양해각서를 체결하였고, 같은 해 12월 4일 벨기에 브뤼셀에 위치한 유럽의회(European Parliament)에서 보령머드축제와 스페인 토마토축제의 공동홍보전시회를 개최하게 되었다. 이러한 국제적 공동홍보전시회를 통해 보령머드축제는 대한민국 대표축제를 넘어 세계가 인정하는 글로벌축제로 발전할 수 있을 것으로 전망하고 있다.

IV

일본 삿포로 눈축제

1. 일본 삿포로

삿포로의 역사를 말하기 전에 홋카이도의 역사를 먼저 말할 필요가 있다. 옛날 홋카이도는 일본 원주민인 아이노족의 땅이었고, 1800년대 후반까지는 일본 본토 사람들과 물물교환이 이루어지는 공생관계에 있었다. 그러던 중 일본 본토 사람들이 정착하기 시작하면서 미국인과 함께 홋카이도를 개발하자는 말이 나오기 시작했다. 이로 인하여 필연적으로 아이노족과의 전투가 벌어졌고, 아이노족이 패하면서 일본인들이 아이노족을 복종시켰다.

처음에 홋카이도현에 포함되어 있던 삿포로도 처음에는 불모지와 다름없었다. 삿포로는 아이노족의 언어로 '거칠고 넓다'는 뜻으로 아이노족은 수렵민족이어서 먹을 것을 구하기 쉬운 산과 강, 바다가 있는 곳을 선호하였으며 삿포로는 벌판이어서 매우 쓸모없는 땅이었다. 이러한 불모지를 일본인들이 거주할 수 있는 정주지역으로 바꾸기 위해 도시계획을 세우기 시작했다. 도시계획에 참여한 미국 측의 경우 보스턴 출신들로 구성되어 있어 보스턴을 모델로 한 도시계획을 수립하자는 의견이 제시되었으며 이로 인하여 보스턴과 닮은 도시공간으로 계획을 잡고 추진하게 되었다.

1857년 미국인 페리가 일본을 개항시키기 위하여 배 5척을 끌고 동경만으로 입항하여 탐사 후 재정비하여 재입항하였으나, 일본인들의 거센 저항으로 동경만 대신에 요코하마로 입항하여 조약을 맺은 후 일본의 3개 항구 나가사키, 요코하마, 하코다테 항을 개방시켰다. 홋카이도 지역에서 가장 처음 서양문물을 받아들인 곳은 하코다테로 지역의 중심으로 성장하였으나, 후에 일본 본토와 가까운 삿포로가 개발되면서 지역의 중심이 하코다테에서 삿포로로 이동하면서 대도시로 발전하였다.

우리가 홋카이도를 생각하면 떠오르는 것이 있다. 그것은 바로 한국에서도 많은 관람객들을 끌어들인 일본영화 '러브레터'와 '철도원'이다. 두 영화 속의 공통적인 명장면에 빠지지 않는 것이 바로 눈이다. 이처럼 홋카이도는 시베리아기단과 가까운 곳에 있어 겨울이면 눈이 많이 오는 지역으로 유명하다. 이처럼 눈 속에 묻혀 있는 홋카이도를 대표하는 겨울축제가 바로 삿포로시에서 개최되고 있는 삿포로 눈축제라 할 수 있다. 설국의 도시 삿포로는 겨울이면 도시 전체가 눈으로 덮여 시민들이 문밖으로 잘 나가지도 않는다고 한다. 이와 같은 삿포로가 세계적인 축제도시로서의 명성을 갖게 된 이유는 무엇일까? 삿포로 눈축제 속에 숨어 있는 불황을 이겨내고 지역을 살리는 성공전략을 살펴보자.

2. 일본 삿포로 눈축제의 시작

유명한 삿포로 눈축제가 구성된 시발점은 당시 삿포로 관광협회 사무국장이었던 곤도의 생각에서 비롯되었다. 그는 전쟁 전 오타루 시내의 소학교에서 행한 눈조각전시회(雪像展)에서 힌트를 얻어 삿포로의 겨울철 생활이 즐거울 수 있게 하자는 생각을 시의 상공과(商工科), 교육부, 백화점, 매스컴 등에 건의하였다. 동시에 삿포로시는 1949년부터 관광행정이 본격적으로 시작되어 제1회 전일본도시관광연합회의(全日本都市觀光聯合會議)에 참석하였던 당시의 상공과장은 '도시의 성격에 맞는 관광자원 만들기'에 대한 구상을 하였다. 이 두 가지가 연결되어 눈축제는 첫째, 겨울철 시민의 레크리에이션(청소년 비행대책도 포함), 둘째, 도시의 관광자원 만들기, 셋째, 2월의 지역상가 불경기대책 등의 세 가지 목적으로 기획되었다. 시, 관광협회, 관광관련업자, 교육, 문화, 매스컴관계자 등 많은 사람들이 구상하였고, 당시 삿포로시 경제부장이 지역이벤트로써 진행했다. 이리하여 1950년 2월 18일~19일에 제1회 삿포로 눈축제가 개최되었다. 눈조각상 제작에는 고등학교 4개교, 중학교 2개교가 참가하였으며, 스퀘어댄스(Square Dance), 가요콩쿠르, 연예발표회, 야외영화제, 불꽃놀이 등 다채로운 행사가 열려 5만 명의 방문객을 유치하였다(日本觀光協會, 1987).

눈조각상 제작은 중고등학교, 가요콩쿠르는 홋카이도(北海道)타임스, 야외영화는 송죽(松竹)삿포로지부, 불꽃놀이는 영화관이나 여관업자의 협력으로 초대권을 돌리는 등 처음부터 여러 지역단체의 협력을 얻을 수 있었다. 또한, 이벤트무대의 주위에 광고탑으로 백화점, 기업, 여관 등의 협찬을 얻어 재원을 조달하였다.

이렇게 하여 시작한 눈축제는 40년의 세월을 거쳐 그 내용, 규모, 의의 등이 서서히 변천되어 왔다. 크게 나누면 초기(1~5회)는 행정주도형 시민축제라 할 수 있는 성격이 강하고, 시 상공과와 관광협회가 주체가 되어 중고교생이 눈조각상 제작, 매스컴, 교통관련업, 상업, 숙박업 등이 각각 역할을 분담했으며, 재원마련에서도 다양하게 협찬금을 유치하였다. 내용에는 스퀘어댄스(Square Dance), 야외영화회, 가요콩쿠르, 빙상카니발이 중심이벤트가 되었고, 눈조각상의 역할은 상대적으로 비중이 작았다.

제6회부터 눈조각상 제작에 자위대가 관여하게 되었으며 그로부터 생긴 변화는 눈축제의 중심이벤트가 앞서 열거한 다양한 이벤트 중심에서 대규모 눈조각상(大雪像展) 중심으로 크게 변하여, 시민뿐만 아니라 홋카이도 전체의 축제로 발전해 나갔다. 그동안 눈축제에 참가·협력하는 기업, 단체도 늘어났고, 제8회 눈축제는 기획운영의 조직체제 단일화작업이 시행되어, 제10회 축제에는 눈축제 실행위원회가 설치되는 등 운영의 조직도 정돈되었다.

제10회 눈축제의 기념행사에는 일본항공이 국내 유력한 여행사들을 초청해서, 이후 각 여행사가 눈축제를 상품화하여 관광패키지를 만들었다는 것이 괄목할 만한 부분이다. 매스컴을 통한 홍보효과에서 제11회 눈축제가 TV를 통해 방영됨으로써 전국적으로 유명해져 홋카이도를 방문하는 관광객이 증가하였고, 전국적인 축제로 확대되었다. 따라서 눈축제 발전과정에 여행사와 매스컴의 역할이 크게 작용했다고 할 수 있다. 홋카이도타임스(北海道 Times), 홋카이도 신문사, 홋카이도 방송 등이 축제행사장에 적극적으로 참가하면서부터, 매스컴 각사는 눈축제의 개최를 자기들의 상품이라 하며 기획하는 것과 같이 신문, TV, 라디오 등에 적극적으로 취급하자, 이중으로 상품화하려는 조직이 생겨나게 되었다.

이리하여 전국적으로 유명한 축제가 된 눈축제는 제18회~제20회의 주제를 '삿포로 동계올림픽과 만국박람회의 2대 국제행사를 성공시키자'로 정한 것과 같이 해외에 눈을 돌려 국제이벤트로써 발돋움하기 시작했다. 제17회 눈축제 홋카이도타임스사가 각국의 외교관들을 초대한 것을 시작으로, 1972년의 동계올림픽을 향한 '국제교류의 장(場)' 역할을 눈축제가 성공적으로 수행해 나갔다. 드디어 1972년 삿포로 동계올림픽이 세계 관심의 초점이 되는 중에 제23회 눈축제는 TV를 통해 중계되어 국제적으로 홍보되는 동시에, '기쁜 마음으로 맞는 삿포로'의 주제에서 나타난 것과 같이 '국제교류의 장'이란 측면을 강하게 했다. 1973년 제25회 축제부터는 주제가 '가족 모두가 재미있는 SAPPORO 눈축제'에서 알 수 있는 것과 같이 또 한 번 시민참가에 축제 주최 측의 노력이 집중되었다. 지역에서 전국적으로 더 나아가 국제적으로 규모를 확대해 온 눈축제가 다시 원점으로 돌아와 '시민의 광장'을 개방하는 등 '시민참가'를 부르짖게 되었다. 이벤트 내용도 가요쇼, TV프로 중심의 보는 관전형에서 '시민의 광장'의 눈조각상 제작을 시작으로, 축제행사장 내 미끄럼틀, 쌍쌍말타기, 도보스키 등 참가 체험형 이벤트를 개발하게 된 것이 변화의 특징이 되었다.

또한 동남아시아를 시작으로 하여 관광협회가 중심이 되어 해외교류를 추진함으로써 제25회부터는 '국제눈조각상(國際雪像) 콩쿠르'가 개최되어 눈조각상 제작을 매개로 한 국제교류의 뿌리가 깊어지고 있다. HBC제작의 눈조각상이 제24회까지는 조각마다의 주제가 되었으나, 제25회부터는 국제교류를 '주제'로 한 각국의 건축물이나 상(像)을 그린 것도, 오늘날 국제교류가 눈축제 주제의 하나로 확립되고 있다는 것을 말해주고 있다.

삿포로 눈축제의 방문객 수는 제23회(1972년)에 계측방법을 변경해 눈축제기간 중 오도리행사장에서 계측하는 보행자 수를 기본으로 관광객 수를 추측하고 있으며 나카지마행사장에서 개최되었던 41회부터 43회를 제외한 행사기간이 7일로 연장된 제38회(1987년) 이후부터는 제52회(2001년)의 234만 4천 명이 가장 많은 방문객 수를 기록하였다. 제58회(2007년)의

〈표 4-1〉 외국인 전체비율 분석

국가	비율(%)
홍콩	27.0
중국	20.9
한국	16.8
대만	13.8
호주	4.9
기타	16.6

자료 : 삿포로시 관광문화국 관광컨벤션부 관광기획과(2011)

계측결과에서는 약 49%가 지역민으로 분석되었으며 도내로부터의 관광객이 36%, 도외지역이 13%, 외국인관광객도 약 4만 명 정도로 추정하고 있다.

(사)홋카이도미래종합연구소에서 발표한 제56회(2005년) 삿포로 눈축제의 경제효과에 관한 보고서에 의하면 눈축제에 의한 소비지출액은 216억 엔(한화 약 2,463억 원)으로, 178억 엔(한화 약 2,030억 원)의 직접효과, 316억 엔(한화 약 3,604억 원)의 생산파급효과, 177억 엔(한화 약 2,019억 원)의 부가가치효과, 3,200명의 고용효과가 발생한 것으로 나타났다. 하지만 패키지투어를 이용하는 도외 방문객의 경우 교통비 등이 출발지에서 지불되어 조사한 소비액에 반영되어 있지 않기 때문에 실제의 경제파급효과는 더 높다고 할 수 있다.

3. 일본 삿포로 눈축제의 성공전략

1) 도심 속 최적의 축제장 : 오도리공원

언론방송에서 세계적인 축제를 이야기할 때 '세계 3대 축제'니 '세계 5대 축제'니 하면서 이런저런 축제를 언급하는데 각 나라들마다 조금씩 다른 축제들을 언급하지만, 한국의 언론방송에서는 삿포로 눈축제를 세계 3대 축제 중의 하나로 소개하기도 한다. 과연 어떠한 부분들 때문에 삿포로 눈축제를 세계적인 축제로 만들었는지를 알아볼 필요가 있다.

물론 일반적으로 행사규모나 방문객 수로 가늠하기도 하지만 전문가가 보는 견해에서는 세계적인 수준의 지역개발형축제라고 평하고 싶다. 행사규모나 방문객 수가 매머드급이라도 행사장의 위치나 여러 가지 요인들 때문에 축제 개최효과가 미미한 경우가 많지만 삿포로 눈축제는 오도리공원이라는 다운타운 중심부의 금싸라기땅에서 축제가 벌어지기 때문에 축제의 이미지효과나 지역경제 활성화 효과가 극대화되므로 최고수준의 지역개발형축제로 평가할 수 있다는 점이다.

오도리공원은 삿포로시 중심부에 위치하고 있으며 오도리 서 1번가부터 오도리 서 12번가까지의 길이 약 1.5km, 면적 약 7.8ha의 공원이다. 92종, 약 4,700여 그루의 나무 외에 아름다운 꽃밭과 잔디밭으로 어우러진 오도리공원은 초여름을 알리는 라일락축제, 요사코이소란축제, 눈축제와 화이트 일루미네이션 등 사계절 식물과 이벤트 등에 의해 1년 동안 많은 관광객과 시민이 가까이하고 있다.

앞서 말했듯이 오도리공원은 삿포로시의 중심부에 위치해 있다. 말 그대로 도시의 가장 핵심적인 공간에 공원이 존재한다는 말이며 이 공간에

오도리공원 야간 전경

자료 : 삿포로시 관광사진 자료관

서 삿포로 눈축제가 개최된다는 것이다. 단순히 생각해도 지가가 매우 높다고 할 수 있는 도심의 가장 알짜배기 땅에 오도리공원과 같은 큰 공원을 확보한다는 것은 매우 어렵다고 할 수 있다. 이처럼 도시 한복판에 오도리공원이 있을 수 있었던 것은 오도리공원의 역사를 거슬러 올라가 보면 알 수 있다.

오도리공원의 역사는 삿포로시의 역사와 연관이 있다. 삿포로는 아이노족의 언어로 거칠고 황량하다는 뜻을 내포하고 있다. 어업과 수렵을 주 생계수단으로 하고 있는 아이노족들에게도 삿포로는 쓸모없는 땅의 의미가 강하였다. 이러한 춥고 황량한 곳에 1869년 홋카이도 개척사(홋카이도의 행정과 개척을 맡았던 관청)가 설치되고 당시 관청의 담당자인 시마 요시타케가 바둑판 모양의 구획을 구상하게 되었다. 동서의 기축이 소세이강이며, 남북의 축은 현재 오도리공원이라 할 수 있다.

1871년 삿포로의 중심부를 북쪽의 관청가와 남쪽의 주택 · 상업가로 나누면서 불이 번지는 것을 막기 위하여 대규모의 화재 방지선이 만들어졌는데, 이것이 현재 오도리공원의 시작이었다. 1875년경부터는 다목적으로 이용되어, 1878년에는 제1회 농업박람회가 개최되었다.

삿포로시(市)의 사료에 의하면 1909년 정원 조성의 권위자인 나가오카 야사헤이를 동경에서 초빙하여 정비계획을 의뢰하여 공원으로서의 면모가 갖추어졌다고 한다. 제2차 세계대전 중에는 식량 확보를 위해 밭으로 사용하였으며, 전쟁 후 진주군의 사령부가 있었던 서 3가에는 교회가 세워졌다. 그 후 공원으로 복원되어 도시의 성장과 함께 도시의 휴식공간으로 정비되어 현재의 오도리공원의 모습을 갖추게 되었다.

오도리공원은 원래 공원의 용도가 아니라 거주지역과 관청지역을 나누는 화재방지선의 목적으로 출발하였으나 점차 공원으로 발전하게 되었으며 다목적공간으로 활용할 수 있도록 조성되었다. 만일 삿포로 눈축제가 현재의 오도리공원이 아닌 한국의 눈축제처럼 산에서 개최되었다면 현재와 같은 명성과 함께 지역개발형축제로써 지역에 엄청난 파급효과를 주는 축제로 발전할 수는 없었을 것이다. 이처럼 축제가 지역개발형축제로 발전하는 데는 여러 가지 요인이 있겠지만 그중에서 가장 중시될 수 있는 부분은 바로 축제가 펼쳐지는 위치라고 할 수 있다. 부동산에 있어 가장 중요한 것은 '로케이션, 로케이션, 로케이션'이라고 말한다. 집을 사거나 상가를 얻을 때 가장 중요한 것은 첫 번째도 장소, 두 번째도 장소, 세 번째도 장소라는 것이다. 이처럼 아무리 소재가 훌륭하다고 해도 장소적인 장점과 주변의 여건을 고려하지 않는다면 그 파급효과는 줄어들 수밖에 없

오도리공원에 위치한 TV타워

자료 : http://www.backpackers.com.tw/forum/gallery/

는 것이다. 오도리공원의 장소적인 장점은 매우 훌륭한 공간이다. 오도리공원 주변을 에워싸고 있는 주요한 건물과 상가가 축제를 통해 직접적인 영향을 받을 수 있기 때문이다. 또한 오도리공원의 상징성도 매우 높다고 할 수 있다. 오도리공원을 대표하는 147.2m의 TV타워와 주변의 시청, 삿포로의 중요 문화재인 시계탑은 물론이고 도시를 상징하는 건물들이 모두 오도리공원과 주변에 밀집되어 있기 때문이다.

전 세계적으로 보더라도 전용축제장의 위치가 도심의 가장 중심부에 위치한 축제는 경제적 효과와 함께 상징적 이미지효과가 매우 높다. 캐나다의 대표축제라 할 수 있는 캘거리 스탬피드의 경우에도 캘거리 시내 중심가에 위치해 있다. 영국의 대표축제인 에든버러페스티벌도 도심 한복판에

리우데자네이루 도심에 위치한 삼바드러모(Sambodromo)

자료 : 구글지도(http://maps.google.co.k)

서 개최된다. 에든버러페스티벌의 경우에는 삿포로 눈축제나 캘거리 스탬피드처럼 축제가 펼쳐지는 공간이 집중형이 아닌 분산형으로 이루어져 있지만 도심 한복판에서 개최되기 때문에 그 파급효과는 매우 크다고 볼 수 있다. 세계적인 축제로 명성이 높은 브라질 리우카니발의 경우에도 리우데자네이루 도심 한복판에 리우카니발을 위한 전용축제장인 삼바드러모(Sambodromo)가 자리하고 있다.

우리나라에서 개최되는 축제를 보면 물론 도심의 중심부에서 개최되는 것도 있기는 하나 축제장으로서의 공간 확보가 어려워 대부분 도심에서는 떨어진 별도의 공간을 활용하는 경우가 많다고 볼 수 있다. 대한민국 대표축제로 지정된 강진청자문화제나 김제지평선축제만 보더라도 중심상권과는 차이가 있는 공간에 위치해 있다. 따라서 이러한 새로운 공간에서 축제를 개최하기 때문에 축제 자체로써 관광객들을 끌어들일 수는 있으나 그 파급효과 면에서는 도심에서 개최되는 축제보다 약하다고 볼 수 있다. 도심 한복판에서 개최되는 축제 중 가장 대표적인 것은 바로 진주남강유등축제라 할 수 있다. 남강과 진주성을 배경으로 하는 진주남강유등축제는 진주시의 중심상권가를 끼고 있는 축제공간으로서 축제장을 찾은 방문객들은 축제를 관람한 뒤 도심에 위치한 상가를 이용하게 된다. 축제장 근처의 대형 음식점은 신종플루 때문에 축제가 취소되자 문을 닫게 되었을 정도로 축제가 도심상권에 주는 영향은 막대하다고 볼 수 있다. 또한 남강을 중심으로 펼쳐진 장어음식점들도 축제기간이 가장 바쁜 기간으로 연일 만원사례이며 주변의 숙박시설 또한 축제기간 동안에는 빈방을 찾아보기 힘들 정도이다.

이처럼 삿포로 눈축제가 개최되는 삿포로의 노른자 땅에 위치한 오도리공원을 보면서 다시 한 번 축제장소의 중요성을 절감하게 된다.

Case Study 전용축제장으로 발전한 국내 사례

김제지평선축제 벽골제광장

국내에서도 타 용도로 조성되었으나 축제를 위해 전용축제장으로 탈바꿈한 사례로 김제지평선축제의 벽골제광장을 들 수 있다. 대한민국 대표축제인 김제지평선축제의 행사장인 벽골제광장은 축제가 개최되었을 당시만 하더라도 벽골제 제방과 박물관이 위치한 공원에 지나지 않았다. 그러나 점차 시간이 지나면서 축제를 담을 수 있는 하드웨어를 지속적으로 구축하고 공간을 확장해 나가면서 지금은 체험용 논을 비롯하여, 대규모 주차장, 농경문화박물관, 농경사 주제관 및 체험관, 체류형 전통가옥 체험마을, 연자맷간 체험학습장, 용오름 전시공간, 대형 쌍용조형물 등 다양한 시설물이 자리하고 있다. 이러한 사업들은 축제로 인해 계획되고 더욱 가속화되었으며 축제기간 동안 축제의 훌륭한 소프트웨어 및 차별화된 공간으로 활용되고 있다. 다시 말해 축제가 우리나라 최대의 고대 저수지에 머물렀던 공간을 축제의 다양한 기능을 보유하고 있는 전용축제장으로 변화시킨 것이다.

자료 : 김제시 제공

2) 대형 눈조각 제작의 추진동력 : 자위대

삿포로 눈축제의 규모가 확대 발전하는 데 숨은 산파(産婆)역을 담당한 것이 바로 일본 자위대의 참여라 할 수 있다. 삿포로 눈축제의 대표 프로그램이라 할 수 있는 대설상, 즉 대형 설상을 제작하는 원동력이 바로 자위대이기 때문이다. 일본 자위대는 대설상을 만들기 위해 거의 7~8개월의 작업기간을 갖는다. 대설상으로 제작할 주제나 대상이 확정되면 해당 대상물에 대한 분석부터 대설상 조각까지 대부분의 과정을 모두 소화하고 있다.

이처럼 자위대가 삿포로 눈축제에 깊이 관여하게 된 것은 1954년 개설된 육상자위대가 마코마나이 주둔지에서 자위대의 레크리에이션과 축성 훈련을 겸하여 주둔지 내에 눈조각을 제작한 것이 그 시작으로 자체행사로 진행하였던 것을 1955년 제6회 때 제101통신대대(현 북부방면 통신군)가 높이 10m의 성모마리아상 '영광'을 제작하면서부터라고 할 수 있다. 당

오도리공원에 수송된 눈을 쏟고 있는 자위대 눈 수송차량

자료 : 육상자위대 제11여단(http://www.mod.go.jp)

시 이러한 대형 눈조각상은 삿포로 눈축제의 명물로 행사장을 압도한 것으로 전해지고 있다. 이것을 계기로 자위대 중심의 눈조각상이 대형화 · 예술화되기 시작했다고 볼 수 있다. 이후 57년에는 행운의 여신상, 59년 타이타닉호, 64년 도쿄올림픽 스타디움 등 다양한 대설상을 제작하였다. 자위대는 삿포로 눈축제에 참여하는 것 외에도 1956년부터 독자적으로 제7혼성단(제11사단)의 부대 내에서 눈조각상 콩쿠르를 별도로 실시하였으며 콩쿠르의 주목적은 자위대 대원의 가족들에게 볼거리를 제공하기 위한 것이었지만 눈조각상 외에도 눈으로 만든 미끄럼틀을 부착하여 지역주민들로부터 일반인에게도 개방하라는 의견이 나오기도 하였다.

제13회 삿포로 눈축제가 개최되었던 1962년은 2008년 제11여단으로 편제된 제11사단이 창설되었던 해로 당시 삿포로 시장의 요청을 받아 대설상 3기를 제작하였으며 이러한 참여를 통해 자위대가 지역과 융화되고 이

제6회 삿포로 눈축제 성모마리아상 '영광'

자료 : 육상자위대 제11여단(http://www.mod.go.jp)

해를 구하기 위한 접점을 찾는 해로 볼 수 있다. 1963년에는 마이니치신문사의 전폭적인 협력을 통해 마코마나이 주둔지 스노페스티벌이 개최되어 처음으로 일반인에게 공개되었으며 이를 계기로 1966년부터 공식적으로 삿포로 눈축제의 프로그램으로 제2행사장의 역할을 수행하였다.

마코마나이 주둔지 내 행사장은 지속적으로 눈축제장의 부행사장으로 사용되다 2001년 테러대책특별조치법 실행 후 자위대의 참여가 축소되면서 2005년 제56회를 마지막으로 개장한 지 40년 만에 역사 속으로 사라지게 되었다. 40년 동안 마코마나이 행사장에 설치된 눈조각상은 대형, 중형을 합쳐 270기에 이르며 눈의 양은 트럭 약 13만 대, 참여인원 52만 명, 입장객은 2,300만 명이나 되었다. 이후 제56회부터 오도리공원 행사장에서 대설상 제작에만 참여하게 되었지만 눈조각상 제작이 각 부대의 그

마코마나이 주둔지 행사장 모습

자료 : 육상자위대 제11여단(http://www.mod.go.jp)

대설상 제작을 위해 포클레인으로 철골구조물 작업을 하고 있는 자위대

자료 : 조운신문사(http://www.asagumo-news.com)

룹으로 편성되어 대설상을 제작하는 기술이 계승되기 시작한 해라 볼 수 있다.

이처럼 자위대가 삿포로 눈축제에 참여한 역사는 매우 깊으며 이러한 자위대의 도움과 역할을 알리고자 축제장 내에 자위대 홍보부스가 마련되어 설상제작에 참여하였던 기록을 사진과 패널 등을 통해 보여주고 있다. 자위대가 눈조각상을 만들기 위해 교외에서 5톤 트럭으로 운반하는 횟수는 6,500대분에 가깝다고 하니 엄청난 양이 아닐 수 없다. 앞서도 거론하였지만 자위대는 삿포로 눈축제에서 단지 수송뿐만 아니라 설계부터 미니어처를 만드는 과정까지 참여하고 있다. 특히 눈을 수송할 때에는 수송 전에 세리머니(Ceremony)를 하여 이를 기념하고 있다.

자위대의 참여는 시민들의 적극적인 참여가 배제된다는 의미에서 부정적인 의견도 있지만 실질적으로 자위대가 참여하고 도움을 주는 부분을 돈으로 환산하면 엄청난 금액이 발생하기 때문에 축제예산의 효율성만 보더라도 큰 혜택이라 할 수 있다. 또한 수십 년간 대설상 제작을 통해 쌓아온 자위대의 기술력과 노하우 역시 무시하지 못할 부분이라 할 수 있다. 이러한 자위대의 협력에 따라 삿포로시에서도 삿포로 눈축제의 개장 전 리셉션과 개막식에는 자위대 영관급 장교들의 참석이 눈에 선명하게 나타날 정도로 많아 삿포로 눈축제와 자위대가 밀접한 관계임을 짐작할 수 있다. 자위대 측에서도 이러한 참여를 통해 지역개발에 참여한다는 긍정적인 이미지를 심어줌으로써 자위대의 홍보에도 큰 효과가 있다고 볼 수 있다. 이처럼 자위대의 참여로 대설상을 효과적으로 제작함으로써 많은 관광객들을 유치하는 추진동력이 되는 셈이다.

자위대가 중심이 되어 제작하는 축제장 내 대설상은 개최 전년 7월부터 시작한다고 해도 과언이 아니다. 전년 7월 무렵부터 각 행사장 담당 매스컴과 제작을 담당하는 육상자위대 각 부대 간에 검토를 시작으로 착수하며 테마에 따라 자료수집을 위해 해외까지 현지조사를 가기도 하며 이후 눈조각상의 설계, 눈조각상 모델의 제작이나 자재준비 등이 행해진다.

실질적으로 현장작업의 시작은 오도리공원에 눈을 수송하는 것에서 시작된다. 수송은 육상자위대와 실행위원회의 면밀한 수송계획 아래 1월 중

오도리공원 행사장 내 자위대 홍보부스에 배치된 활동사진전

자위대 눈수송식 중 자위대원에게 꽃다발을 증정하는 모습

자료 : 조운신문사(http://www.asagumo-news.com)

순의 '눈수송 개시식'에서 시작해서 약 2주간 삿포로 시내 및 근교로부터 운송해 온다. 주요 채설장소는 이시카리만 심미나토 공업단지, 사토즈카 묘원, 다키노 묘원 등으로 눈이 부족한 해에는 나카야마고개, 오코탄베 호수 주변이나 이와미자와 방면의 눈까지 수송하기도 한다. 이때 수송하는 거리를 모두 합산하면 평균적인 적설량일 경우에는 19만km에 달하며, 눈이 적었던 제48회(1997년)에는 2배 가까운 37만 5천5백km에 달하는 수송거리를 기록하였는데 이것은 지구로부터 달까지의 거리를 아홉 바퀴 정도 도는 것과 맞먹는 거리라고 할 수 있다.

이와 같은 천문학적인 수송거리에도 불구하고 교외지역의 눈을 사용하는 이유는 바로 가장 순수하고 깨끗한 눈을 구하기 위한 것으로 「눈의 역학적 한 고찰」(육상자위대 제11사단 제11포병연대 편집)의 눈의 내부 융해경시 변화의 실험관찰에 의하면, 불순물이 혼입해 있는 설주는 태양광선

대설상을 제작하는 모습

자료 : 블로그(http://catalina.ddo.jp)

으로 전반적으로 공동화되어 결국 붕괴되지만, 순수하고 깨끗한 눈에서는 거의 융해가 진행되지 않는다는 결과가 나타났기 때문이다. 눈조각상 제작에는 안전성이 가장 중요하기 때문에 사용하는 눈도 불순물이 혼입되어 있지 않은 깨끗한 눈을 사용하고 있다.

수송된 눈은 1월 초 큐빅 형태의 설상 규모별로 만들어놓은 거푸집 안에 눈을 채워 넣어 굳힌다. 눈이 굳게 되는 1월 하순에는 거푸집을 떼어내고 1차 가공으로 거칠게 깎기를 실시한다. 그 후 2차로 세부조각을 실시하게 되며 마지막으로 '화장눈'으로 불리는 깨끗한 눈으로 마감을 하고 발판 해체와 함께 눈조각상 점검을 마지막으로 눈조각상은 행사 직전까지 완성된다. 눈조각 제작에 필요한 도구들은 삽과 톱을 비롯하여 조각 등에 사용하는 크고 작은 끌과 거대한 끌의 형태를 한 케렌봉(끌의 일종) 등이 있으며 세부까지 정확하게 표현하기 위해 별도의 거푸집을 만들어 몇 종류의 부품을 제작하거나 첸이소(전동식 톱) 등의 전동기구를 사용하여 작업의 효율성을 높이고 있다.

이처럼 각 행사장에서는 개회 직전까지 눈조각상 제작 마무리작업을 하고 각종 행사장 설비의 조정작업을 실시하므로 이 기간 동안에는 안전사고의 예방차원에서 행사장에는 들어갈 수가 없다. 오도리행사장은 행사 전일 입장을 할 수 있는 준비가 끝나며, 야간조명을 시험하는 등 오후 10시까지 분주하게 축제준비가 진행된다. 또한 매점에서 판매도 시작하여 축제의 분위기를 연출한다.

이렇게 만들어진 설상은 크기에 따라 대설상, 중설상, 소설상으로 나누어지고 대설상의 경우 높이 15m 정도의 크기에 눈의 양은 5톤 트럭 500대분에 달한다. 또한 중설상은 높이 10m 정도로 5톤 트럭 300대분 정도이며, 소설상은 시민이 참여하고 만드는 설상으로 높이 2m 안팎에 5톤 트럭 2대분 정도가 소요된다.

소설상을 제작하는 모습

5번가 대형 눈조각상 '마법이여, 모두에게 전하라'

제63회 삿포로 눈축제에서 눈과 얼음으로 만들어진 조각상의 경우 오도리공원 행사장에 대형 눈조각상 5기, 중형 눈조각상 6기, 소형 눈조각상 127기, 대형 얼음조각상 2기, 소형 얼음조각상 6기, 쓰도무행사장에 중형 눈조각상 1기, 소형 눈조각상 25기, 스스키노행사장에 소형 얼음조각상 80기가 배치되어 방문객들을 맞이하였다.

축제기간 동안 방문객들의 눈을 즐겁게 한 눈조각상은 눈이 녹아 붕괴될 위험성이 있으므로, 눈축제가 끝나는 바로 다음날 아침부터 철거한다. 행사 때 관광객들에게 즐거움을 주었던 훌륭하고 아름다웠던 눈얼음조각상들은 불도저 등 중장비에 의해 제거되면서 행사장은 순식간에 설산으로 변한다. 또한 오도리공원 행사장의 경우 초봄에는 시민들의 휴식공간인 오도리공원 본래의 모습으로 되돌리기 위해 제설 및 배설작업을 앞당겨 실시한다.

설상 제작과는 별도로 오도리공원 내의 대형 얼음조각상의 경우 1일 20명 정도의 일본조각회 홋카이도연합회에 소속되어 있는 조리사들이 자원봉사자로 참가하여 제작하며 전동식 톱(Chain saw)과 끌을 이용하여 2주에 걸쳐 양각하여 완성한다. 얼음은 얼음블록을 쌓아 대형 얼음을 구성하는데 여기에도 노하우가 있다. 얼음의 블록을 뜨겁게 한 철판에 붙여 녹인 후 접착면을 균일하게 하고 이것을 쌓아 올리는 방식이다. 이와 같은 작업을 통해 접착면적을 크게 해야 강도를 증가시키고 접착부분이 백탁하지(하얗게 되지) 않고 깨끗하게 마무리되기 때문이다.

포클레인으로 대설상을 해체하는 모습

자료 : 리스크관리 도와블로그(http://livedoor.blogimg.jp)

TIP 시민들이 참여하는 시민 눈조각상

자위대가 제작하는 눈조각상과는 별도로 시민들이 직접 참여하는 눈조각상도 있다. 이러한 시민 눈조각상은 시민이 북국 특유의 추위 속에서 눈조각상 만들기를 즐기면서 눈축제에 참가하는 것으로 제16회부터 시작되었다.

매년 12월에 공모를 실시하고 있으며, 제작 희망팀은 실행위원회에 신청한 후 공개추첨 방식을 통해 결정된다. 참여도가 매우 높아 매년 4~5대 1의 높은 경쟁률을 기록하고 있다. 참가가 결정되면, 기술강습회에 참가하여 눈조각상 제작지식과 붕괴방지기술 등을 배우며, 실제 제작할 눈조각상을 점토로 제작하기도 한다. 또한 선발된 제작그룹은 눈조각상을 제작하는 장소가 정해지면 눈조각상의 도면, 테마, 설명 등의 플랜을 제출한다. 이때 기업, 정치, 종교 등의 홍보를 위한 테마 설정은 금지하고 있다.

시민 눈조각상의 제작기간은 개최 직전의 5일간으로 사전에 준비된 사방 2m의 설산을 깎아 제작한다. 세밀한 규칙을 만들어서 규정 크기를 초과하는 문자 입력은 허용되지 않는다. 디자인은 해당연도의 유행, 시세를 반영한 것부터 지역 스포츠팀의 마스코트나 유명한 애니메이션 및 게임 캐릭터 등으로 다양하며, 짧은 제작기간이지만 대형 눈조각상에 버금가는 완성작을 보여주거나 장난기 있는 풍자가 있는 작품이 많은 것이 특징이다.

홋카이도 도청 앞에서 펼쳐지는 시민 눈조각상 작업모습

3) 행사장의 구역별 테마화를 통한 변화 제공과 도시의 특성을 고려한 교통계획

삿포로 눈축제의 전체적인 테마는 제18회 당시 동계올림픽과 오사카박람회를 2대 테마로 한 '2대 국제행사를 성공시키자'였다. 그 후 매년 테마를 설정하였으나, 제29회에 '순백의 꿈 부르는 세계의 광장'이 테마로 통일되어 현재까지 이어지고 있다. 이처럼 전체적인 삿포로 눈축제의 테마는 변화 없이 진행되고 있지만 축제 안으로 들어가 보면 차별화된 테마를 통한 삿포로 눈축제의 성공요인을 찾을 수 있다. 앞서 말했듯이 삿포로 눈축제의 메인행사장은 계획적으로 조성된 오도리공원에 12개 구역이 구성되어 있다. 이와 같이 길쭉한 형태의 행사장에 만일 똑같은 눈을 소재로 한 눈조각상만을 펼쳐놓았다면 과연 흥미로울 수 있을지 생각해 볼 필요가 있다. 똑같은 눈조각상을 계속 보고 있자면 분명 단조로울 것이다.

이러한 문제를 해소하기 위해 삿포로 눈축제는 도시계획적으로 구성된 오도리공원의 일정한 사각형태의 공간특성을 최대한 활용한 구역별 테마화를 실시하고 있다. 각 구역별로 차등을 주어 테마에 따른 대설상을 구역별로 배치함은 물론이고 스케이트장, 음식광장, 스노보드대회장 등 다양한 시설공간을 조성하여 단조로울 수 있는 구역별 행사장의 차별화된 테마를 통한 변화를 시도한 것이다. 또한 메인행사장인 오도리공원 외에 쓰도무행사장의 경우에는 어린이를 동반한 가족방문객을 위한 테마공간을 조성하고 스스키노행사장의 경우 얼음을 주제로 한 테마구역을 조성하여 차별화를 시도한 점도 구역별 테마화를 통한 변화라고 할 수 있다.

2012년 제63회 삿포로 눈축제의 오도리 공원 내 구역별 테마: 1·2번가

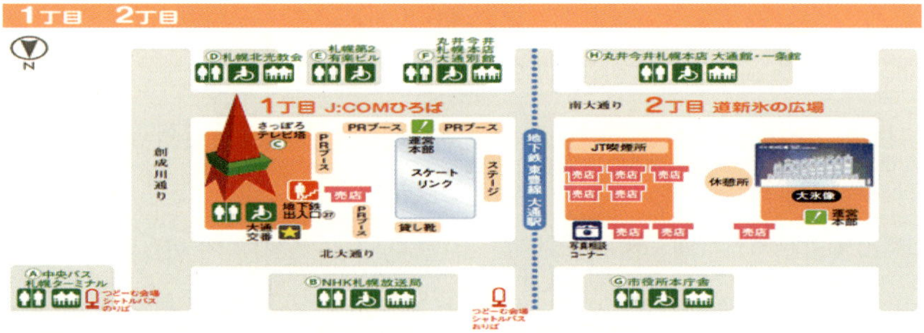

자료: 삿포로 눈축제 공식사이트(http://www.snowfes.com/)

구 역	명 칭	내 용
1번가	J:COM광장	스케이트장
2번가	도신, 얼음광장	대형 눈조각상 '동물들의 꿈의 성': 동북지방의 초등학생을 대상으로 메인 대형 눈조각상 디자인 공모. 약 100여 점 가운데 선정된 최우수작품을 기초로 제작

2012년 제63회 삿포로 눈축제의 오도리 공원 내 구역별 테마: 3·4번가

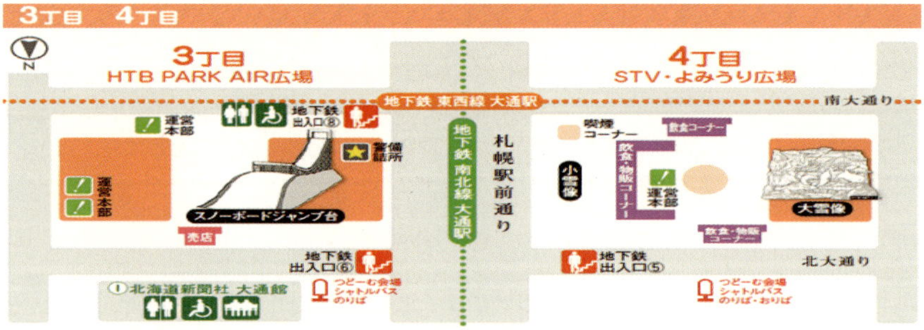

자료: 삿포로 눈축제 공식사이트(http://www.snowfes.com/)

구 역	명 칭	내 용
3번가	HTB PARK광장	스노보드 스트레이트점프대
4번가	STB 요미우리광장	대형 눈조각상 '눈의 수족관 ~바다로부터의 선물': 바다 속에 살고 있는 많은 생물들에 대한 감사의 마음과 앞으로 아름답고 풍부한 자연을 보호하기 위한 소원을 담아 제작(제11여단 참여)

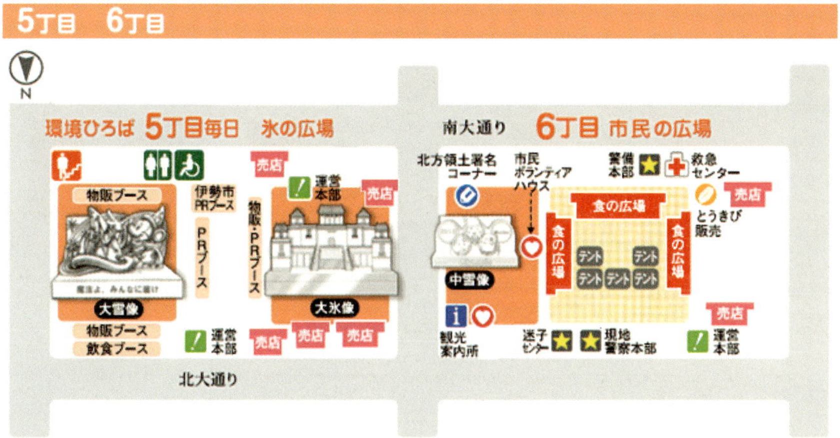

자료 : 삿포로 눈축제 공식사이트(http://www.snowfes.com/)

2012년 제63회 삿포로 눈축제의 오도리 공원 내 구역별 테마: 5·6번가

구 역	명 칭	내 용
5번가	환경광장	대형 눈조각상 '마법이여, 모두에게 전하라' : 도쿄 디즈니랜드 / 디즈니시의 오피셜 스폰서인 다이이치생명보험주식회사의 특별협력에 의해 제작
	마이니치 얼음광장	대형 눈조각상 '대만 고궁박물관' : 2011년 3월 「해외미술품 등 공개촉진법」이 국회에서 통과되어 일본에서도 고궁박물관 문화전의 개최가 근시일 내로 실현될 수 있을 것 같으므로, 고궁박물관전을 통해 향후 일본과 대만의 교류촉진을 기대
6번가	시민광장	중형 눈조각상 '삿포로다운 특색 있는 학교교육 캐릭터' : 삿포로시 아이들의 아이디어에 의해 탄생된 3마리의 캐릭터와 런던올림픽을 모티브로 한 설상으로 삿포로 히라기시고교 디자인아트코스부와 자매도시인 미국 포틀랜드 클라이튼고교가 공동 제작
	홋카이도 음식광장	6년째를 맞이한 음식광장 운영시간 10 : 00~22 : 00 홋카이도 푸드파크(22개 부스), 레스토랑 입점

2012년 제63회 삿포로 눈축제의 오도리 공원 내 구역별 테마: 7·8번가

자료 : 삿포로 눈축제 공식사이트(http://www.snowfes.com/)

구 역	명 칭	내 용
7번가	HTB 인도광장	대형 눈조각상 '타지마할' : 북부방면 통신군 및 북부방면 후방지원대 제작
8번가	눈의 HTB광장	대형 눈조각상 '아이즈 쓰루가성' : 홋카이도TV와 육상자위대 제11여단 제18보통과연대 및 제11전차대대, 제11시설중대, 제11통신중대 제작

2012년 제63회 삿포로 눈축제의 오도리 공원 내 구역별 테마: 9·10번가

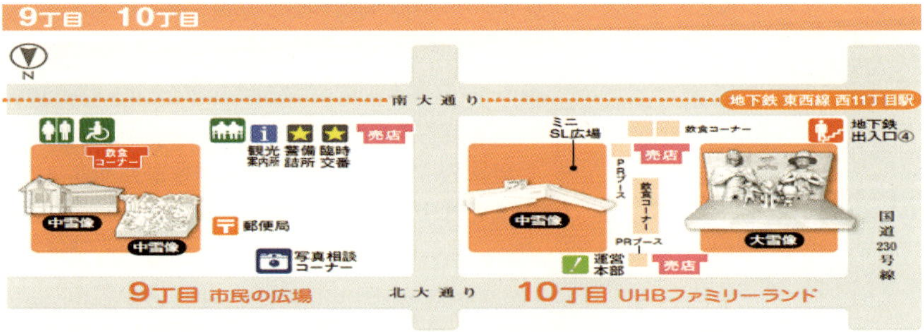

자료 : 삿포로 눈축제 공식사이트(http://www.snowfes.com/)

구 역	명 칭	내 용
9번가	시민광장	중형 눈조각상 '세이가정', '올해도 봄이 왔다' : 세이가정은 지역의 유형문화재로 최초의 공원
10번가	UHB패밀리랜드	대형 눈조각상 '드림9 도리코X원피스' : 인기 애니메이션 도리코와 원피스의 주요 캐릭터를 제작

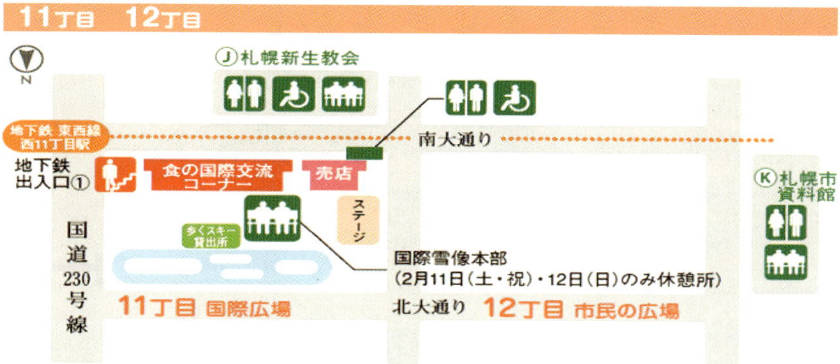

2012년 제63회 삿포로 눈축제의 오도리공원 내 구역별 테마: 11 · 12번가

자료 : 삿포로 눈축제 공식사이트(http://www.snowfes.com/)

구 역	명 칭	내 용
11번가	국제광장	국제설상콩쿠르, 크로스컨트리스키 체험
12번가	시민광장	시민설상

또한 테마별 공간배정에 있어서도 방문객들의 동선을 고려한 배치가 이루어지고 있다. 음식광장의 경우 1번가를 통해 진입하는 방문객과 12번가를 통해 진입하는 방문객을 고려하여 회장의 중심부인 6번가에 배치하도록 구성하였다. 이와 같은 구역화는 오도리공원이 계획적인 공간이기 때문에 용이한 것이라 할 수 있다.

삿포로 눈축제의 교통체계는 도심 중앙에서 개최되고 대규모 인원이 행사장을 방문한다는 점을 감안하여 축제홍보 시 대중교통 및 셔틀버스를 이용하도록 권하고 있다.

행사기간 동안 운행하는 셔틀버스의 경우 오도리공원은 도시 중앙에 위치하고 있어 지하철, 버스터미널이 인접한 곳에 위치하고 도보로도 접근이 용이하기 때문에 쓰도무행사장을 중심으로 총 6개 노선의 셔틀버스를 운행하고 있다.

셔틀버스 운행에 대한 자세한 정보를 제공하는 삿포로 홈페이지

자료 : 홋카이도중앙버스(http://www.chuo-bus.co.jp)

운행간격은 오도리공원 행사장의 경우 평일 20분, 주말 15분 간격이며, 쓰도무행사장의 경우 평일 15분, 주말 10분 간격이다. 이동거리에 따라 성인은 200엔(한화 약 2,300원)에서 400엔(한화 약 4,600원)을, 어린이는 100엔(한화 약 1,150원)부터 200엔(한화 약 2,300원)의 요금을 설정하여 유료로 운영하고 있다.

이외에도 '눈축제 1Day Pass'권을 마련하여 저렴한 가격에 전체 눈축제 행사장을 관람하는 데 편의를 제공하고 있다.

삿포로 눈축제는 축제전용 주차시설을 별도로 마련하지 않고, 행사장 주변의 건물 주차시설을 활용하고 있으며, 관광버스에 한하여 주차시설을 이용하고 있다.

삿포로시는 지역의 주차시설에 대한 시스템을 구축하여 주차시설상황을 실시간으로 제공하고 있으며, 스마트폰의 대중화로 QR코드를 통하여

축제방문객들이 간편하게 주차시설의 위치를 인지할 수 있도록 하고 있다. 또한 공차는 파란색, 혼잡은 노란색, 만차는 빨간색 등으로 주차상황을 실시간으로 제공하여 편리하게 주차시설을 이용할 수 있도록 하고 있다.

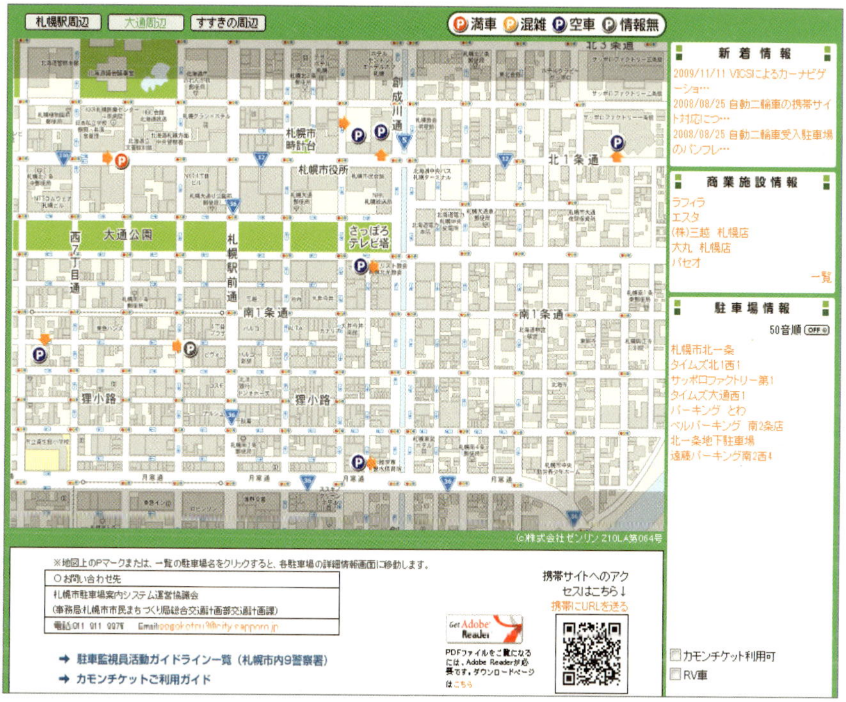

자료 : 삿포로시주차장안내시스템(http://parking-info.jp)

인터넷을 통해 오도리공원 인근의 주차장을 안내하고 스마트폰을 통해 QR코드 접속도 가능함

관광버스의 경우 오도리공원 주변에 위치한 삿포로 시민병원 부지를 활용하여 무료로 이용할 수 있도록 하였으며, 쓰도무행사장의 경우 유리가하라공원 부지를 사용하고 있다. 오도리행사장의 경우 도보로 쉽게 접근할 수 있으나, 쓰도무행사장의 경우 관광객의 편의를 위하여 입구에 임시정차하여 탑승객이 승하차할 수 있도록 운영하고 있다.

4) 철저한 관리를 통한 음식부스의 활성화

축제에서 음식은 프로그램과 함께 빼놓을 수 없는 중요한 역할을 수행한다고 볼 수 있다. 한국의 축제장 내 음식부스는 대부분 지역 내 음식점, 읍면부녀회, 지역의 단체들을 대상으로 사전 공모를 통해 모집하거나 단체 및 그룹이 운영하는 방식을 사용하고 있다. 또한 음식부스 운영을 통해 축제 주관단체 및 주최 측에서 이익을 발생시킨다는 개념보다는 구색 맞추기로 구성하는 경우가 많으며 이러한 요인으로 인하여 대부분 무료로 부스를 제공하거나 기본적인 부스 설치비를 징수하는 방식으로 구성한다고 볼 수 있다. 그렇기 때문에 음식에 대한 통제나 음식의 질, 메뉴 등에 깊이 관련하여 주최 측의 요구에 맞추도록 하기에는 어려움이 있다고 볼 수 있다.

그러나 일본 삿포로 눈축제의 경우는 사정이 다르다. 수많은 국내·외 관광객들이 축제장을 찾는다는 요인도 있지만 주최 측에서 축제장 내에 설치되는 음식부스에 대하여 철저히 관리함으로써 방문객들에게 좋은 인상을 심어주고 지역의 대표음식을 홍보하는 역할을 수행할 수 있도록 관

홋카이도 음식광장 내 음식부스

리하고 있다. 삿포로 눈축제에서 음식부스를 하나의 프로그램으로 인식한 것은 2007년부터이며 눈조각상과는 별도로 새로운 매력물을 창출하기 위해 그해 '홋카이도 음식광장' 프로그램을 마련하였다. 이후 지속적인 성장을 이루어 2011년에는 약 24만 6천 명이 음식부스를 방문한 것으로 조사되었으며 음식부스를 통한 매출도 약 6,900만 엔(한화 약 8.3억 원)의 매상을 기록하여 역대 최고의 기록을 경신하였다. 이처럼 높은 매출을 기록하고 인기를 얻을 수 있었던 것은 앞서 제시한 것과 같이 철저한 관리와 교육, 홍보기능을 수행한 결과라고 할 수 있다.

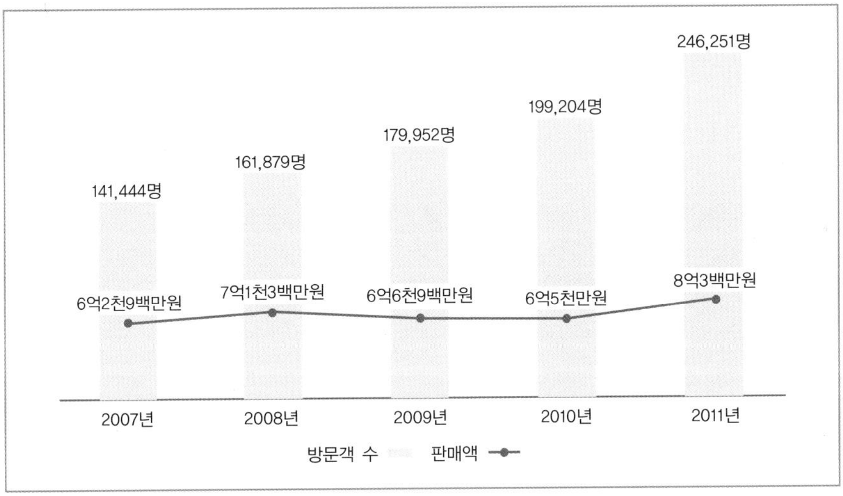

자료 : 홋카이도 음식광장 운영사업국(2012)

[그림 4-1] 홋카이도 음식광장의 방문객 수 및 판매액

삿포로 눈축제의 음식부스는 테마가 명확하다. 지역과는 관련 없는 일반적인 음식을 메뉴로 선정하는 방식이 아닌 지역의 특색을 살린 음식을 중심으로 하여 메뉴를 선정하기 위해 '홋카이도 음식의 매력발산'이라는

테마를 부여하고 있다. 이는 홋카이도 발전의 키워드라 할 수 있는 '음식과 관광'을 표현하는 것으로 지역의 대표적인 축제라 할 수 있는 삿포로 눈축제를 통해 국내·외 관광객들에게 홋카이도 식문화의 매력을 보여준다는 점에서 의의가 크다고 할 수 있으며 지속적인 성장을 이룰 수 있었던 것이다.

이를 위해서 음식부스에 참여하는 참가업체는 특정한 2가지의 요건을 갖춰야 한다. 첫째 요건은 지역의 식재료를 활용해야 한다는 점이며, 둘째는 지역의 식문화, 즉 홋카이도의 음식문화와 어울릴 수 있는 음식메뉴를 선정해야 한다는 점이다. 이를 통해 홋카이도의 각 지역을 대표하는 미각이 총집합된다는 음식부스의 기획 콘셉트를 충족시킬 수 있는 것이다. 또한 이러한 조건만 갖춘다고 해서 모든 참가업체나 음식점들이 축제장 내에서 음식을 판매할 수 있는 것은 아니다. 정해져 있는 음식부스의 수가

홋카이도 음식광장의 푸드코트형 식사공간

자료 : 홋카이도 음식광장(http://livedoor.blogimg.jp)

있기 때문에 별도의 심사과정을 거쳐 선정된 업체만이 삿포로 눈축제의 음식부스에 참여할 수 있다. 또한 하나의 참가사가 두 개의 음식부스를 운영하지 못하게 함으로써 다양한 참가사들이 참여할 수 있도록 하고 있으며 부스 간판의 높이도 관계기관의 지도에 의해 제한하고 있다. 축제 참여를 희망하는 음식부스를 대상으로 하는 심사기준은 크게 4가지로 구분하는데 음식부스에서 제시한 대표메뉴의 경쟁력이나 매력도, 지역의 균형적 참여 도모, 참가사의 의지 및 정열도, 운영방식 등이다.

좌식형 식사공간(상)
스탠드형 식사공간(하)

이런 방식으로 선정된 음식부스는 축제 주최 측에 부스 사용료를 지불하며 2012년의 경우 부스 입점 비용은 55만 엔(한화 약 630만 원)이었다. 특히 부스 입점 비용 이외에도 수도, 전기사용료, 쓰레기처리비 등을 추가로 부과하여 전체 65만 엔(한화 약 740만 원)을 지불한 것으로 나타났다. 이는 우리나라와 비교해도 결코 적은 금액은 아니라고 할 수 있다.

음식부스의 운영 면에서도 우리나라와는 다른 방식을 채택하고 있다. 2012년 제63회 삿포로 눈축제를 보면 제6번가를 중심으로 음식광장을 조성하였으며 구역의 가장자리를 중심으로 음식부스를 설치하되 국내축제의 음식부스처럼 주방과 음식을 먹을 수 있는 공간을 음식부스별로 함께 조성하는 방식이 아닌 음식부스는 음식을 조리, 판매하는 역할만 수행하고 공간의 중심부에 다 함께 쓸 수 있는 별도의 식사공간을 제공하고 있어 백화점의 푸드코트와 유사한 공간시스템이라고 할 수 있다. 또한 식사공간 구성에서 벤치마킹할 수 있는 탁월한 점은 공간을 두 종류로 나누어 가장자리에는 테이블만 제공하여 서서 음식을 먹을 수 있도록 구성하고 있으며 정중앙의 공간에 좌식형태의 식사공간을 조성하고 있다는 점이다. 이는 정해진 공간 내에서 시식할 수 있는 공간의 효율성을 극대화시킨 사례라 할 수 있다.

또한 단순히 음식을 판매하는 것으로 끝내는 것이 아닌 홋카이도 음식에 대한 홍보부분을 강조하는 것도 삿포로 눈축제의 음식부스 운영의 또 다른 특이한 사례라고 할 수 있다. 홋카이도는 뉴질랜드 북섬 정도의 크기로 우리나라의 2/3 정도 되는 면적에 홋카이도 전역에서 음식부스에 참여했다는 것을 홍보하기 위하여 음식부스 안내판을 설치, 홋카이도 지도와 함께 지도상에 참여한 음식부스의 지역을 표기하였다. 이와 같은 체계적인 안내는 타 축제에서는 찾아볼 수 없는 사례라고 할 수 있다.

주최 측에서는 참여한 음식부스의 활성화와 함께 음식을 홍보하기 위해

오도리공원 내에 위치한 음식판매부스

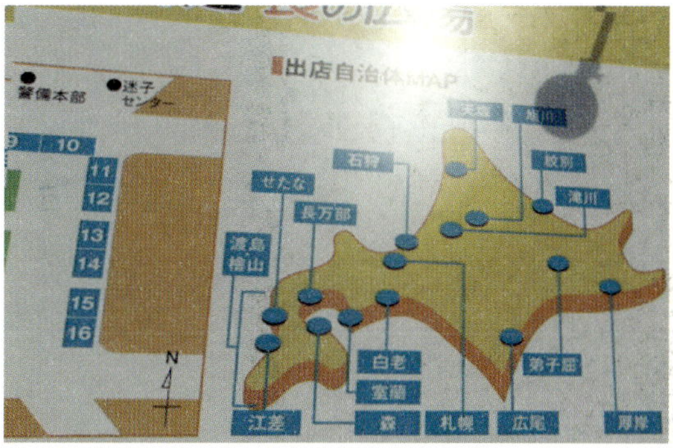

자료 : 홋카이도 음식광장(http://livedoor.blogimg.jp) (우)

홋카이도 전역에서 음식부스가 참여했음을 표시한 안내도(좌)

대형 영상차를 이용하여 음식부스에 대한 정보를 제공(우)

다양한 방법으로 음식부스를 알리고 있다. 먼저 행사장 내에 음식광장과 관련된 포스터와 리플릿을 제작하고 특별 웹페이지를 구축하여 사전홍보를 강화한다. 또한 운영사무국 블로그를 통해 출점한 음식부스의 정보와 판매상품을 소개하고 대형 영상차를 활용한 홍보를 실시하고 있다.

5) 축제상품의 다양성

삿포로 눈축제의 축제상품은 티셔츠, 인형, 학용품, 노트, 엽서 등 종목이 매우 다양하여 그간 방문했던 해외축제 중 가장 많은 축제상품을 개발하고 있는 것으로 평가된다. 특히 우표를 테마로 한 축제상품뿐만 아니라 다양한 우표상품이 전시되어 있는 상품부스는 차별화된 전략으로 보였다. 삿포로 눈축제의 축제상품에 있어 가장 큰 특징은 상품판매부스에 대한 부분이라 할 수 있다. 캐나다의 대표적 겨울축제인 퀘벡 윈터카니발의 경우 한 장소에 대형 판매점을 두어 운영하는 반면 삿포로의 경우에는 오도리공원 12구역 내에 2구역마다 하나의 판매부스를 배치하여 축제상품의 노출을 극대화함으로써 판매효과를 높일 수 있도록 하였다. 대부분 다양

삿포로 눈축제 상품 부스

한 상품을 함께 구성하여 판매하고 있으며 일부는 테마 중심의 상품판매부스를 구성하고 있어 눈길을 끌었는데, 앞서 언급한 우표부스, 카메라, 메모리부스, 엽서부스 등이 그것이다. 또한 가족중심의 지역민들이 많이 방문하는 장소인 쓰도무행사장에 비해 관광객들이 집중 방문하는 오도리공원에 판매부스가 집중되어 있는 것 또한 판매전략의 한 차원이라고 할 수 있다.

6) 관의 예산의존도 축소 및 축제경영을 통한 재원의 다원화

삿포로 눈축제의 재원을 마련하기 위해 초기에는 대부분 관의 예산에 의존하였다. 하지만 현재 삿포로 눈축제의 재원은 여러 기업의 협찬이나 입장료 수입, 부스임대, 축제기념품판매 등을 통하여 다원화를 꾀하고 있다.

축제위원회의 실행예산은 대략 1억 엔 정도로 한화로 환산하면 약 14억 3천만 원 정도가 소요되는데 홋카이도 광역정부로부터 약 680만 엔(한화 약 7,800만 원), 나머지는 삿포로시에서 지원하고 있으며 이 중에서도 협찬금 21%, 판매수익금 28%로 약 50%의 예산을 축제경영과 재원의 다원화를 통해 마련하고 있으며, 관의 예산의존도를 50%대로 줄이는 경영전략은 모범사례라 할 수 있다.

삿포로시에 협찬하는 기업이나 단체들의 협찬금에 따라 행사장 내에 간판을 게시하거나 공식 홈페이지의 배너를 통한 홍보를 하고 있다. 2012년 삿포로 눈축제에는 총 106개사의 백화점, 부동산, 상가 및 협동조합, 숙박업소, 항공회사, 여행사, 언론 및 통신사, 교통관련업체, 소매업체, 건설업체, 기타 공사 및 협회 등의 다양한 기업과 단체들이 참여하고 있다.

그러나 이러한 예산은 삿포로 눈축제 실행위원회만의 경비이며 각 행사장의 담당매스컴이나 자위대 등 관계되는 경비를 합친 전체의 경비는 몇 배에 달한다.

특히 가장 많은 예산이 투입되는 대설상 제작 및 설치, 운영에 있어 각 구역별로 북해도신문, NHK삿포로방송 등 약 20여 개의 매스컴이–오랜 기간 동안 같은 구역을 담당하여 평균 5천만 엔 정도가 소요되는 구역별 예산을 매스컴에서 기업의 홍보마케팅을 해주는 대가로–기업체로부터 스폰서를 받고 있다. 이와 같은 재원의 다원화는 국내의 경우 중앙정부나 지자체가 축제에 투입하는 예산이 점차 축소되고 있다는 관점에서 벤치마킹할 필요가 있다고 볼 수 있다.

32회째를 맞는 스스키노 얼음제전의 경우에는 이러한 기업의 협찬이 더욱 두드러지는데 일본 기업뿐만 아니라 한국의 대표적 주류회사인 '진로'도 참여한 사실을 알 수 있었다. 참여방식 역시 소극적 참여가 아닌 적극적인 참여를 통해 스폰서기업들의 홍보기능을 수행할 수 있도록 프로그램과 밀착한 형태로 운영되고 있다. 각각의 얼음조각마다 기업협찬간판이 명기되어 있으며 별도의 기업협찬 안내판을 축제장 내에 배치하여 기업들

한국의 대표주류 중 하나인 '진로'가 참여한 모습

의 참여를 유도하고 있다.

7) 다양한 이벤트와의 마케팅믹스를 통한 성공전략

삿포로 눈축제가 지금과 같이 성공하기까지는 축제 내의 전략뿐만 아니라 축제 외에 다른 메가이벤트나 타 축제와의 연계를 통한 홍보마케팅효과의 극대화전략을 시도했음을 알 수 있다. 1972년에 개최된 삿포로 동계올림픽이 이를 잘 설명해 주는 사례라 할 수 있다. 당시 개최된 눈축제의 주제 역시 동계올림픽을 고려해 '삿포로에 오신 것을 환영합니다'로 정하여 추진하였다. 특히 당시 눈조각상 중 '걸리버, 삿포로에 오신 것을 환영합니다'의 경우 5톤 트럭 1,300대분에 달하는 25m의 대설상을 제작하여 관객들을 압도하였으며 동계올림픽의 TV중계 때 이 대설상이 소개되어 삿포로 눈축제가 세계의 주목을 끄는 계기를 마련하게 되었다.

그 외에도 1986년 제1회 동계아시안게임, 1990년 제2회 동계아시안게임

이 연이어 삿포로에서 개최되면서 축제의 명성을 더욱 높이게 되었다.

2012년 제63회 삿포로 눈축제의 경우 현재 삿포로 눈축제와 함께 지속적으로 상승하고 있는 대표적인 삿포로 여름축제라 할 수 있는 요사코이소란축제와 처음으로 연계한 점도 주목할 부분이라 할 수 있다. 요사코이소란축제는 매년 6월 오도리공원을 중심으로 펼쳐지는 대학생이 중심이 되는 젊은이들의 축제라고 할 수 있다. 2012년에 실시한 요사코이소란축제는 점점 명성이 높아지고 있어 이 축제를 보고 싶어하는 관광객들의 요구에 부응하기 위하여 마련한 연계행사로서 2011년 제20회 요사코이소란 축제에서 수상한 15개 팀이 삿포로문화예술관과 나토리문화홀에서 삿포로 눈축제 전야제인 5일과 폐막일인 12일의 양일에 걸쳐 펼친 유료형 프로그램으로 총 4회의 공연을 실시하였다.

자료 : 일간등축제(http://www.domatsuri.com/)

삿포로 눈축제에 참여한 요사코이소란축제 팸플릿

그 밖에도 월드컵 스키점프대회, 미야사마국제스키대회 등 다양한 국제 행사와의 접목을 통해 직간접적인 홍보효과를 거두고 있다. 이러한 다양한 이벤트들과의 연계로 삿포로 눈축제가 국제적인 축제로 발돋움함에 따라 이에 자극을 받은 주변지역에서도 아사이카와, 오타루 등 유명한 겨울 축제를 탄생시키는 계기를 마련하게 되었다고 볼 수 있다.

8) 대내외적 이슈반영을 통한 국제화전략

삿포로 눈축제의 전략 중 하나는 대내외적인 이슈반영을 통한 국제화전략을 들 수 있다. 이는 축제 마케팅차원에서 관심을 유도하고 공감대 형성과 감동을 준다는 차원에서 국제적인 노출을 통한 세계적인 축제로의 발전과 함께 국내 · 외 방문객들에게 매우 효과적으로 접근할 수 있는 계기를 마련했다고 할 수 있다.

2012년 제63회 삿포로 눈축제의 경우 2011년 일본 대지진의 여파로 일어난 후쿠시마 원전사고로 아파하고 있는 후쿠시마에 힘을 실어준다는 차원에서 오도리공원 제8구역을 중심으로 대설상인 후쿠시마의 상징이라 할 수 있는 '아이즈 쓰루가성'을 제작함과 동시에 후쿠시마현을 위한 후쿠시마관광기념품점을 제공함으로써 감동의 스토리를 담아내었다. 또한 일본과 인도의 국교수립 60주년을 기념하기 위해 인도의 세계문화유산인 타지마할설상을 제작함으로써 국제화를 시도하였다.

7번가 HBC인도광장의 대형 눈조각상 '타지마할'

8번가 눈의 HTB광장의 대형 눈조각상 '아이즈 쓰루가성'

근래 들어 대만 관광객들의 방문이 증가하는 추세와 함께 2011년 해외미술품 공개촉진법이 국회를 통과함으로써 향후 고궁박물관전을 통해 일본과 대만의 교류촉진을 위해 제5구역을 중심으로 하여 대설상 '대만 고궁박물관'을 제작하였다. 특히 2012년의 경우에는 북해도의 정치적 이슈를 반영하여 오도리공원 행사장 중심부에 고속철도와 해저터널 등을 유치하기 위해 여론을 수렴할 수 있는 서명공간을 마련하여 외지관광객들이 참여하게 함으로써 글로벌 여론을 통한 북해도의 이슈를 반영하였다.

그 외 일본에서 큰 인기를 끌고 있는 애니메이션인 '토리코'와 '원피스'도 대설상의 주제로 선정하여 해당 애니메이션의 주요 캐릭터를 제작하여 배치하였으며 제5구역의 경우에는 대만 고궁박물관과 함께 도쿄 디즈니랜드와의 협력을 통해 디즈니사의 오피셜 스폰서인 다아이이생명보험주식회사의 지원을 통해 디즈니의 주요 캐릭터이며 디즈니랜드의 대표적 마스코트라 할 수 있는 미키마우스를 주제로 한 대설상을 제작하였다. 4번

북해도와 관련된 여론수렴 서명공간

구역의 경우에도 '눈의 수족관 ~바다로부터의 선물'을 제작하여 해양자원에 대한 중요성과 보전을 인식시킬 수 있도록 구성하였다.

9) 어린이를 동반한 가족시장에 대한 배려

삿포로 눈축제의 또 하나의 특징은 어린이를 동반한 가족시장에 대한 배려가 행사장 곳곳에 스며들어 있다는 것이다. 단순히 눈조각상만을 중심으로 구성하기보다는 어린이들이 즐거워할 수 있는 엔터테인먼트적 요소와 교육적 효과, 좋아하는 캐릭터 등을 축제를 통해 담아내고 있다.

오도리공원의 경우 제2구역은 동북지방의 초등학생들을 대상으로 대형 눈조각상의 디자인을 공모하여 초등학생이 생각하는 이미지를 구현함으로써 '동물들의 꿈의 성'이라는 테마로 대설상을 제작하였으며 그 외 구역에도 디즈니캐릭터, 삿포로 지역에 거주하는 어린이들의 아이디어에서 탄생한 캐릭터, 일본의 인기 애니메이션 캐릭터 등을 주제로 한 설상을 제작

자료 : Hatena Fotolife(http://f.hatena.ne.jp/shibakashi05) (좌) http://minkara.carview.co.jp (우)

2번가 대형 얼음조각상 '동물들의 꿈의 성'(좌)

10번가 대형 눈조각상 '드림9 토리코×원피스'(우)

하여 배치함으로써 어린이들도 눈조각상에 관심을 가질 수 있도록 구성하였다. 또한 행사장 내에 눈으로 만든 슬라이딩도 함께 구성하여 즐길거리를 제공하였다. 미니기차를 타고 한 바퀴를 돌아볼 수 있는 공간도 조성하여 어린이들을 배려한 프로그램도 구성되어 있다.

특히 지역의 스포츠교류시설이자 커뮤니티돔인 쓰도무행사장의 경우 어린이를 동반한 가족방문객을 위한 전용구역으로 어린이부터 어른까지 즐길 수 있는 장소, 홋카이도 특유의 체험을 할 수 있는 장소, 시민과 관광객이 교류하는 장소, 홋카이도에서만 맛볼 수 있는 음식을 즐길 수 있는 장소라는 콘셉트로 다양한 눈조각상 전시 및 체험프로그램 등을 제공하고 있다.

프로그램은 옥외와 옥내 공간으로 구분하여 배치시켰으며, 옥외공간의 경우 눈과 얼음의 미끄럼틀, 스노래프트, 대나무스키, 눈 결정 관찰 등 옥외이기 때문에 즐길 수 있는 겨울철 놀이들로 구성하였으며, 옥내의 경우 날씨와 상관없이 즐길 수 있는 스테이지이벤트, 참가형 이벤트 등으로 구성하고 있다.

〈표 4-2〉 쓰도무행사장 프로그램

프로그램	내 용	비용
튜브슬라이더	어린이부터 어른까지, 튜브를 이용하여 높이 약 10m, 길이 약 100m의 눈미끄럼틀(5코스, 4세 이상)	무료
얼음미끄럼틀	높이 약 5m, 길이 12m의 미끄럼틀(4코스, 연령제한 없음)	무료
와쿠와쿠 슬라이더	썰매를 타고 높이 약 8m, 길이 약 50m의 슬라이더(4코스, 4세 이상)뿐만 아니라, 홋카이도 특유의 쌀포대를 사용하여 높이 약 4m, 길이 약 20m의 미끄럼틀 신규 마련	무료
스노래프트	래프팅보트를 스노모빌로 끌면서 설원을 질주하는 프로그램(대인 500엔, 초등학생 이하 300엔)	유료
와쿠와쿠 탓피랜드	어린이들이 즐길 수 있는 눈 놀이터(히가시쿠눈축제웰컴협의회)	무료
대나무스키	초등학생 이하 대상, 11일과 12일은 무료 제작체험 실시	무료
눈사람공화국	눈사람설상 앞에서 눈사람 만들기 코너와 눈 놀이장 운영	무료
눈 결정 관찰	현장에서 확대경을 사용하여 내리는 눈의 결정을 관찰하는 프로그램	무료
사랑의 눈사람	눈사람 모양의 거푸집에 눈을 채워 발송하는 프로그램	유료
미니신칸센 체험	미니신칸센 체험프로그램(200엔)	유료
공중체험, 헬기	지상 8m까지 크레인으로 상승하는 공중 체험프로그램(600엔)	유료

자료 : 삿포로 눈축제 공식사이트(http://www.snowfes.com)

스스키노행사장의 경우에도 얼음으로 만든 소형 자동차조각 등을 배치하여 어린이들이 얼음자동차를 타볼 수 있는 기회를 제공하는 등 아이들이 좋아할 수 있는 공간을 조성하였다.

쓰도무행사장에 위치한 '영화 도라에몬 노비타와 기적의 섬' 공개기념 어드벤처 튜브슬라이더(좌)

스스키노행사장의 얼음자동차 조각상(우)

자료 : http://www.blog816.com/miyanosawa (좌)

10) 지역특산품의 창조적 노출 : 스스키노 얼음제전

지역특산품과 함께 얼음으로 조각한 스스키노행사장의 얼음조각상

앞서 말했듯이 삿포로 눈축제에는 많은 기업들의 협찬이 이루어지고 있다. 그중 스스키노행사장은 협찬기업뿐만 아니라 지역의 특산품을 노출하는 데 있어 프로그램과 매우 밀접하면서도 창조적인 방식으로 운영하는 점이 특이하다고 할 수 있다.

스스키노 얼음제전은 삿포로 눈축제의 협력행사로서 1981년에 처음 개최되었으며 1983년에 공식적으로 눈축제행사장으로 지정되면서 크게 성장한 케이스라 할 수 있다. 스스키노행사장의 가장 큰 특징은 눈보다는 얼음을 주제로 한 조각상들이 배치된다는 점이다. 이때 사용되는 얼음조각은 사각얼음을 연결하여 붙이는 방식으로 제작되는데 얼음블록 1개의 무게가 약 120킬로그램으로 100여 기의 얼음조각상이 만들어진다. 이는 총 2,500개의 얼음블록으로 300톤 이상의 얼음이 사용되며 이 양은 글라스 200만 잔에 해당하는 양이다. 스스키노 얼음제전에 필요한 얼음조각상은 3일에 걸쳐 서양요리를 직업으로 하는 사수사협회나 홋카이도얼음조각회 소속의 조리사 약 200여 명이 연일 철야작업을 통해 완성한다. 작업은 영하 10도 이하에서 실시하며 만일 기온이 오르면 드라이아이스를 사용하여 얼음을 차게 한 후에 양각한다.

하지만 스스키노행사장의 얼음조각상들은 타 도시나 타 국가에서는 볼 수 없는 특이한 점이 있다. 그것은 바로 얼음 속에 무엇인가를 삽입하여 조각상을 제작한다는 점이다. 특히 얼음 속에 넣는 소재에 있어 지역의 특산품이나 협찬기업, 지역업체들의 홍보기능을 수행할 수 있도록 관련 상품들을 집어넣는다는 점에서 매우 창조적인 사례라 할 수 있다. 이는 단순히 스폰서 기업이나 축제방문객들에게 홍보하고 싶은 부분을 간판이나 팸플릿, 상품부스 등을 통하지 않고 얼음 속에 대상을 넣어서 접근한 창조적인 방식으로 이를 통해 참여를 유도했다는 것이다.

단순한 얼음조각에 그치는 것이 아니라 홋카이도의 특산물인 연어, 털게, 오징어 등을 원형 그대로 넣어 얼린 얼음을 활용하여 조각상을 제작함으로써 자연스러운 노출이 가능한 것이다. 한국의 대표적 주류회사인 '진로'도 얼음 속에 들어 있을 정도이다.

또한 스스키노행사장의 경우 축제기간 동안 차량이 이동하는 도로를 막아 행사를 진행하고 있으며 이 도로의 양편에는 다양한 음식점들이 즐비하게 늘어서 있어 방문객들의 유입을 유도한다.

축제 협찬사상품이 들어간 얼음조각상

Case Study 특산품 노출 프로그램의 국내 축제 사례

서천한산모시문화제 길쌈시연

국내의 경우에서도 지역의 특산물을 노출시키는 효과적인 프로그램 운영사례로 서천군의 한산모시문화제를 들 수 있다. 한산모시문화제에서 실시한 길쌈시연 프로그램의 경우 2009년 축제와는 별개로 서천지역의 노인 일자리 창출사업의 일환으로 진행하였던 모시째기, 삼기프로그램을 활용하여 축제장내에서 일부 보여주었던 부분을 2010년에 확대, 강화하여 펼침으로써 방문객들에게 큰 호응을 얻어 서천이 모시의 고장이라는 점을 부각시키고 색다른 볼거리를 제공한 사례라 할 수 있다.

2009년 처음 시도하였던 길쌈시연의 경우 축제장의 외진구역 내에 일렬로 평상을 배치하여 시연토록 하였는데 눈에 잘 띄지 않았음에도 불구하고 방문객들의 관심을 끌었다는 점에 착안하여 2010년 확대한 것으로 시연장소를 축제장 내에 설치되어 있던 상설무대에서 진행하도록 조정하고 인원도 확대하여 배치하였다. 이를 통해 축제장의 배치구성상 활용하기 어려웠던 무대의 활용도를 높일 수 있었으며 방문객들의 눈에 잘 띄는 위치에서 시연함으로써 보다 효과적인 프로그램으로 변화하였다. 또한 시연하였던 상설무대의 경우에도 전통적인 이미지를 높이기 위하여 기본무대를 그대로 활용하지 않고 전통적인 디자인이 삽입된 환경장식을 실시하여 프로그램의 주제를 반영하였으며, 관광객들이 쉽게 집해볼 수 없었던 모시를 째고 삼는 모습을 볼 수 있는 기회제공과 50여 명의 지역노인들이 참여하여 동시에 시연을 보여줌으로써 일반 방문객들뿐만 아니라 사진애호가들에게도 큰 호응을 얻을 수 있었다. 특히 방문객들의 반응이 높아지자 길쌈시연에 참여하였던 지역노인들이 계획상으로는 오전, 오후로 나누어 50명씩 교대로 시연하도록 구성되었으나 100명의 노인들이 모두 오전부터 나오는 광경이 펼쳐져 무대뿐만 아니라 무대 주변의 정자와 부스까지 시연장소로 바뀌는 에피소드를 낳기도 하였다.

11) 국제눈조각경연대회

국제눈조각상콩쿠르는 1972년 삿포로 동계올림픽 개최로 삿포로 눈축제가 전 세계에 널리 알려진 후인 1974년에 대회를 개최하였다. 오도리 2번가에서 개최된 제1회 국제눈조각상콩쿠르는 캐나다, 프랑스, 한국, 베트남, 미국, 일본 등 총 6개국에서 참여한 이래 참여국가의 수가 증가하여, 제25회 국제눈조각상콩쿠르에는 총 20개국에서 80명의 선수로 역대 가장 많은 국가가 참여하였다. 2012년 제63회 삿포로 눈축제에는 한국, 미국, 뉴질랜드, 칠레 등 총 16개국에서 참여하였으며 지금까지 아시아 14개국, 유럽 11개국, 북아메리카 7개국, 남아메리카 2개국, 오세아니아 3개국으로 총 37개국에서 눈조각상팀이 참가하였다. 주로 눈을 볼 수 없는 인도네시아, 인도 등 동남아시아국가 등에서 많이 참여한다는 점도 특이하다고 할 수 있다.

국제눈조각경연대회에 참가하려면 개인적인 참가는 불가능하며 대사관 및 이에 준하는 공공기관에서 파견을 인정받은 팀에 한하여 참여할 수 있도록 되어 있으며 4~5년 전부터는 전년도에 참가했던 팀에게 10월경 초대장을 보내서 다음해에도 참가하려는 의지가 있는지 확인하고 만약 참가할 수 없을 때는 대사관 또는 거기에 준하는 공적인 기관을 통하여 모집하며,

눈조각상을 제작하는 국제눈조각상경연대회 참가팀

눈조각상 제작에 제공되는 도구

실행위원회에서 선택하는 방식을 취하고 있다. 또한 국가별로 한 팀밖에 참가할 수 없으며 인원은 리더 1인과 멤버 2인으로 구성하도록 제한하고 있다. 호텔 숙박비는 눈축제 실행위원회가 부담하고 항공요금은 참가팀 자체적으로 해결하도록 하고 있다. 참가팀은 제작하기 전날 일본을 방문해 팀 미팅, 환영회에 참가하며 3~4일간 제작하면 5일째에 예술가 7명, 실행위원 3명 등 10명으로 구성된 심사위원들이 심사를 하여 수상 팀을 정한 다음 시상을 한다. 순위는 1위부터 5위까지 선출되고, 심사위원 특별상도 수여하고 있다.

참가팀들이 눈조각상의 테마를 설정하는 데 있어 정치 또는 종교적인 것은 배제하며, 이를 위해 사전에 제작물의 제목, 문구 및 스케치를 실행위원회에 제출하도록 하고 있다.

눈조각상에 사용되는 눈은 높이 3m, 넓이 3m의 사각 스노블록과 함께, 작업에 사용되는 삽 · 양동이 · 장갑 · 도끼 · 사다리 등의 도구도 제공한다.

정해진 시간 내에 작업을 완료해야 하며, 비회원의 참여 및 디자인 변화 등은 금지한다.

12) 축제조직과 자원봉사자

삿포로 눈축제의 주최는 삿포로시, 삿포로관광협회, 상공회의소, 교육위원회이며, 삿포로 눈축제 실행위원회가 주관하고 있으며 실행위원회는 눈축제사업에 관한 기본계획을 세우고, 행사의 원활한 실시 및 관련 행사의 연락 및 조정의 역할을 수행하는 단체로 약 100명으로 구성되어 있다. 또한 삿포로시 공무원, 호텔, 항공, JR, 매스컴, 삿포로관광협회 등에 속한 인원들로 구성되어, 각 주최단체로부터 무상으로 실행위원회에 참가하고 있으며 전근 등으로 참여하지 못하는 인원이 발생할 경우 대체인력을 선발하여 실행위원회를 구성한다.

실행위원회는 전반적인 사무를 처리하는 사무국과 함께 각 분야별로 9개의 전문위원회로 구성되어 있다. 전문위원회는 전체적인 위원회의 관리와 실시계획을 입안하는 총무위원회와 자금 및 예산관리를 담당하는 재무위원회, 축제홍보 및 관련행사를 전담하고 눈축제의 전체 기획을 담당하는 홍보선전위원회, 행사계획실시 및 협찬행사를 맡고 있는 사업위원회, 교통 / 위문사업 등을 담당하는 서비스위원회, 행사장 관리운영, 관광객서비스, 시민협력 등을 맡고 있는 행사장위원회, 눈조각상을 담당하는 눈조각상위원회, 개회식 등 공식행사를 담당하는 행사진행위원회, 국제눈조각경연대회를 담당하는 국제눈조각상위원회로 구성되어 있다.

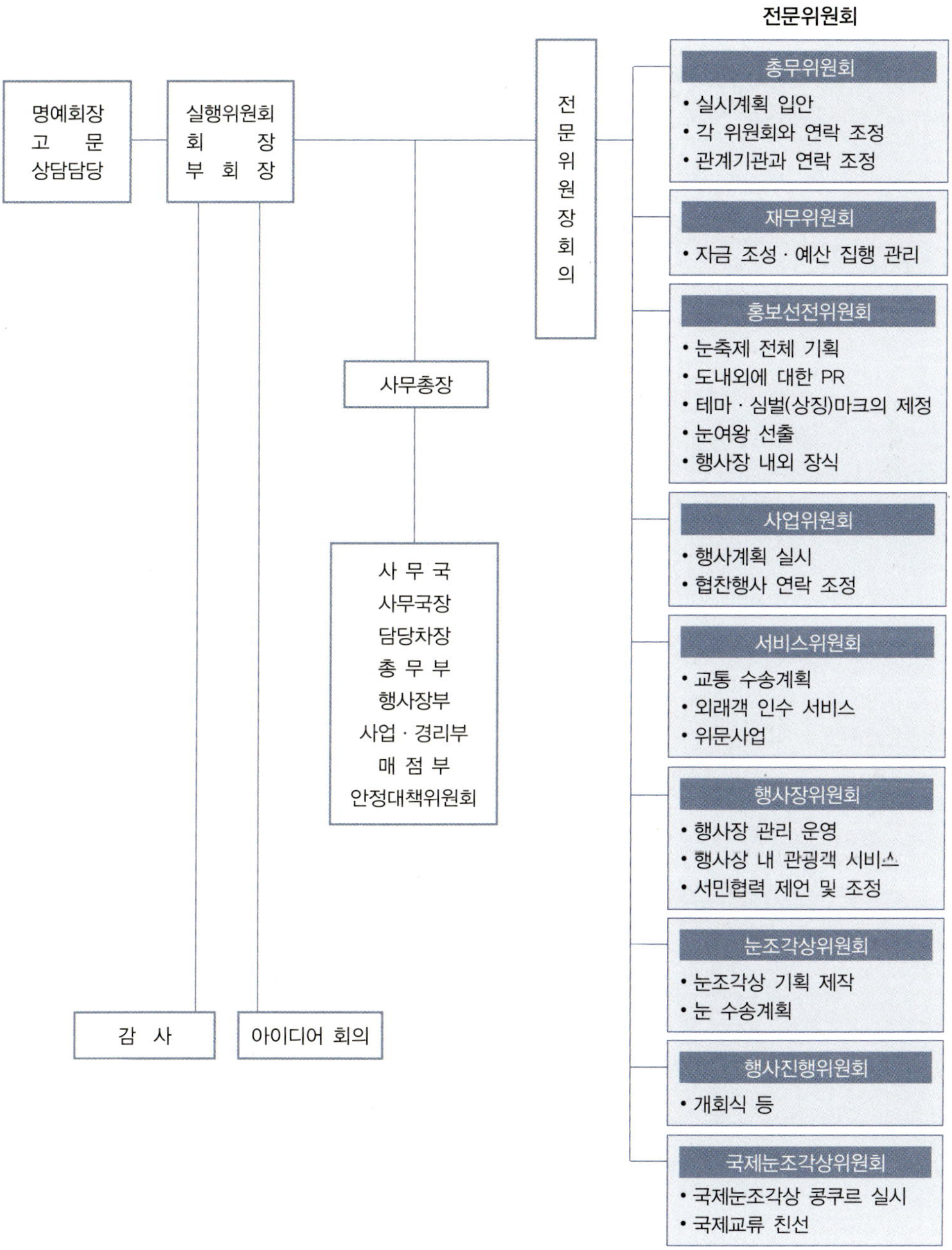

[그림 4-2] 삿포로 눈축제 실행위원회 조직도

삿포로 눈축제는 인터넷 등으로 모집한 자원봉사자와 지역 내 자원봉사 단체 등을 통해 자원봉사자를 운영하고 있다. 국내의 경우 자원봉사자들에게 식비, 교통비, 유니폼 등을 제공하고 일부에서는 일비조로 별도의 금액을 제공하지만 삿포로 눈축제의 경우에는 자원봉사의 의미에 맞게 교통비는 물론 복장도 제공하지 않고 다만 자원봉사자보험에만 가입해 주고 있다.

지역의 단체가 맡고 있는 자원봉사영역은 오도리행사장에 안내소를 설치해 '삿포로시 관광 자원봉사'의 등록자 가운데 총 120명이 행사장 안내나 시내 안내를 실시하고 있으며, 삿포로 국제 플라자의 '어학자원봉사' 등록자 가운데 총 126명이 외국인객을 행사장으로 안내하고 있다. 사회복지 자원봉사는 오도리행사장의 경우 자원봉사 '손과 손'이란 서클 회원 약 100명이 행사기간 중에 봉사하고 있다.

인터넷을 통한 자원봉사자는 총 410명 정도로 활동내역과 기간은 다음과 같다.

〈표 4-3〉 대설상 제작 자원봉사자

활동내역	오도리공원 서 1번가 및 서 10번가의 대설상 제작
활동기간	오전부(오전 09시~정오), 오후부(정오~오후 05시), 야간부(오후 6~8시)
모집대상	16세 이상(야간부는 20세 이상)으로 기간 중 2회 이상 참여 가능한 자 외국인은 일반 회화 가능하며, 일본에 주소가 있는 자
모집인원	200명
교육시간	첫 참여한 자에 한하여 도구 사용 등에 관한 교육 1회 진행

자료 : 삿포로 눈축제 공식사이트(http://www.snowfes.com)

〈표 4-4〉 추첨회 자원봉사자

활동내역	시민 눈조각상 제작 그룹 추첨회
모집대상	16세 이상
모집인원	20명

〈표 4-5〉 도구대여 자원봉사자

활동내역	오도리공원의 시민 눈조각상 제작 그룹에 도구 대여 및 회장 관리
활동기간	오전부(오전 9시 45분~오후 1시), 오후부(오후 1~6시), 야간부(오후 6~10시)
모집대상	16세 이상(야간부는 20세 이상)
모집인원	40명

〈표 4-6〉 회장 관리·미아보호 자원봉사자

활동내역	오도리공원에서 회장관리 안내 및 미아 대응 실시 미아 대응: 회장 내에 설치된 미아센터 내에서 미아 호출업무 수행 회장 내 관리 및 안내: 회장 안을 그룹별로 관리하고 회장 안내 및 기념촬영을 도움
활동기간	오전부(오전 9시~오후 1시), 오후부(오후 1~6시), 야간부(오후 6~10시)
모집대상	16세 이상(야간부는 20세 이상)으로 기간 중 2회 이상 참여 가능한 자
모집인원	100명

〈표 4-7〉 회장 안내 자원봉사자

활동내역	눈축제 쓰도무회장에서 회장 안내 실시
활동기간	오전부(오전 9시~오후 1시), 오후부(오후 1~5시)
모집대상	16세 이상으로 기간 중 2회 이상 참여 가능한 자
모집인원	50명

V

캐나다 퀘벡 윈터카니발

1. 캐나다 퀘벡

아메리카 인디언 부족의 하나인 알곤킨족의 언어로 'Kebec'은 '강이 좁아지는 곳'을 의미한다. 오늘날 퀘벡은 이름 그대로 길이 1,200km에 이르는 세인트로렌스강의 폭이 1km 정도로 좁아지는 곳에 자리 잡고 있다.

1840년 캐나다 주정부가 들어선 후 1867년 오타와(Ottawa)가 캐나다 수도로 정해졌고, 이때 퀘벡이 캐나다에 속하면서 오늘에 이르게 되었다.

캐나다 퀘벡

자료 : maps.com

퀘벡은 북위 46도에 위치한 도시답게 연간 100일 동안 3m의 눈이 내리며, 연간 30일 이상 평균기온이 영하 20℃ 이하이다. 특히 연간 175일은 영하의 기온을 유지할 정도의 추운 곳으로 2008년에는 558cm의 눈이 내린 기록을 갖고 있다. 이처럼 겨울이 되면 퀘벡은 눈의 나라로 탈바꿈한다. 관광객들에게는 눈이 낭만적인 요소로 다가갈 수 있으나 퀘벡에 사는 사람들에게는 불편한 것일지도 모른다. 그러나 퀘벡사람들은 겨울을 즐길 줄 아는 지혜를 키워왔고 이 중 하나가 바로 퀘벡의 윈터카니발이라고 할 수 있다.

2월 첫 주에 열리는 퀘벡 윈터카니발은 긴 겨울철을 즐겁게 보내기 위해 1950년대부터 시작되었다. 빨간색 체크무늬가 있는 천을 허리에 두른 눈사람 모양의 본옴(Bonhomme)이 마스코트로 사용되며, 축제기간 중 시내 도처에서 이 모습을 볼 수 있다. 본옴은 매년 다른 모습을 선보이며, 겨울 카니발기간에는 축제 본부로 사용되는 얼음궁전이 만들어지고, 국제 얼음조각전도 열린다.

2. 캐나다 퀘벡 윈터카니발의 시작

캐나다 퀘벡에서 개최되는 윈터카니발은 축제의 오랜 역사를 바탕으로 한 전통적인 프로그램의 유지와 해마다 새로운 프로그램을 개발하고 대중적인 프로그램을 강조하면서 발전하여 왔으며 캐나다 중심의 시각에 의하면 오늘날 전 세계에서 가장 큰 겨울축제이고 세계의 카니발 가운데 브라질의 리우카니발, 미국의 뉴올리언스 카니발과 함께 3위로 랭크되어 있다.

윈터카니발은 1894년 세계의 눈수도(Capital of Snow)인 퀘벡(Quebec)에서 시작되었다. 프랑스 식민지가 시작된 이래로 새로운 프랑스의 거주자들은 결혼이나 축하할 일이 있을 때 함께 모여 즐기는 시끄러운 전통이 있었는데 이 전통을 카니발이라 부르기 시작했고, 이것이 장차 지루한 혹한의 겨울에 마음을 따뜻하게 해줄 수 있는 겨울축제로 발전하였다.

카니발은 두 번의 세계전쟁과 1929년의 경제공황시기에는 개최되지 못하다가 1954년에 다시 개최되기 시작했으며, 1955년에 축제를 통해 침체되어 있는 겨울의 경기활성화를 기대한 비즈니스맨들에 의해 대규모로 활성화되기 시작하였다. 이로써 공식적인 퀘벡 윈터카니발은 1955년에 시작되었다. 카니발은 퀘벡시민 누구나 인정하는 지역 대표축제로 커져갔고 관광객들을 퀘벡지역으로 끌어들이는 중요한 매개체가 되었으며, 도시의 경제활성화 요인으로 성장하였다.

2005년에는 17일간(2006년 1월 27일~2월 12일)의 주말에 집중한 행사기간 동안 백만 명 이상이 방문하고 2004년의 연구결과에 따르면 관광객들이 지역호텔과 지역식당, 상품구입 등의 소비로 인한 경제파급효과가 34백만 달러에 이르는 국제적으로도 인정받는 비중 있는 관광축제로 성장하였다. 또한 2005년에는 큰 영예라 할 수 있는 퀘벡 관광의 그랑프리 2005(Gala des Grands prix de tourisme quebecois 2005)에서 축제와 관광이벤트 부분에서 최고로 선정되어 50만 달러 이상의 운영상금을 받아 경쟁력 있는 관광상품임을 재증명하였다.

2005년에 윈터카니발은 다양한 프로그램에 '열정(Fire)'라는 주제를 부여하여 중요한 전환점을 맞았다. 2006년에는 전반적으로 다른 '놀라움(Surprise)'이라는 주제와 'The Carnival will surprise you'라는 슬로건으로 윈터카니발을 찾는 관광객들에게 놀라움을 선사하는 다양한 프로그램을 선보였다.

그러면 이러한 퀘벡 윈터카니발에서 국내 지역축제들의 발전을 위해 참고하고 수용 검토할 수 있는 벤치마킹(Benchmarking) 포인트를 알아보기로 하자.

3. 캐나다 퀘벡 윈터카니발의 성공전략

1) 축제마스코트 '본옴(Bonhomme)'의 활용 극대화

캐나다 겨울축제 벤치마킹에서 국내 지역축제와의 현저한 차이는 축제마스코트가 그들의 축제에서 차지하는 비중과 역할, 마케팅전략에서 뚜렷하게 나타나는 것 같다. 그중에서 축제마스코트의 성공개발사례는 오랜 시간의 노력으로 효과를 극대화한 퀘벡 윈터카니발 사례라고 할 수 있다.

윈터카니발의 상징이자 실제로 큰 역할을 하는 축제마스코트 '본옴(Bonhomme)'

자료 : Carnaval de Quebec

퀘벡 윈터카니발의 마스코트인 본옴은 축제가 본격적으로 활성화되기 시작한 1954년에 콘셉트화되었으며, 1955년 이래로 윈터카니발의 마스코트로 활용하기 시작하였다. 눈사람의 형상을 한 본옴은 불어로 '좋은 사람'이라는 뜻이며, 캐나다의 전통성을 반영한 허리띠를 착용하여 지역의 역사성과 전통성을 반영하였다. 카니발은 오래된 민속전통인 허리띠(Arrowhead sash)에 새로운 생명을 불어넣었다. 이 허리띠는 과거의 전통과 시대의 요구에 의존하여 많이 사용되어 왔다. 허리띠는 외부의 바람을 막고 등을 보호하기 위해 착용하여 왔으며, 카니발이 시작된 이래로 이것은 카니발의 안녕기원과 밀접하게 관련되어 왔다. 윈터카니발 마니아들은 이 허리띠를 착용하고 있으며 축제의 마스코트인 본옴도 착용함으로써 축제의 전통성을 상징하고 있다.

윈터카니발의 마스코트인 본옴은 축제에서 매우 상징적인 의미를 지니고 있고 축제에서 차지하는 역할의 비중도 매우 크다고 할 수 있다. 윈터루드의 마스코트인 아이스호그패밀리가 시장으로부터 축제의 열쇠를 건네받으면서 축제가 시작된 것처럼 윈터카니발도 본옴이 퀘벡 시장으로부터 축제의 통치권을 상징하는 열쇠를 건네받고 얼음궁전을 지휘하는 시장대리인으로서의 역할을 수행하게 되며 이때부터 본격적으로 축제가 시작된다.

이러한 점은 한국의 지역축제에 있어 개막식에 대한 아이디어를 제시하는 측면에서 시사하는 바가 크다. 지자체단체장들의 축사, 치사로 일관되는 딱딱한 분위기의 개막식보다는 마스코트를 개막식에 강조하여 단체장과 함께 부드럽고 즐거운 개막식 분위기를 유발했다는 장점을 갖게 된다.

윈터카니발의 마스코트인 본옴은 팸플릿, 축제기념품, 홈페이지 등에 다양하게 활용되고 있으며, 국내 · 외적으로 축제의 홍보대사로서의 역할을 수행하고 있다. 재미있는 것은 본옴의 동작이 매우 다양하다는 점이다. 물구나무를 선 모습, 점프하는 모습, 낙하산을 탄 모습, 윙크하는 모습 등으로 매우 다양하다. 이렇게 다양한 모습으로 축제 팸플릿, 인터넷, 기념품 등에 활용하여 매우 활동적이고 발랄한 이미지를 주고 있으며 단순한 축제캐릭터가 아닌 다이내믹(dynamic)하고 의인화된 살아 있는 캐릭터로 느끼게 한다는 점이다.

다양한 동작으로 디자인되어 정적인 한계성을 벗어나 활동적이고 흥미를 유발하는 본옴 캐릭터

축제현장에서의 본옴 캐릭터 역시 매우 활발하게 움직인다. 방문객들과 어울리며 춤도 추고 노래도 하고 말도 한다. 이러한 본옴은 다양한 본옴 노래를 가지고 있다. 윈터카니발의 공식사이트(http://www.carnaval.qc.ca)에 가면 14곡의 본옴 노래가사와 본옴 노래를 직접 들을 수 있다. 축제현장 곳곳에서 다양한 본옴 노래를 접할 수 있으며 경쾌한 곡조로 축제의 흥을 돋운다.

다양한 프로그램에 참여해서 축제의 흥을 돋우는 본옴

이번 벤치마킹투어에서는 윈터카니발의 홍보팀장인 실뱅 가녜(Sylvain Gagne)와 인터뷰하는 시간이 있었는데 마스코트 본옴을 신비화하려는 노력을 간파할 수 있었다. 인터뷰에서 축제담당자에게 "본옴 캐릭터 안에 사람이 들어 있습니까?"라는 질문에 "아니오!"라고 대답했으며 또한 "그럼 기계로 움직입니까?"라고 물었더니 또 웃으면서 "아니오!"라고 대답했다. 캐릭터가 어떻게 움직이고 말하는지에 대한 궁금증만 더하게 하는 화제성 유발노력이 있었다. 이것은 곧 축제조직에서도 본옴을 매우 신비적인 윈터카니발만의 마스코트로 이미지메이킹하고 있는 것이다. 이러한 신비로운 미스터리의 본옴이 캐나다 및 브라질, 유럽, 일본, 중국, 쿠바 등 전 세계를 방문하며 윈터카니발에 대한 홍보를 한다. 현재까지 전 세계의 많은 나라 가운데 대한민국을 포함한 9개국을 제외한 대부분의 국가를 방문하여 국제홍보를 하였으며, 본옴이 모든 행사에 참여하여 직접 인터뷰를 하며 축제를 홍보하고 있다.

오타와 윈터루드의 아이스호그패밀리도 국내의 캐릭터보다 대중화되고 활동적인 모습으로 축제에서 다양한 활용도를 보여줬지만 캐릭터가 직접 말을 하지는 못했다. 하지만 본옴의 경우 직접 말을 하고 다양한 동작을 취할 수 있는 캐릭터 복장으로 윈터카니발의 실질적인 마스코트로 사랑받고 있다. 실제로 캐나다인들을 대상으로 본옴에 대한 인지도를 조사한 결과 인지도가 61%로 분석되어 과반수 이상의 방문객들이 축제의 마스코트를 인지하고 있는 것으로 분석되었다. 이러한 윈터카니발의 마스코트인 본옴은 다양한 축제상품의 메인디자인으로 활용된다. 본옴을 활용한 컵, 열쇠고리 등의 기념품, 목도리, 모자, 티셔츠 등의 의류제품, 아이들을 위한 동화책, 퍼즐놀이 등 다양한 축제상품에 활용되고 있다. 특히 자체적으로 캐릭터상품 홈페이지(http://boutique.carnaval.qu.ca)를 운영하여 40여 종의 연중 캐릭터상품을 판매하고 있다. 대체로 실용적인 상품이 많으며, 빨간색과 흰색으로 상품에 통일감을 주고 있다. 최근에는 친환경상품을 개발하기 위해 고심 중이며, 주요 타깃인 온가족이 즐길 수 있는 상품을 구성하기 위해 노력하고 있다.

본옴을 메인디자인으로 삽입한 윈터카니발 축제상품들

봉제인형

퍼즐

컵

모자

열쇠고리

작은 어깨가방

자료 : http://boutique.carnaval.qu.ca

윈터카니발에는 본옴 외에도 크눅(Knuk)이라 불리는 캐릭터가 있다. 크눅은 윈터카니발에 방문하여 본옴을 위한 기사로서의 역할을 수행한다. 또한 크눅은 윈터카니발에 오게 된 배경에 대한 스토리를 가지고 있다. 어릿광대와 같은 모습을 한 크눅이 본옴과 함께 주변에서 방문객들에게 즐거움을 선사한다.

TIP 본옴과 크눅의 스토리

The adventure of the Knuks at the Quebec Carnival began with the passage of Bonhomme in the Nordic counties. Bonhomme met this joyful tribe during the Night of the Ice. Their friendship was born when Bonhomme helped them to combat their enemy, the Grrounchs. Bonhomme enabled the signing of a peace treaty between both clans was signed in a block of ice. Since then, each year the Knuks have left behind their little village in the Arctic Circle to join Bonhomme and the carnival-goers in their festivities. The jovial spirits and playful antics of the Knuks bring joy to the young and the young at heart. They are now serving as knights for Bonhomme and accompany him from celebration to celebration...

유쾌한 영혼들

퀘벡 윈터카니발에서 크눅의 모험은 본옴의 북유럽국가 여행과 함께 시작되었다. 본옴은 차가운 밤 동안에 유쾌한 부족을 만났다. 본옴과 크눅의 우정은 크눅이 그들의 적인 그론치스(Grrounchs)와 전투하는 것을 도와줬을 때 시작되었다. 본옴은 두 부족이 얼음구역에서 평화의 조약을 체결하는 것을 가능하게 했다. 그 이래로 매해 크눅들은 본옴과 축제 방문객들과 윈터카니발에 참가하기 위해 그들의 부족을 떠나왔다. 크눅의 익살맞은 광대짓과 유쾌한 영혼들은 젊은이들의 가슴에 기쁨을 가져왔다. 그들은 현재 본옴의 기사로서 축제를 축하하기 위해 봉사하고 있다.

자료 : http://www.carnaval.qc.ca

자료 : Carnaval de Quebec

윈터카니발의 크눅 (Knuk)

2) 윈터카니발의 다기능 랜드마크(Landmark)인 '본옴의 얼음성(Ice Palace)'

본옴이 통치하는 마법의 얼음성은 윈터카니발의 랜드마크(Landmark)기능을 한다. 이 성은 1955년에 처음으로 카니발과 페스티벌에 참여한 게스트들을 위해 쟈크 카르티에공원(Jacques-Cartier Square)에 건축되었다. 모두 얼음으로 만들어졌으며 지하감옥을 만들어 카니발프로그램패스권(Carnival effigy pass)을 착용하지 않은 방문객들을 잡아 가두어 놓는 이벤트도 진행했다. 1956년부터 1972년까지는 듀빌광장(Place d'Youville Square)에 있다가 1973년에 거대한 얼음성이 퀘벡의사당 앞의 현재 장소로 옮겨졌다.

1979년부터 1992년까지 본옴의 성은 눈으로 만들어졌다. 얼음성(Ice Palace)이 아닌 눈성(Snow Palace)이었다. 1993년에 다시 얼음으로 얼음성을 만들기 시작했고 현재까지 이어져 오고 있다. 특히 조명장치를 설치하여 야간에는 아름다운 불빛을 통해 새롭게 거듭나며 윈터카니발의 랜드마크(Landmark)기능을 하고 있다.

원터카니발의 개막식 이 진행되는 본옴의 얼음성

자료 : Carnaval de Quebec

약 500톤의 얼음이 얼음성을 짓기 위해 사용되는데 얼음은 몬트리올에 있는 얼음회사를 통해 공급받는다. 완성된 성의 넓이가 무려 50m이고 깊이 20m, 높이 20m의 엄청난 크기이다. 15명의 예술가들이 2달 동안 작업하는데 약 6만 5천 달러가 소요되며, 이 가운데 2만 달러의 비용은 조명과 특수효과와 같은 전자장비에 소요된다. 이러한 많은 예산이 소요되지만 이 성은 그 비용의 가치를 충분히 해내고 있다. 이 성에서 윈터카니발의 주요 프로그램이 실시되며, 윈터카니발의 통치권을 지닌 본옴의 성이라는 상징성이 있으므로 축제에서 매우 중요한 의미를 지닌다.

본옴 얼음성의 또 다른 기능은 윈터카니발의 개막식을 소화해 내는 곳이라는 점이다. 축제가 시작되기 전에 퀘벡 시장으로부터 축제의 마스코트인 본옴이 통치권을 받으면서 마법의 얼음성이 깨어난다. 개막식 당일에는 환상적인 불꽃놀이와 다양한 쇼를 볼 수 있다. 얼음성은 또한 방문객들에게 레크리에이션기능을 제공하고 있는데 얼음성 안에 이글루형태의 대형 텐트를 구성하여 주간에는 아이스카빙 시연을 실시하고 야간에는 나이트클럽을 운영함으로써 방문객들에게 즐거움을 선사한다. 매해 다른 모양의 얼음성으로 조성되어 흥미를 더하고 있으며, 야간에는 다양하고 아름다운 조명으로 방문객들의 발길을 사로잡는다.

3) 지역스토리를 근거로 한 차별화된 스포츠프로그램 운영

아이스카누레이스는 윈터카니발의 다양한 프로그램 가운데 가장 독특하게 보이는 프로그램 중 하나이다. 우리나라에서도 이색적인 프로그램으로 TV에서 자주 소개되기도 하였다. 아이스카누레이스는 축제의 생성과 함께한 지역의 전통성에 바탕을 둔 프로그램이라고 한다. 과거 퀘벡 주변의 섬에 우편배달할 때 우체부들이 얼음을 깨면서 배달한 것에서 유래하여 카누레이스를 실시하게 되었다고 한다. 일반적으로 쉽게 볼 수 있는 카누레이스가 아닌 겨울의 얼어붙은 세인트로렌스강(St. Lawrence)에서 얼음을 깨며 경기를 펼치는 스포츠프로그램 형식을 띤다는 점에서 다른 윈터카니발 프로그램과 차별화된다. 경기 중에 강의 깨진 얼음과 눈덩이가 떠내려가는 광경은 마치 관객들이 서 있는 땅이 움직이는 착각을 불러일으키는 효과를 주어 묘한 이벤트적 분위기를 고조시킨다.

윈터카니발의 이색적인 스포츠프로그램으로 각광받는 아이스카누레이스

자료 : Carnaval de Quebec

아이스카누레이스는 주말에만 실시되며 예선을 거쳐 결선프로그램을 실시한다. 현재 전 세계로부터 약 40여 팀의 용감한 사람들이 참여하고 있다. 그중에서도 8개 팀이 여성팀이라는 점을 볼 때 여성참여가 증가하고 있음을 알 수 있다.

또한 아이스카누경기대회와 함께 개썰매경기대회, 더비온더스노(Derby on the snow) 등 눈과 관련된 다양한 스포츠프로그램을 마련하여 운영하고 있다. 더비온더스노의 경우에는 별도로 VIP를 위한 공간을 마련하여 알코올이 함유된 커피 등의 음료를 제공함으로써 보다 쾌적한 공간에서 스포츠를 관람할 수 있도록 조성하였다.

이러한 스포츠프로그램의 특징은 바로 그 지역에서만 할 수 있는 대회로 구성한다는 점이다. 즉, 일반적인 카누나 마차경주대회가 아닌 눈을 접목한 스포츠프로그램으로 변형하여 운영하면서 전통을 유지하고 있다.

각 축제마다 다양한 프로그램이 실시되고 있으며, 현재 고객들의 욕구에 부응하고자 그 시대에 맞는 다양한 프로그램이 만들어지고 있는 것도 사실이다. 하지만 그 지역의 특성과 역사성을 반영한 프로그램은 꼭 필요하며 이는 다른 축제와 차별화되는 독특한 축제로 비추게 하는 매력요소로 작용하는 것이다.

이 프로그램은 호주 멜버른(Melbourne)에서 개최되는 뭄바축제(Moomba Waterfest)의 '베리스트리트 목욕통노젓기(Berry Street Bath Tub Dash)'를 연상케 한다. 이는 베리스트리트 빅토리아(Berry Street Victoria)라는 130년 전통의 어린이가정복지단체가 주관하는 축제의 '랜드마크형' 프로그램으로서 목욕통을 강에 띄워 노를 젓는 경주행사이다. 특히 유명인들도 참가하는 스포츠형 행사이면서도 지역문화적 측면과 유머적 측면을 가미한 독특한 행사이다. 우리나라에도 각 축제의 지역성과 특성을 반영한 금산인삼축제의 '인삼캐기체험', 진주남강유등축제의 '유등띄우기체험' 등의 프로그램이 있으며 다양한 프로그램 가운데 지역의 독특한 프로그램 개발을 위해 노력하고 있다.

개썰매경기대회

Case Study 지역의 스토리를 활용하여 차별화시킨 국내 사례

추억의 상품을 파는 광주 동구 추억의7080충장축제

과거 지역의 스토리를 활용하여 축제를 차별화시킨 국내 사례로 광주 동구 추억의7080충장축제를 들 수 있다. 추억의7080충장축제가 열리는 광주 동구의 충장로와 금남로는 호남지역의 경제·행정·생활·문화의 중심지로 70~80년대만 해도 대호황을 누렸으나, 주도심 기능이 약화되고 신도시 조성 등과 같은 요인 발생으로 도심공동화 현상과 함께 상가의 경기침제가 나타났다. 이에 지역을 활성화하기 위한 방안으로 2003년 필자의 「동구문화축제개발 학술연구」에서 7080충장축제를 제안하였고, 추억마케팅을 통한 지역이미지를 특화하기 위해 70~80년대를 배경으로 한 축제 프로그램을 개발하였다. 축제의 대표 프로그램이라 할 수 있는 '추억의 테마거리'는 최근 공동화가 진행되고 있는 광주극장 옆의 비좁고 지저분하고 쓰레기가 많은 오래된 건물과 집들이 있던 골목을 리모델링하여 옛 이발관과 만화방, 사진관, 다방, 하숙집 등으로 조성하여 상가간판과 외벽을 옛 모습으로 재현하고 추억의 소품들을 배치하여 차별화된 축제로 발전하여 최근 문화관광축제 우수축제로 지정되기도 하였다.

옛 모습을 차별하시킨 부산 감천문화마을골목축제

부산감천문화마을은 6·25 당시 피란민들의 거주지로 계단식 주거형태와 미로처럼 이어진 골목길 등 옛 모습을 그대로 간직하고 있는 독특한 마을이다. 감천문화마을은 이러한 경관적 자원과 감천문화마을 지역주민이 살아온 삶의 이야기와 추억을 소재로 한 콘셉트로 감천문화마을골목축제를 운영하고 있다. 축제를 통해 다수의 방문객을 지역으로 유치하고 마을만의 고유한 문화와 풍습을 재현하면서 흥미를 제공하는 것은 그 지역에서만 체험할 수 있는 특별한 경험을 파는 것이다. 예를 들자면, 기존 좁은 골목과 감천마을의 골목은 피난촌으로 형성되었던 감천마을 주민들의 삶의 터전이었고 지금은 사라졌지만 1950년대부터 60년대의 풍경은 2000년대를 사는 우리들에게 강렬한 시간여행의 느낌을 제공했던 것이다.

4) 윈터카니발의 랜드마크(Landmark)형 프로그램인 '나이트 퍼레이드(Night Parade)'

윈터카니발에서는 지역주민과 관광객들을 위한 야간프로그램이 실시된다. 특히 저녁시간을 선호하는데 이는 주간보다 야간에는 조명을 통해 다양한 부분을 연출할 수 있기 때문이라고 한다. 또한 방문객들이 야경을 매우 좋아하며 음악, 이벤트연출 등이 주간보다는 야간이 월등한 이유도 있다.

따라서 윈터카니발의 대표적인 랜드마크형 프로그램이 야간퍼레이드라고 할 수 있다. 추운 날씨에도 불구하고 주간이 아닌 야간에 퍼레이드를 개최하는 이유는 처음부터 카니발 퍼레이드를 야간에 실시하였다는 전통성의 계승과 함께 주간 퍼레이드와는 달리 빛에 대한 의존도가 높아 빛과 사운드, 음악 등이 어우러진 퍼레이드를 제공함으로써 관람객들에게 더욱 인상적으로 다가갈 수 있기 때문이다.

퍼레이드 구간은 3km 정도이며 20개의 화려한 플로트(Float)와 마칭밴드, 나팔그룹, 뮤지션, 윈터카니발의 마스코트인 본옴, 크눅, 우스꽝스러운 복장을 착용한 행렬 등이 화려하고도 흥미로운 퍼레이드 행렬을 구성한다. 퍼레이드예산도 약 42만 달러 정도를 투입하여 단일종목으로는 최다 예산이 들어가는 행사로 파악된다. 특히 다른 축제의 퍼레이드와 다른 부

윈터카니발의 나이트 퍼레이드

자료 : Carnaval de Quebec

분은 퍼레이드 행렬이 주간에 이루어지는 카누레이스 행렬 등과 같은 다양한 프로그램과 관련되게 구성하여 관람객들에게 축제프로그램을 간접적으로 홍보한다는 점이다.

퍼레이드의 끝은 윈터카니발의 마스코트인 본옴이 장식한다. 매해 본옴의 특징을 부각하기 위해 만든 스페셜 플로트를 통해 행렬의 마지막을 장식한다. 축제가 시작된 후 둘째 주 토요일과 셋째 주 토요일 저녁 7시에 시작되며 2010년 추정에 의하면 야간퍼레이드에 약 200,000명이 참여한 것으로 파악되고 있으며 둘째 주 토요일 퍼레이드에 155,000명이 참여한 것으로 추산되었다. 또한 퍼레이드가 TV로 방영되어 60만 명의 텔레비전 시청자들이 퍼레이드를 시청한다고 한다.

Case Study 야간형축제의 국내 사례

진주남강에 비친 유등의 모습을 간직한 진주남강유등축제

국내에도 야간형 프로그램 사례로 진주남강유등축제를 들 수 있다. 진주남강유등축제는 지역의 오래된 문화예술축제인 개천예술제의 프로그램 중 하나였던 '유등놀이'를 추출하여 개발한 축제로 지속적으로 발전하여 현재 대한민국 대표축제로 지정되는 성과를 거두었다. 이러한 결과에는 야간형축제로서 유등이라는 차별화된 주제가 큰 몫을 차지하였다고 볼 수 있으며 이를 통해 한국을 대표하는 야간 관람형축제로 자리매김하고 있다. 진주남강유등축제는 유등의 점등시간을 오후 6시부터 다음날 새벽 1시까지 운영하고 있으며 남강에 비친 아름다운 유등을 보기 위해 수많은 방문객들이 늦게까지 축제장에 체류하면서 숙박으로 이어지고 있다. 특히 숙박을 하는 체류형관광객이 늘어나면서 매년 축제기간 동안 사전 예약만으로도 지역의 숙박업소가 다 매진되는 호황을 누리고 있으며 사전에 숙박을 예약하지 않은 방문객들의 경우에는 진주지역 내의 숙박은 물론이고 인근 도시인 사천시까지 방이 모자라 숙박장소를 구하지 못하는 사례까지 발생함으로써 진주지역의 경제활성화를 넘어서 인근 도시까지 그 영향을 미치고 있다고 볼 수 있다.

5) 축제 50년 노하우를 축적한 체계화된 민간조직이 축제 운영

축제를 책임지는 조직은 '카니발 드 퀘벡(Carnival de Quebec)'이다. 이 조직은 앞서 언급되었던 윈터루드의 관조직 형태와는 뚜렷이 구분되는 민간조직이며 비영리단체이다. 민간조직은 관조직처럼 추진력이 강하진 않지만 창의성과 융통성의 도입이 용이하다고 할 수 있다. 축제조직에는 약 15명의 각 분야별 추진위원회(Board of directors)가 있는데 특히 관광분야에는 관광관련 공무원, 교수 등이 4명이나 포함되어 있어 비중이 높음을 알 수 있다.

추진위원회 밑에는 집행위원회가 있어 집행위원장을 중심으로 인력관리, 홍보마케팅, 프로그램, 재정 등 4개 분과의 부위원장으로 구성되어 있다. 집행위원회 밑에 8개 실무팀이 운영되는데 회계스폰서 유치, 홍보마케팅, 공식프로그램, 인력관리, 프로덕션장치, 상품개발, 워크숍 등으로 구성되어 있다. 민간축제조직으로는 매우 세분화된 이상적인 실무팀이 형성되어 있다고 볼 수 있다. 실무팀은 약 72여 명의 정직으로 구성되어 있지만 축제시즌이 임박해지면 약 100명까지 증원된다고 한다.

민간조직이기 때문에 캐나다 윈터카니발은 체계적인 스폰서운영 및 예산관리가 축제에 있어 매우 중요한 부분으로 작용한다. 이로 인하여 관조직이 운영하는 윈터루드보다 유료프로그램이 많으며, 기금을 모으기 위해 양초 판매, 카니발프로그램패스권(Carnival effigy pass) 판매 등의 노력을 하고 있다. 관주도형의 윈터루드 측에서 볼 때 민간운영의 윈터카니발이 상업화되었다고 지적하기도 하지만 윈터카니발은 민간조직이기 때문에 많은 예산을 자체적으로 부담해야 하는 어려움이 있으므로 축제경영개념의 도입이 불가피하며, 따라서 철저한 예산관리가 필요하다.

이전한 윈터카니발재단 사무실

축제를 개최한 후 예산이 남는 경우에는 사회에 환원하거나, 다음해의 프로그램 개발을 위해 운용하고, 프로그램패키지 가격을 낮추기도 한다. 축제조직의 운영자들은 9개월 동안 윈터카니발을 위해 일하고 여름의 몇 달 동안은 다른 축제를 기획하고 운영한다. 그리고 모든 직원과 자원봉사자는 공채로 뽑아 전문성을 높이고 있다.

직원확충과 함께 그동안 진행해 온 축제로 인한 각종 물품들이 증가하면서 공간의 확장이 필요해져 근래에는 신규공간으로 사무실을 이전하여 확장하였다. 부지는 시정부에서 제공해 주고 건축 등에 필요한 자금은 주정부에서 일부를 제공하고 나머지는 재단의 자금으로 마련하였다.

재단 사무실을 방문해 보니 단순히 행정처리나 사무를 보는 사무실의 용도가 아니라 축제에 필요한 각종 물품을 직접 제작할 수 있는 공간도 함께 조성되어 있었다. 축제의상을 제작할 수 있는 의상실부터 기념품실, 공구보관실, 퍼레이드 키트 제작소 등 다양한 기능의 공간이 마련되어 기업화되어 있다고 볼 수 있다.

퍼레이드 제작실과 의상실

TIP 관광이벤트 조직자유형

관광이벤트 조직자유형에는 1) 지방자치단체 등의 정부기관, 2) 법인, 문화원 등의 비영리단체, 3) 영리추구회사 등의 세 가지 유형이 있다. 금산인삼축제, 강진청자문화제, 백제문화제, 김제지평선축제 등 대부분의 국내축제들은 첫 번째 유형으로 광역 또는 기초지방자치단체들에 의해 구성되고 있는데 '관주도형'이란 말로 표현하는 이유가 여기에 있다. 진주남강유등축제, 보령머드축제, 통영한산대첩축제와 같은 일부는 두 번째 유형으로 법인과 같은 비영리단체들에 의해 기획, 운영되기도 한다. 또한 관조직이나 비영리단체에 의해서만 구성되는 것이 아니라 세 번째 유형은 영리추구단체 및 회사에 의해 구성되기도 하는데, 예를 들면 에버랜드와 같은 테마파크에서 개최되는 튤립축제의 경우가 영리를 추구하는 회사에 의해 구성되는 사례라고 할 수 있다. 전반적으로 구분해 볼 때 관조직이나 비영리단체에 의해 구성되는 대부분의 관광형 지역축제들은 주로 무료개방형 형태를 띠고 있고, 대상을 어린이부터 노약자에 이르기까지 매우 넓은 목표시장을 설정하고 있는 데 반해 영리추구회사에 의해 조직되는 관광이벤트의 경우는 유료시스템으로 입장료를 부과하고 있고 대상을 구체적으로 설정하고 있다(정강환, 2006).

윈터루드처럼 윈터카니발에서도 자원봉사자들이 축제에서 매우 중요한 부분을 차지한다. 퀘벡 윈터카니발의 자원봉사자프로그램은 축제와 함께 1954년에 시작되었는데, 17세부터 77세까지 다양한 연령층과 성비로 구성되어 있으며, 학생, 퇴식사, 직장인 등 자원봉사자들의 구성이 다양하다. 안내를 담당하는 자원봉사자들의 경우 안내에 대한 기능을 최대한 효과적으로 수행할 수 있는 안내요원 전문유니폼을 착용한다. 유니폼에는 물음표가 크게 삽입되어 있으며 뒷주머니에 팸플릿 등을 넣을 수 있는 주머니를 부착하여 효율성을 높이고 있다.

윈터카니발 자원봉사자

퀘벡 윈터카니발에서도 윈터루드와 같이 자원봉사자들에게 각 자원봉사자의 능력에 따라 다양한 경험을 쌓을 수 있도록 배려해 주며, 윈터카니발에서 자원봉사를 한 것은 좋은 경력이 되어 직업을 얻는 데 중요한 역할을 한다. 3주간의 퀘벡 윈터카니발 기간 동안 총 1,400명의 자원봉사자들이 축제에 도움을 주며 52년 동안 참가한 자원봉사자들이 20,000명 이상이 된다고 한다. 이러한 자원봉사자들은 축제조직의 인력관리팀(Human resource)에서 모집관리하고 있다.

6) 축제경영개념을 도입한 축제예산, 기금마련(Fundraising)

윈터카니발의 축제예산은 총 900만 달러(한화 약 65억 8천만 원)이다. 윈터루드의 400만 달러(한화 약 34억 2천만 원)보다 약 2배 정도 많으며 그만큼 축제규모도 더 크다. 900만 달러 가운데 약 20%는 정부에서 지원해 주고 나머지 80%는 협찬금과 축제재원조달기금, 기념품 판매수익, 축제파트너의 투자로 이루어진다. 앞에서도 언급했듯이 윈터카니발은 민간조직이기 때문에 자체적으로 예산을 확보하고 관리해야 한다. 따라서 축제경영개념을 도입하고 축제예산을 확보하기 위한 기금마련은 윈터카니발 운영을 위해 꼭 필요한 부분이다.

〈표 5-1〉 윈터카니발 수익현황

연도 수익(Profit)항목		2005년 금액(비율)		비율	2004년 금액(비율)		비율
정부보조			$1,590,395 (16억8천만원)	20.6		$1,799,335 (19억원)	23.5
개인출자			$1,540,883 (15억3천만원)	19.9		$1,618,964 (17억1천만원)	21.0
재산, 서비스			$1,333,934 (14억1천만원)	17.2		$1,264,048 (13억4천만원)	16.4
상업적 성공			$1,302,889 (13억8천만원)	16.8		$902,029 (9억6천만원)	11.7
재무활동	카니발프로그램패스권	$813,759 (8억6천만원)			$938,630 (9억9천만원)		
	양 초	$418,740 (4억4천만원)			$485,753 (5억1천만원)		
	자금징수	$240,927 (2억5천만원)			$179,578 (1억9천만원)		
	허 가	$117,981 (1억2천만원)			$102,289 (1억1천만원)		
	기 타	$370,515 (3억9천만원)	$1,961,922 (20억7천만원)	25.5	$402,547 (4억3천만원)	$2,108,797 (22억3천만원)	27.4
총 계			$7,730,023 (81억9천만원)	100		$7,693,173 (81억5천만원)	100

자료 : Carnaval de Quebec(2005), 2013년 환율 기준

윈터카니발의 기금마련행사에는 크게 '카니발 캔들데이(Carnival Candle day)'와 카니발프로그램패스권(Carnival effigy pass)이 있다. 카니발 캔들데이는 윈터카니발의 기금마련과 양초판매자들을 후원하기 위해 실시되었다. 메트로(METRO), 플레이스 로리에(Place Lourier)와 같은 기업, 기관들이 후원하며 윈터카니발의 개막 일주일 전에 판매를 시작한다. 또한 5

달러에 단순히 양초를 판매하는 것이 아니라 양초를 구입하면 '마음이 따뜻해진다'는 의미를 담고 있으며 판매되는 양초 가운데 양초의 끝부분에 행운권을 넣어 당첨된 사람에게 지역의 쇼핑센터(Hace Laurier Shopping Centre)에서 500달러, 1,000달러, 40,000달러의 쇼핑기회를 주는 이벤트를 실시하여 많은 방문객의 흥미를 유도하고 있다. 〈표 5-1〉에 나와 있듯이 '카니발 캔들데이' 전략은 2005년의 경우 약 23만 달러의 사업비가 들고 사업실적이 약 42만 달러로 나타나 19만 달러 정도의 기금마련효과가 나타나는 것으로 분석되었다. 특히 2003년도는 획기적인 성과를 거두었는데 6,500개의 양초판매를 예상했는데 98,957개의 양초를 판매하여 예상치의 약 15배를 상회하는 기록을 남겼다. 이처럼 높은 판매율을 기록한 데에는

'카니발 캔들데이(Carnival Candle day)' 홍보 : 윈터카니발의 기금마련 전략

지역적인 이유가 있는데, 퀘벡주는 영어권인 캐나다에서 유일하게 불어를 함께 쓰는 지역으로 독립적인 성향이 강하다. 특히 지역민들의 지역에 대한 애착도가 크며, 단결성 또한 커서 지역 이벤트에 대한 호응도가 높다.

'에피지 2012(Effigy 2012)'는 축제의 캐릭터인 본옴 캐릭터를 활용한 작은 인형 모양의 카니발프로그램패스권(Carnival Effigy pass)으로 13달러에 판매된다. 이처럼 축제 마스코트인 본옴을 활용한 패스권을 사용한다는 점은 매우 특이한 형태라 볼 수 있으며 이는 단순히 프로그램을 즐길 수 있는 자유이용권이라는 개념과 함께 축제기념품으로서의 역할을 수행한다는 점에서 주목할 만한 사례로 볼 수 있다. 또한 에피지는 매년 동일한 디자인을 사용하지 않고 해마다 다른 디자인으로 구성하여 방문객들에게 제공하고 있다.

2006

2007

2008

2009

2010

2011

2012

'에피지' : 축제의 캐릭터인 본옴 캐릭터 활용

또한 가족방문객을 위한 패밀리패키지도 구성하여 4개를 묶어 40달러에 함께 판매하고 있다. 이 패스권은 축제기간인 17일 동안 축제장 5곳의 메인장소에서 흥미로운 프로그램을 체험할 수 있는 자유이용권과 같은 것이다. 축제가 시작되기 전 1월부터 축제기간까지 퀘벡시 주변의 450여 개 상가에서 판매하며, 현장에서도 구매가 가능하다. 이처럼 다양한 유료프로그램을 저렴한 패키지가격으로 판매하여 판매효과를 높이고 있으며, 판매를 통한 기금은 축제의 주요수입원으로 자리매김하고 있다.

윈터카니발의 스폰서는 타이틀스폰서(title sponsor), 메이저스폰서(major sponsor), 액티비티스폰서(activity sponsors), 협력언론방송사(associated media), 오피셜 공급자(official suppliers), 공식파트너(public partners), 협력자(collaborator), 호텔(hotels)로 구분되어 있다. 윈터카니발의 타이틀스폰서는 미스터 크리스티(Mr. Christie)라는 쿠키회사이다. 윈터카니발을 '미스터 크리스티 카니발'이라 부를 정도로 많은 협찬을 받고 있다. 윈터카니발의 주요 방문객층은 아이를 동반한 가족방문객이기 때문에 쿠키회사인 미스터 크리스티가 타이틀스폰서로 꾸준히 협찬을 하고 있으며 겨울철이라는 계절적인 특수성으로 인해 감기약 관련 제약회사 등이 주로 협찬하고 있다.

또한 본옴 캐릭터를 활용한 다양한 축제상품 개발을 통한 상품판매도 축제의 중요한 수입원이다. 현재 60여 가지의 상품을 개발하여 판매하고 있다. 윈터카니발은 축제 개최 전에 상품개발에 대한 회의를 거쳐 축제방문객들을 타깃으로 한 다양한 상품을 개발하고 개발된 상품 가운데 우수한 상품을 평가하여 선별 판매한다.

〈표 5-2〉 윈터카니발 지출현황

지출(Charges)항목 \ 연도		2005년 금액		2005년 비율	2004년 금액		2004년 비율
프로그램	팔레광장	$282,415 (3억원)			$287,853 (3억원)		
	라파미르광장	$581,303 (6억2천만원)			$493,427 (5억2천만원)		
	듀빌광장	$181,992 (1억9천만원)			$175,921 (1억9천만원)		
	퍼레이드	$423,054 (4억5천만원)			$431,761 (4억6천만원)		
	행 사	$512,452 (5억4천만원)			$783,208 (8억3천만원)		
	일반경비	$403,448 (4억3천만원)	$2,384,664 (25억2천만원)	29.8	$352,614 (3억7천만원)	$2,524,784 (26억7천만원)	33.1
재무활동	카니발프로그램 패스권	$183,516 (1억9천만원)			$178,016 (1억9천만원)		
	양 초	$235,378 (2억5천만원)			$258,569 (2억7천만원)		
	자금징수	$96,102 (1억원)			$68,898 (7천만원)		
	허 가	$81,904 (9천만원)			$70,411 (7천만원)		
	기 타	$186,584 (2억원)	$783,484 (8억3천만원)	9.8	$197,707 (2억원)	$773,601 (8억원)	10.1
관 리			$1,135,696 (12억원)	14.2		$1,022,963 (11억원)	13.4
통신 및 홍보			$1,137,324 (12억원)	14.2		$1,123,895 (12억원)	14.7
장기부채이자			$100 (10만원)	0.01		$792 (80만원)	0.01
고정자산 상각			$81,308 (9천만원)	1.0		$60,872 (6천만원)	0.8
사업·상업적 성공			$1,145,873 (12억1천만원)	14.3		$867,951 (9억원)	11.4
스폰서 합자회사의 제품 및 서비스영수증			$1,333,934 (14억1천만원)	16.7		$1,264,048 (13억4천만원)	16.5
합 계			$8,002,383 (84억7천만원)	100.0		$7,638,906 (8억1천만원)	100.0
부담금 초과액(부족액)			$272,360 (2억9천만원)			$54,267 (6천만원)	

자료 : Etats Financiers 2004-2005, 2013년 환율 기준

자료 : http://boutique.carnaval.qc.ca

본옴 캐릭터상품 판매 홈페이지(좌)

윈터카니발행사장에 배치된 축제상품 판매가게(우)

윈터카니발 축제상품 홈페이지(http://boutique.carnaval.qc.ca)도 개별적으로 운영하고 있으며, 아이들을 대상으로 한 상품, 장식용품, 기념품, 옷 등의 다양한 캐릭터상품을 판매하고 있다. 축제상품 가운데 아이들을 위해 본옴의 동화책과 퍼즐상품을 개발하여 판매하고 있으며, 축제내용을 담은 DVD, 비디오, CD 등도 판매하고 있다. 특히 개발된 다양한 축제상품이 행사장뿐만 아니라 퀘벡 지역의 시내상가에서 판매되기 때문에 축제방문객들이 쉽게 구입할 수 있다는 점이 커다란 강점이자 축제상품 경쟁력이라고 할 수 있다. 경쟁력 있는 축제를 판단하는 기준에는 앞서 말한 재방문객률 말고도 지역상가의 축제상품 흡수율이 있다. 명성이 있는 축제들은 축제장 외에 지역상가에서도 축제상품을 판매하는데, 뉴올리언스 마디그라축제에서도 축제장 외에 상가에서 축제상품인 목걸이를 판매하는 것을 볼 수 있다.

7) 국내 · 외적으로 퀘벡이미지를 강화하는 윈터카니발의 홍보전략

축제연륜과 함께 유명한 축제들은 개최지역을 국내 · 외적으로 알리는 데 큰 역할을 한다. 맥주축제로 알려진 독일의 옥토버페스트(Oktoberfest)는 개최지인 뮌헨을 전 세계에 알리는 데 크게 기여하고 있는 것처럼 윈터카니발은 국내 및 국제적으로 퀘벡시를 홍보하는 데 주요한 역할을 한다. 2010년 퀘벡 윈터카니발 보고서에 따르면 퀘벡시민의 96%가 직접 보거나 들은 적이 있으며, 캐나다인들의 90%가 인지하고 있을 정도로 홍보가 매우 잘되어 있고 인지율 또한 높다.

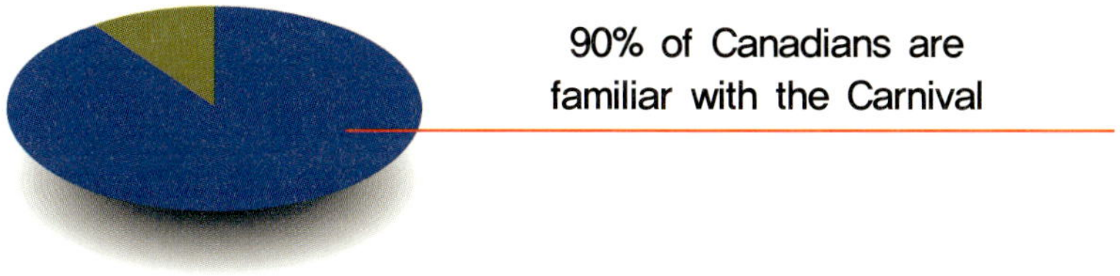

[그림 5-1] 윈터카니발에 대한 캐나다인의 인지도 분석

또한 퀘벡시민의 96.8%가 '윈터카니발에 대하여 매체를 통해 보거나, 듣거나, 읽은 적이 있다'라고 응답하였으며, 82%가 광고의 질과 사용된 홍보기법에 대해 긍정적인 의견을 갖고 있는 것으로 조사되었다.

2010년 1월 1일부터 3월까지의 실적을 종합해 볼 때 캐나다 국내홍보의 경우 880개의 라디오와 TV를 통한 인터뷰 및 언급을 통해 홍보하였고, 439개 일간 및 주간 기사를 통한 축제를 홍보했다. 또한 국내의 다양한 캐나다 방송프로그램에서 스페셜프로그램을 통한 홍보 및 인터뷰를 실시하였다.

윈터카니발은 관광객들을 대상으로 하고 있기 때문에 국내관광객들은 물론 국제관광객들을 끌어들이기 위해 보다 넓은 범위의 다양한 매체를 활용한 홍보에 전략적인 노력을 기울이고 있다. 매해 카니발기간 동안 아시아에서 34백만 시청자들이 보는 다큐멘터리를 제작하는 일본팀을 포함한 국제미디어가 퀘벡도시를 방문한다. 2010년에는 한국을 포함하여 미국, 멕시코, 스페인, 프랑스, 영국, 중국 등 국외에서 온 100명이 넘는 외신기자들이 윈터카니발을 방문하여 그들의 국가에 수백만의 독자와 시청자들에게 윈터카니발을 홍보했다. 70개의 축제관련 기사가 퀘벡 지역을 제외한 캐나다와 국제지역에 홍보되었다. 또한 미국, 프랑스, 유럽 등 국외 방송사에서 스페셜 리포트와 인터뷰를 통해 홍보한 것으로 조사되었다.

특히 야후, 폭스, 내셔널지오그래픽과 같은 국제적인 인터넷사이트에서 리포트되는 계기를 갖기도 하였다.

윈터카니발의 축제조직은 이러한 미디어홍보전략을 위해 국내 및 국제미디어, 지역사회와 원활한 관계를 유지하고 있다. 또한 인터넷의 홍보효과가 높아지고 있는 추세에 따라 축제 홈페이지를 비롯한 웹사이트의 홍보에도 많은 노력을 기울이고 있다. 홈페이지의 내용을 보면 축제의 전반적인 이미지메이킹 방향을 파악할 수 있는데, 50년 된 연륜 있는 축제라는 점, 오랜 시간 동안 규모가 커져 세계에서 가장 큰 규모의 겨울카니발이라는 점, 지역경제에 크게 기여하는 관광축제라는 점, 전 세계 언론방송의

Media Impact

Electronic and Print Media from Québec

- 880 mentions and interviews in the electronic media (radio and television)
- 439 mentions and articles in the press (dailies and weeklies)

Source : Communications Démo, January 1st to March 2010

International Press

- 100 foreign journalists from 8 countries (United States, Mexico, Spain, France, Great Britain, Germany, China and South Korea)
- Internet reports by Yahoo!, Fox News 44 et MSN.com, Boston Globe Online, National Geographic
- Numerous international medias experienced the Carnival in 2010:

L.A. Times	988,662 copies
Chicago Tribune	858,256 copies
Universal	216,000 copies
Today's Parent Magazine	215,000 copies
National Post	201,603 copies
El Norte	190,080 copies
Reforma	153,118 copies

- Special reports and interviews with: France 5, France 24, TV Rogers (Moncton), MBC TV Station (Corea), Xinhua News (China), Sky TV and Radio Uno (Mexico), Martha Stewart Living Radio (USA), La Première Chaîne (Belgium) and CBC Radio

Source: Québec Winter Carnival records, April 2009 to March 2010

주목을 받고 있다는 점과 방문객 만족형 축제라는 점을 강조하고 있다. 특히 윈터카니발 각 행사들의 세세한 통계치를 나열하여 화제성을 만들고, 자세한 관심을 유발하는 노력을 보이고 있다. 이러한 강조점에 대해서도 계량적 수치를 근거로 한 것 또한 벤치마킹할 점들이다.

TIP 축제에서 인터넷 홍보의 역할

인터넷매체를 활용한 홍보에 있어 대부분의 국내 문화관광축제들은 축제홈페이지를 구축하고 방문객들에게 다양한 축제정보와 함께 방문객들의 궁금증 등을 해소하는 창구역할을 수행하고 있다. 또한 보다 공격적인 홍보를 위해 인터넷을 활용한 다양한 방식의 홍보를 활용하기도 한다. 2009년 인제빙어축제의 경우 인터넷을 이용한 독특한 홍보방식을 활용하기도 하였다. 일명 '파닥녀의 하루'라는 제목의 동영상을 인터넷상에 유포하고 이 동영상의 내용을 맞추면 기념품을 제공한다는 방법으로 홍보를 실시, 전국적인 관심을 얻음으로써 직, 간접적으로 인제빙어축제를 홍보하였다. 이 독특한 동영상은 각 포털사이트를 통해 수많은 댓글과 함께 30만 명이 넘는 네티즌들이 영상을 본 것으로 나타났다.

윈터루드에서도 언급했지만 특히 올해에는 동시기에 실시되는 토론토, 몬트리올, 윈터루드의 겨울축제와 파트너십 협정을 맺고 공동홍보를 실시한 점도 중요한 사항으로 꼽을 수 있겠다. 윈터카니발의 미디어와 홍보업무를 담당하는 실뱅 가네(Sylvain Gagne)의 인터뷰에 따르면 이러한 파트너십을 통해 4개의 축제를 공동으로 홍보함으로써 관광객들에게 다양한 축제에 대한 정보를 제공하고 축제홍보효과를 얻은 것으로 파악되었다. 특히 TV에서는 일반적으로 한두 개 정도의 축제만을 다루어주는데 4개의 축제가 협정하여 공동홍보를 실시함으로써 4개의 축제가 동시에 TV를 통해 홍보한 것으로 조사되었다. 하지만 처음 실시했기 때문에 축제 간의 실질적인 프로그램협력 등은 이루어지지 않은 것으로 파악되었지만 4개의 서로 다른 지역의 겨울축제가 특화홍보를 중심으로 한 공동홍보를 실시한 점은 앞서가는 시도로 평가된다.

특히 우리나라에서는 지방화시대로 인하여 각 지역 간 축제의 공동홍보 노력이 매우 부족하며, 5월과 10월의 경우 많은 축제가 집중되어 홍보에 어려움을 겪고 있는 점으로 미루어볼 때 벤치마킹할 수 있는 주요한 부분으로 파악되었다. 실뱅 가녜(Sylvain Gagne)는 "2006년에 겨울축제의 파트너십 협정을 통해 처음 새로운 시도를 하였는데 홍보부분에서 긍정적인 효과를 얻었으며 이를 통해 관광객들의 모객에 효과적인 것으로 추측된다"라고 하면서 "내년에는 공동홍보 외에 프로그램 협력 등의 다른 사안도 더욱 협력할 예정이다"라며 긍정적인 반응을 보였다.

8) 윈터카니발의 최대 국제행사 '국제눈조각이벤트(International Snow Sculpture Event)'

윈터카니발의 국제눈조각대회는 1950년에 시작되었으며 아이스카누와 함께 역사성을 지닌 윈터카니발의 대표프로그램 중 하나이다. 축제가 개최되면서 눈조각 전문가와 대학생 등을 포함한 아마추어 조각가들, 퀘벡시의 지역주민 및 아이들이 축제의 분위기를 고조시키기 위해 집 앞이나 특정한 장소에 눈조각 예술작품을 만들면서 그 기원은 시작된다. 처음엔 이렇게 퀘벡시민 및 캐나다인들만 참여하다가 1973년에 처음으로 국제조각이벤트를 개최하기 시작했으며, 당시 국외로부터 4팀이 참가하였다. 1973년에는 국제팀만 참여했는데, 1974년에 캐나다 지역이 참여했고 1982년에는 퀘벡 지역이 추가되면서 국내 및 국제팀이 함께 참여하기 시작했다.

지금은 매년 15개국이 넘는 나라에서 각 나라를 대표하는 150여 명의 조각가들이 참가하여 퀘벡의 윈터카니발에 다양한 눈조각 예술작품을 선

자료 : Carnaval de Quebec

국제눈조각이벤트

보이며, 축제기간 동안 퀘벡도시의 거리를 예술전시관으로 바꾸어 놓는다. 또한 윈터루드와 마찬가지로 눈을 조각하는 과정도 볼 수 있고, 조각이 완성된 조각품의 경우 조명을 설치하여 새로운 조명과 관점에서 눈조각을 감상할 수 있는 것 또한 매력적인 요소 중 하나이다. 조각가 그룹은 3개 그룹으로 나뉘는데 국제조각가, 국내조각가(캐나다 퀘벡), 학생예술가 등이며, 이 2개 행사장에서 작품들이 펼쳐지는데 로또퀘벡광장에서는 학생예술가들이 참여하는 국제눈조각이벤트가, 데자르댕광장에서는 퀘벡인과 캐나다인들이 참여하는 국내눈조각이벤트와 국제팀이 참여하는 눈조각이벤트가 펼쳐진다.

9) 참여형의 이색적인 프로그램 '눈목욕(Snow Bath)'

퀘벡 윈터카니발의 가장 이색적인 프로그램 가운데 하나는 '눈목욕(Snow Bath)' 프로그램이다. 이색적인 만큼 카니발 운영조직의 홍보마케팅부서에서는 언론방송에 화제성 있는 홍보뉴스레터를 가장 많이 제공할 수 있는 '화제 노출형' 프로그램 기능을 한다. 축제기간 가운데 축제분위기가 무르익는 두 번째 토요일 오후 2시에 단 한 번 실시된다. 한 번만 실시되기 때문에 눈목욕에 참여하고자 하는 방문객들은 미리 예약을 해야만 한다.

영하 30도의 추위 속에서 수영복이나 목욕가운 정도만 걸치고 눈에 목욕을 하는 프로그램이다. 약 70여 명 정도가 참여하는데 프로그램 명칭 그대로 눈에서 목욕을 하는 것이기 때문에 심장마비 등 각종 사고에 대비한 신체검사를 통과해야만 한다. 고작 수영복을 착용하는 것이 전부인데도 참가자들 모두 본옴과 함께 눈에서 뒹굴며 자신들의 건강을 과시한다.

여기서 화제성과 차별화를 구별할 필요가 있다. 앞서 나온 차별화 프로그램인 '아이스카누레이스'와 비교해 보면, '눈목욕(Snow Bath)' 프로그램은 화제를 유발하기 위한 프로그램인 데 반해, '아이스카누레이스'는 지역 특성을 담은 차별화를 갖는 것은 물론 화제성까지 갖는 프로그램이다.

윈터카니발의 이색프로그램으로 유명한 눈목욕(Snow Bath)

자료 : Carnaval de Quebec

TIP 화제성을 유발하는 축제의 이색프로그램

우리나라에도 이와 비슷한 이색프로그램이 있다. 1988년부터 부산 웨스턴조선호텔의 주관으로 1월에 개최되는 '북금곰 수영대회'가 그것이다. 2013년 26회째를 맞이하였으며, 수천 명의 내외국인이 참여하여 한겨울의 강추위를 잊고 수영복 차림으로 해운대해수욕장 바닷물로 뛰어들어 건강을 과시했다. 2006년부터는 규모가 커져 부산 웨스턴조선호텔에서 운영의 어려움을 나타내어 현재는 부산일보사와 (사)해운대문화관광협의회에서 개최하고 있으며 여전히 겨울철의 차별화된 스포츠프로그램으로써 화제를 낳고 있다.

10) 윈터카니발 중 한시적 명품숙소 '아이스호텔(Ice Hotel)' 개장

직접 연관된 축제프로그램은 아니지만 윈터카니발 동안 큰 명물로 부각되어 카니발 관광객들이 꼭 둘러보는 간접 연계프로그램이자 윈터카니발의 독특한 숙박형태라고 할 수 있다. 이름 그대로 온통 얼음과 눈으로 덮인 상상으로나 생각했을 법한 기발한 호텔이다.

아이스호텔 입구

아이스호텔은 눈이 많이 오는 2월부터 얼음이 녹기 시작하는 4월까지 2개월 동안 운영되는 한시적인 관광시설로 규모도 규모지만 19억 원이라는 어마어마한 비용이 든다. 12,000톤의 눈과 400톤의 얼음이 소요되고 총면적이 3,000㎡이며 높이는 5.4m의 빙벽으로 둘러싸여 있다. 약 5주에 걸쳐 공사가 이루어지는데 숙소, 전시실, 웨딩채플실, 나이트 등 이색적인 공간으로 가득 차 있다.

아이스호텔을 안내하는 담당자와 겨울축제 벤치마킹 여행참가자들

900평의 호텔에 32개의 게스트룸이 마련되어 있는데 눈과 얼음으로만 다양한 객실을 꾸민 테마룸이 눈길을 사로잡는다. 가장 멋지다는 스위트룸은 중국을 테마로 한 방이며 눈으로 조각한 중국의 만리장성이 벽면을 장식하고 있고 한 마리의 커다란 용이 침대를 휘감고 있다. 이러한 얼음호텔의 실내는 항상 5℃의 온도를 유지하고 있으며 특수제작된 침낭에서 자면 숙박하는 데 전혀 문제가 없다고 한다. 이러한 숙소도 특별한 추억거리를 만들려는 많은 사람들로 인해 미리 예약을 해야만 숙박이 가능하다고 한다.

용과 만리장성으로 꾸며 캐나다인들에게 이색적으로 어필하는 중국테마 스위트룸과 이집트룸

다양한 주류를 파는 칵테일바도 인상적이었다. 잔도 얼음으로 되어 있고 모든 장식도 얼음과 조명으로 이루어져 있다. 얼음잔에 따른 술로 인해 얼음잔이 녹기 때문에 빨리 마셔야 한다. 또한 웨딩채플실도 있었는데 미리 예약을 해야 할 만큼 인기가 많으며 이색결혼을 원하는 커플들이 많다고 한다. 이 밖에 얼음액자에 사진을 넣어 전시한 얼음전시관 등 이색적인 것들로 가득 차 있다. 봄이 되면 사라질 아이스호텔이지만 2달 동안의 관광수입이 80억 원에 달한다고 한다.

얼음잔에 담은 술과 함께 얼음잔을 기념품으로 제공하는 칵테일바

또한 윈터카니발과 연계하여 한시적으로 오픈하는 아이스호텔은 원거리에서 온 국내의 카니발관광객들에게는 숙박기능 외에도 이색적인 명소로서 필수적인 방문코스 역할을 하기 때문에 숙박료 외에도 그룹별 입장료가 매우 상세하게 설정되어 있다. 아이스호텔의 다양한 볼거리 창출로

적어도 윈터카니발과 연계하여 1박 2일 체류형 관광상품을 유도하는 장점이 있으며 이러한 숙박개념은 유명한 축제가 있을 때 효과를 극대화시키는 축제 관광상품화의 2단계에서나 가능한 전략이라고 평가할 수 있다. 윈터카니발의 아이스호텔처럼 축제와 숙박을 연결시킨 사례를 곳곳에서 찾아볼 수 있는데, 덴마크 프레데릭스 하운에서 개최되는 해전영웅을 기념하는 톨덴스키욜드페스티벌의 경우 축제기간 동안 범선을 항구에 정박시켜, 축제 분위기를 고조시키는 것은 물론 숙박을 가능케 하여 방문객들에게 특별한 경험을 제공해 주고 있다. 그리고 국내의 하동 야생차문화축제에서는 녹차민박인 '다숙(茶宿)'을 운영하여 녹차족욕, 다원여행, 녹차음식, 녹차체험 등 차와 관련된 체험이 가능한 농가축제를 숙박시설 안에서도 경험할 수 있게 하였다. 이처럼 숙소에 스토리가 더해져 이색 숙박시설의 기능을 하는 사례는 점점 많아질 것으로 보인다.

11) 윈터카니발의 방문객

윈터카니발은 우리나라의 문화관광축제들이 연구기관에 의뢰하여 평가하는 것처럼 마케팅회사에 용역을 주어 매해 축제평가를 실시한다. 방문객들의 인구통계학적인 분석에서부터 축제의 전체 만족도, 프로그램 만족도, 축제에 대한 인지도, 경제파급효과, 홍보효과 등 축제의 다양한 부분을 세심하게 평가한다. 특히 '인구통계학적 분석'을 비롯한 평가결과의 경우 축제의 스폰서를 유치하는 데 매우 중요한 역할을 하기 때문에 특히 강조하는 부분이다.

우선 인구통계학적 분석결과를 보면 관광객 지향형 축제임을 알 수 있다. 2010년의 방문객 분석에서 퀘벡시(Quebec City area) 방문객은 49%로 분석되었으며 관광객은 51%로 분석되었다. 윈터카니발의 방문객 수는 약 75만 명 정도이다. 윈터루드의 경우 관조직에서 축제를 운영하므로 우선적으로 오타와 시민을 대상으로 홍보 및 마케팅을 실시한 후 국내 및 국외 관광객들을 대상으로 홍보했다. 하지만 캐나다 윈터카니발의 경우 국내 및 국외 관광객들을 대상으로 한 홍보를 중점적으로 실시한다. 담당자 인터뷰에 따르면 2005년의 경우 외국에서 오는 방문객의 13%가 미국에서 왔으며, 그 다음으로 프랑스, 영국, 이탈리아, 일본, 한국, 멕시코 등의 다양한 국가에서 온다는 것을 알 수 있었다. 윈터카니발에서 국제관광객들이 차지하는 비율은 매우 높다고 볼 수 있다. 특히 멕시코의 경우 눈(Snow)을 볼 수 없는 나라이기 때문에 방문객비율이 꾸준히 증가하고 있는 추세여서 중요한 국제시장으로 떠오르고 있다. 우리나라의 경우도 겨울철에 눈을 보기 어려운 홍콩, 말레이시아, 싱가포르, 필리핀 등지에서 강원도 지역의 겨울레저 여행프로그램에 많이 참여하는 것과 같은 맥락이라 할 수 있다.

또한 퀘벡 지역의 방문객들을 대상으로 참여형태를 분석한 결과 전체 방문객의 60%가 가족방문객으로 분석되어 윈터카니발의 방문객 타깃이 윈터루드와 마찬가지로 가족임을 알 수 있다. 또한 전체 방문객 가운데 64%가 '25세에서 44세'의 연령층인 것으로 분석되었다. 이러한 방문객 타깃층은 스폰서를 모집하는 데 중요한 요인으로 작용한다. 특히 윈터카니발의 메이저스폰서인 미스터 크리스티(Mr. Christie)라는 쿠키회사는 윈터카니발과 똑같이 가족을 홍보타깃으로 하기 때문에 윈터카니발에 오랜 기간 동안 주요 스폰서로서 협찬하고 있다.

또한 방문객 분석결과 85%가 퀘벡 지역을 윈터카니발을 보기 위해 우선적 또는 부분적으로 방문한다는 것이다. 즉 퀘벡을 찾은 주요한 이유가 윈터카니발이라는 것이다. 재방문객 비율은 58%로 분석되었다. 그 다음으로 약 72%의 가족연평균 소득이 4만 달러 이상인 것으로 분석되었으며 전체 방문객의 76.9%는 4년제 대학교육을 받은 것으로 파악되었다. 이에 더하여 전체 방문객의 72%가 퀘벡에서 3일 정도 숙박하는 체류형 관광객인 것으로 나타나 대부분의 관광객들이 퀘벡 지역에 머물며 소비하는 것으로 파악되었다.

윈터카니발 기간에 퀘벡호텔협회에 의해 퀘벡 지역의 호텔 객실점유율을 파악한 결과 2004년에 84.32%, 2008년에 85.92%의 높은 객실점유율로 파악되어 이를 입증한다고 할 수 있다. 이 수치는 1996년의 64.4% 이후에 최고치라고 한다. 실제로 방문객들이 퀘벡 지역에서 지출한 숙박비, 식음료비, 교통비, 유흥비, 쇼핑비 등의 지출비용을 통해 산출한 직접경제효과는 2010년 기준 31백만 달러로 나타났으며 경제파급효과는 180백만 달러로 산출되어 지역에 경제적으로 매우 큰 영향을 미치는 것으로 나타났다. 7.7천만 달러의 예산투자로 많은 경제효과를 산출하고 있는 것으로 미루어볼 때 지역을 위한 생산적인 축제라고 할 수 있다.

전체 방문객들을 대상으로 한 윈터카니발에 대한 전반적인 만족도는 10점 척도에서 평균 8.6으로 분석되어 매우 높은 만족도를 얻고 있는 것으로 파악되었다. 세부적인 프로그램에 대한 만족도를 조사한 결과 88%가 다양한 프로그램에 만족하는 것으로 분석되었다. '매우 만족한다'는 32%, '만족한다'가 56%로 분석되었으며, '별로 만족하지 않는다'가 4%, '전혀 만족하지 않는다'가 8%로 각각 분석되어 대부분의 방문객들이 다양한 프로그램에 만족하고 있는 것으로 파악되었다.

2010년 윈터카니발 방문객 분석결과 총 750,000명이 참가하였으며 그중에 퀘벡시 방문객은 49%로 파악되었다. 또한 2004년과 마찬가지로 가족단

위의 방문객이 60% 이상으로 분석되어 여전히 방문객 타깃이 가족임을 알 수 있다. 퀘벡시의 방문객은 64%가 25~44세의 연령층이었으며, 35%의 가족연평균 소득이 8만 달러 이상인 것으로 분석되었다. 한편 윈터카니발의 관광객은 51%로 조사되었다. 이 중 35%가 퀘벡주(州)에서 방문하였고, 8%가 캐나다 전역에서 방문한 관광객이다. 그리고 8%가 외국에서 온 국제관광객이다.

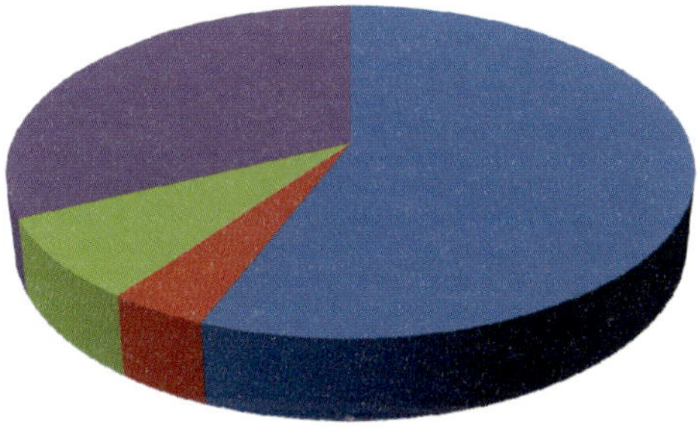

자료 : www.carnaval.qc.ca(2004년)

[그림 5-2] 윈터카니발에 대한 방문객 만족도 분석

2010년도의 만족도 분석결과 참가자의 95%가 '매우 만족한다' 또는 '만족한다'를 선택하여 2004년보다 만족도가 약 7% 증가하였다.

또한 윈터카니발은 퀘벡주민들에게 150개 이상의 회사 가운데 13번째의 각광받는 회사로 인정받고 있다. 우리나라와는 매우 다른 시각이지만 축제가 경제적으로도 경쟁력이 있음을 보여주는 것이라고 할 수 있다. 특히 2005년에는 50만 달러 이상의 예산을 투입하는 축제 가운데 최고의 축제로 선정되는 영예를 안았다.

TIP 축제 담당자의 눈으로 본 글로벌축제의 당면과제

윈터루드에 함께 참석한 백제문화제를 운영하였던 당시 공주시 문화관광과 이태묵 과장(現 공주시 시민국장)은 윈터카니발과 백제문화제의 축제 시작역사는 같지만 현재의 다른 결과를 보여주는 모습에서 놀라움을 감추지 못했다. 이태묵 과장은 "공주에서 개최하고 있는 백제문화제도 윈터카니발과 마찬가지로 오랜 역사와 전통을 지니고 있다. 백제라는 역사를 오늘에 되살려 훌륭했던 옛 선인들의 정신을 이어받고 지역을 세계에 널리 알리고자 하는 축제이다. 100여 가지의 다양한 프로그램을 통해 많은 관광객들을 불러모으고자 안간힘을 쏟고 있는 축제이지만 세계시장으로 진입하기에는 여러 가지 부족한 점이 많다. 역사퍼레이드나 무대공연이 주된 프로그램으로 관주도 형태, 국비나 자치단체의 예산으로 충당, 지역 방문객에 의존, 지역경제보다는 전시 위주형태, 지역홍보에 머물고 있는 상황 등이 그것이다"라고 하였다.

12) 관광객 유치 효율성을 높이기 위한 전략적인 축제 개최기간

"연중 어느 때를 축제의 개최시기로 결정하는가?" 또는 "무슨 요일에 시작할 것인가", "어느 정도의 기간 동안 개최할 것인가?" 등의 축제 개최기간 전략은 축제의 성패에 영향을 주는 중요한 고려사항이다.

윈터카니발의 축제 개최기간은 2012년에 58회째를 맞으며 1월 27일(금)에서 2월 12일(일)까지 17일간 개최되었다. 그러나 자세히 살펴보면 다른 축제와 다른 점을 볼 수 있다. 그것은 바로 관광객이 집중되는 주말만을 골라 3주 연속으로 9일간 개최하는 혁신적인 개념의 축제개최전략이라는 것이다.

10년 전에 필자가 국내에 소개한 국제적인 축제전문가들이 추천하는 가장 효율적인 축제기간은 10일이었다. 이 전략은 금요일에 시작되어 다음 주 일요일에 끝나는 두 번의 주말을 포함한 개념이었다. 이러한 10일간의 시간전략개념을 윈터루드도 초기에는 예외 없이 수용하고 있었으나 1994

년부터 축제기간을 혁신하여 주중과 주말의 3주(17일) 동안 실시했던 축제기간을 실질적으로 관광객들이 집중되는 금, 토, 일에만 비중을 둔 9일간으로 개최기간을 전환하였다. 다시 말해서 주말 위주로 프로그램이 구성되어 프로그램시간표에 있어서도 우리나라와 다른 점을 보인다. 주말을 제외한 평일에는 상설 및 전시 위주로 진행하고 금, 토, 일의 주말에 주요 프로그램과 인력을 집중하여 배치한다.

〈표 5-3〉 주말을 중심으로 구성된 윈터카니발의 주요 프로그램

주 말	기 간	시 간	프로그램
첫째 주말	1월 27일(금)	상설	국제 눈조각전(International Snow Sculpture Event)
		19 : 00	개막식(Opening Ceremony)
	1월 28일(토)	09 : 00	개 민첩성 경주대회(Dog Agility competition on snow)
		13 : 00	개썰매경주(Dogsled Race)
둘째 주말	2월 4일(토)	09 : 30	캘거리 팬케이크 아침식사(Calgary Flapjack breakfast)
		10 : 00	비누상자 경기(Soapbox Derby)
		13 : 30	카누경기 예선(Canoe Race)
		19 : 00	첫째 날 밤의 퍼레이드(Mr. Christie's First Night Parade)
	2월 5일(일)	13 : 30	카누경기 결선(Robitussin Canoe Race(Finals))
셋째 주말	2월 8일(수)~12일(일)	11 : 00	페인팅 심포지엄(Painting Symposium)
	2월 10일(금)	20 : 00	야간공연프로그램(Bonhomme's ball)
	2월 11일(토)	14 : 00	눈목욕(Snow Bath)
		19 : 00	둘째 날 밤의 퍼레이드(Second Mr. Christie's Night Parade)
	2월 12일(일)	09 : 00	본옴의 늦은 아침식사(Bonhomme's Brunch)
		12 : 00	말경주대회(St. Hubert Derby)
		16 : 00	폐막식(Closing Ceremony)

자료 : 프로그램 리플릿

이로 인하여 기존 10일간의 개최전략보다 관광객유치 효율성을 상대적으로 크게 증대시키는 결과를 가져온 것으로 파악되었다. 또한 주말에는 관광객들이 많이 방문함으로써 평일에 비해 소비지출이 높은 것으로 조사되었으며 이로 인해 지역에 미치는 경제파급효과도 상대적으로 높은 것으로 나타났다. 더욱이 기온이나 눈 등의 자연적인 요인들로 축제프로그램 개최가 용이하지 않을 때에는 그 다음 주에 보강할 수 있어 눈축제라는 계절축제의 한계성을 극복할 수 있는 장점을 지니고 있는 것으로 관계자 인터뷰 결과 조사되었다. 즉 겨울축제의 경우 한파, 폭설 등의 자연적인 요인들로 축제가 취소될 수 있는 위험성을 갖고 있는데, 윈터루드의 개최기간전략을 활용한다면, 한 주가 취소되더라도 다른 2주 동안 개최될 수 있기 때문에 축제 취소라는 위험을 감소시켜 줄 수 있다.

윈터카니발에서는 축제팸플릿의 경우에도 전체 프로그램 일정 중 주말 프로그램을 강조한 형태의 팸플릿을 통해 방문객들에게 주말 위주의 프로그램을 홍보하고 있다.

13) 분산형 축제장소를 통한 차별화

윈터카니발의 행사장은 퀘벡성을 배경으로 로또퀘벡광장(Place Loto-Quebec)과 데자르댕광장(Place Desjardins), 미스터 크리스티 / 크라프트 마을(Village Mr. Christie / KRAFT), 하이드로퀘벡광장(Place Hydro-Quebec), 아브라함고원(Plains of Abraham)으로 구성되어 있다.

로또퀘벡에는 중세스타일의 탑과 현대풍의 건축양식으로 지어진 본옴의 얼음궁전(Ice Palace)이 있으며 궁전 내에 다양한 얼음조각작품이 전시되어 볼거리를 제공한다. 특히 본옴궁전은 축제 폐막식 무대의 백그라운

드로 활용되어 화려한 조명과 함께 얼음궁전의 모습을 자랑한다.

궁전광장(Place de Palais)과 아브라함고원에서는 쇼프로그램과 전시프로그램을 비롯한 다양한 프로그램들이 진행된다. 특히 아브라함고원은 축제기간 동안 거대한 눈운동장으로 탈바꿈하는데, 가족과 함께 얼음암벽타기, 눈공원 프로그램, 눈래프팅, 개썰매 등 겨울 옥외스포츠와 다양한 게임, 문화적인 이벤트 등을 즐길 수 있다.

데자르댕광장은 아브라함고원에 위치해 있다. 이곳에서는 가족들을 대상으로 한 눈미끄럼틀(Desjardins Snow Slides), 본옴의 캐빈에서 얼음낚시(Ice Fishing at Bonhomme's Cabin), 거대한 테이블 축구게임(Giant Table-Soccer Game), 썰매타기(Sleigh Tides), 눈래프팅(KTAFT Snow Rafting) 등의 다양한 겨울프로그램이 펼쳐진다. 특히 윈터카니발의 대표적인 프로그램이라 할 수 있는 눈목욕(Snow bath), 카누레이스(Canoe race), 개 민첩성경기(Dog Agility Competition on Snow), 말경주대회(St. Hubert Derby) 등이 실시된다.

미스터 크리스티 / 크라프트 빌리지는 아이들뿐만 아니라 모든 연령대가 즐길 수 있는 좋은 장소 중 한 곳으로, 비누상자경기대회(Soapbox derby), 얼음미끄럼타기(Ice Slides), 눈터널(Snow tunnels) 등의 프로그램이 운영된다.

하이드로퀘벡광장에서는 시대의상을 입은 10여 명 이상의 배우들이 대중들과 어울리며 과거를 재현한다. 그리고 퀘벡 윈터카니발의 52회 개막식이 본 장소의 스테이지가 펼쳐지는 곳이기도 하다. 이러한 다양한 행사장을 올드퀘벡투어(Old Quebec Tours) 버스가 운행되어 연계해 주며 방문객들이 다양한 체험을 즐길 수 있도록 편의를 제공하고 있다.

겨울 테마파크를 연상케 하는 친밀감 있게 그려진 윈터카니발의 분산형 축제행사장 구성도

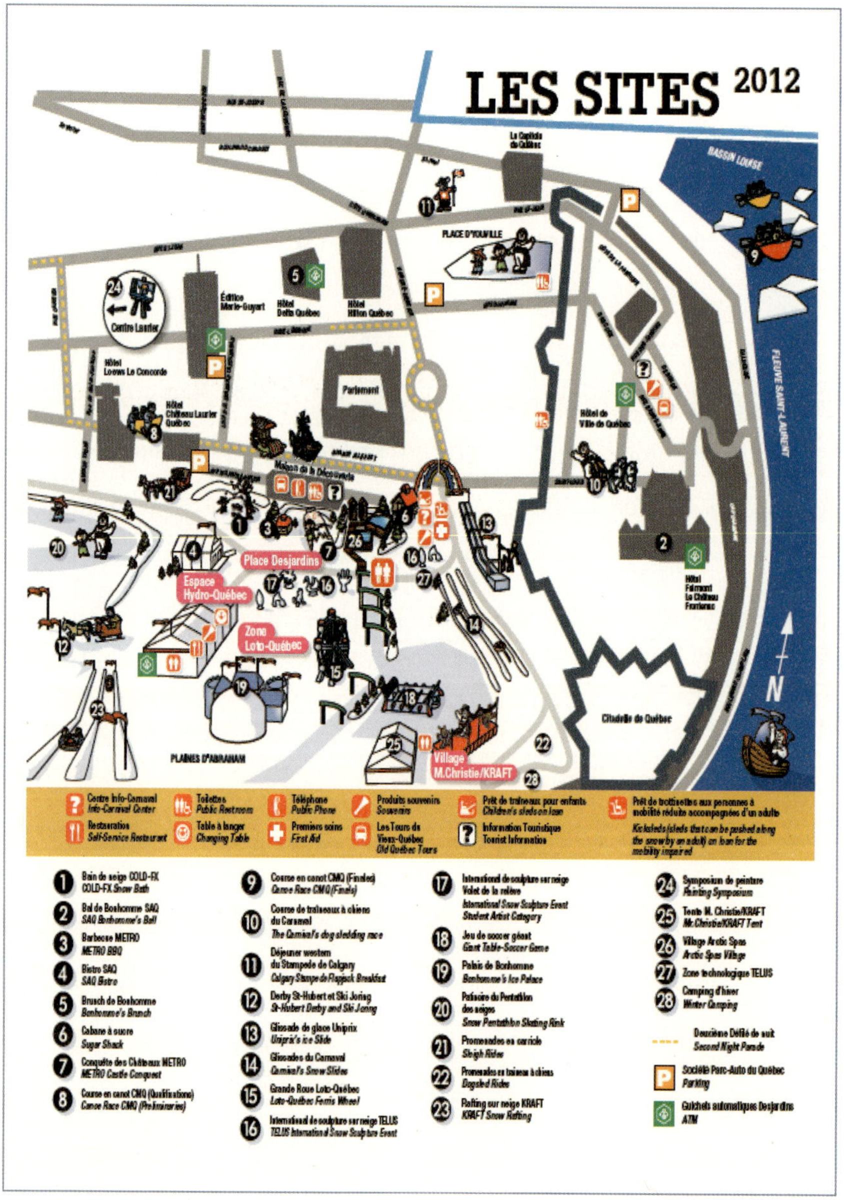

자료 : www.carnaval.qc.ca

VI

겨울축제 혁신의 시작

1. 축제 운영시대에서 축제 경영시대가 다가왔다

글로벌 겨울축제경영의 대표 사례인 중국 하얼빈 빙설대세계와 캐나다 퀘벡 윈터카니발에서 살펴보았듯이 우리나라 축제가 축제경영시대로 한 단계 도약하는 데 시사하는 바가 크다고 할 수 있다. 중국의 경우 2007년까지만 해도 문화콘텐츠에 대해 민간업체의 제한을 두었지만 중국 내 정책이 바뀌기 시작하면서 축제운영을 정부에서 민간 부분으로 넘기는 것이 추세라 할 수 있다. 하얼빈 빙설대세계도 관주도형으로 시작하였지만 축제의 수익창출을 극대화할 수 있다는 점에서 하얼빈시 산하 레저 종합분야의 공사조직이라 할 수 있는 마디얼그룹으로 이관하여 경영축제로 변신을 시도하고 있다. 특히 마디얼은 하얼빈시의 레저 종합기업으로서 2008년부터 빙설대세계를 운영하고 있으며, 축제의 위탁업무를 맡고 실무적인 인력운영, 입장료 징수, 시설설치 및 관리, 재원마련 및 협찬, 축제운영 등을 책임지는 대표적인 수익창출형 축제경영모델 사례라 할 수 있다.

또한, 퀘벡 윈터카니발을 경영하는 민간 축제 재단은 윈터루드의 관조직 형태와는 뚜렷이 구분되는 비영리형태의 민간조직으로 퀘벡의 대표기관으로 성장하였다. 윈터카니발의 주관기관은 민간조직이기 때문에 체계적인 스폰서 유치와 재정관리가 축제운영에 있어 매우 중요한 부분으로 작용하며, 재무관리, 스폰서 유치, 홍보마케팅, 공식프로그램, 인력관리, 상품개발 등을 세분화하여 이상적인 실무팀을 형성하고 있다. 특히 윈터카니발은 많은 예산을 자체적으로 부담해야 하는 어려움이 있으므로 유료프로그램 운영, 기금을 모으기 위한 전략을 세우는 대표적인 축제경영모델이라 할 수 있다.

앞에서 언급한 글로벌겨울축제경영 사례는 우리나라 축제가 처한 환경을 극복하기 위한 중요한 단서를 발견함과 동시에 앞으로 나아갈 방향을 제시하고 있다. 우리나라 대부분의 축제들은 축제 재원을 정부의 보조금으로 마련하고 있다. 최근 세계 경기 침체 및 지방재정 악화 등으로 인하여 긴축정책이 장기간 유지된다고 한다면 비록 성공적으로 평가받고 있는 축제라 할지라도 재원 축소나 예산 리스크를 감당해야 하는 앞날을 예측할 수 없는 상황에 직면하게 될 것이다. 이러한 현상은 이미 2010년부터 진행된 중앙정부의 축제 통폐합 등으로 인해 축제의 양적 규모가 급감하고 축제의 재정적 어려움을 호소하고 있는 상황을 여론을 통해 확인할 수 있다.

그렇다면 우리는 글로벌겨울축제경영 사례를 통해 어떤 것들을 흡수해야 할 것인가? 성공적인 겨울축제의 모든 사례에서 나타난 바와 같이 협찬과 민간 또는 다른 공공재원을 유치할 수 있는 환경을 조성해 추가 재원을 마련할 수 있게 해주어야 할 것이다. 먼저 재정자립 향상을 위해 수요자들의 정서를 고려하여 신중하지만, 점진적인 부분 유료화에 대한 검토가 필요하다. 부분 유료화를 위해서는 축제 콘텐츠의 질적 향상을 위한 축제전문가의 양성과 전문부서가 전제되어야 한다. 캐나다 오타와의 경우 윈터루드를 기획 · 집행하는 전담부서가 국립수도권개발위원회(NCC) 부사장 직속으로 있다. 중앙정부조직임에도 협찬이 가능하며 관에서 주도하는 축제임에도 세분화된 표적시장과 유치 전략을 수립하는 마케팅 전문가가 조직 내에 배치되어 있다.

또한 축제조직의 성격에 대한 면밀한 검토가 필요하다. 중국 하얼빈 빙설대세계는 애초 하얼빈시에서 주도했으나 다양한 수익사업과 재원마련을 원활히 하기 위하여 별도의 시 산하 공사에 축제사업을 위탁하였다.

우리나라에서도 보령머드축제, 진주남강유등축제 등에서 별도의 법인을 활용해 축제 개최를 시도하고 있다. 이러한 시도들은 축제가 자생력을 확보하고 지속적인 발전을 이루는 원동력이 된다. 앞서 살펴본 겨울축제들은 마련된 수입으로 연중 축제 종사자들의 급여를 해결하고 축제장 개선과 리모델링의 투자비용 등으로 활용하여 축제의 경쟁력을 향상시키고 있다.

관주도형 축제의 예산지원

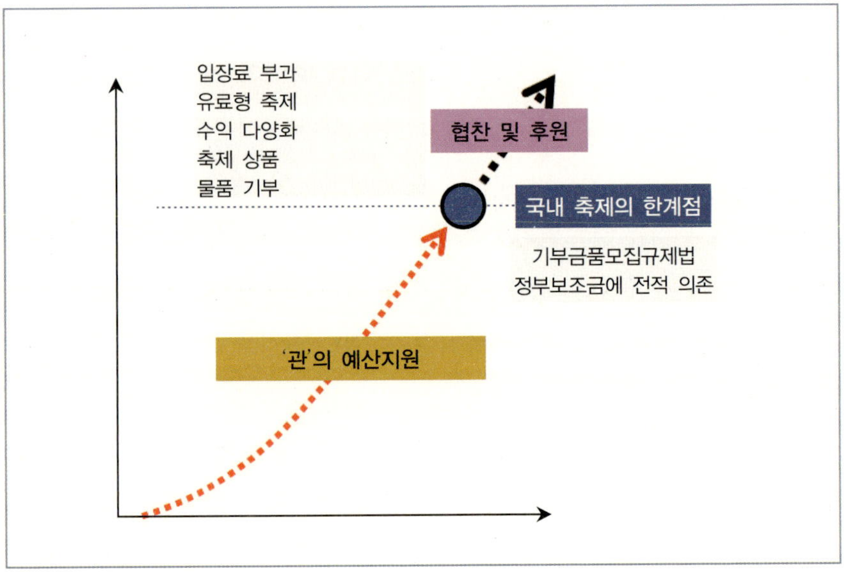

아울러 유연한 축제 재원 조달 방식의 도입과 지역개발형축제로써의 인식 확산이 필요하다. 현재 우리나라 축제에서 축제의 재원 조달 방식은 관에서 제공하는 보조금에 국한되어 있다. 관에서 제공하는 재원의 한계 때문에 좀 더 발전할 수 있는 축제가 답보상태에 있거나 예기치 않은 상황으로 재원이 지출규모에 비해 낮은 수준으로 책정되었을 때 축제는 난관에 봉착하기 일쑤이다. 이러한 문제의 해법으로 서양에서 활발하게 전개되

고 있는 축제기금 모금이나 협찬 등이 대안으로 거론되고 있으나 현재 우리나라에서는 축제의 주최나 주관이 주로 자치단체로 되어 있어 기부금품 모집 규제법에 따라 추가적인 재원 확보가 어려운 상황이다. 따라서 축제에 관련한 공익 법인을 설립하는 등의 방법이 활용되고 있으나 이에 대한 활용은 진주남강유등축제, 화천산천어축제 등 소수에 불과한 형편이다.

최근 진주남강유등축제에서는 임시부교설치를 통해 얻은 수입만 약 3억 원으로 이를 통해 축제의 재정자립도를 확충하고 있어 이러한 교훈의 실효를 암시한다. 또한 앞서 살펴본 겨울축제들과 서구지역의 지역개발형 축제들이 협찬 유치에 많은 노력을 기울이며, 축제 재원에서 축제자생력을 높이고 있는 반면, 국내의 대부분 지역개발형축제 또는 문화관광축제들은 관주도형으로 「기부금품 모집규제법」에 저촉되어 정부보조금에 전적으로 의존해야 하는 상황이므로 '축제 재원의 다양성 도모 및 축제자생력 강화에 큰 장벽'으로 남아 있다. 하지만 이제 축제 재원 마련 및 경영방식에 변화를 모색할 시기가 다가왔다. 지속적으로 증가하는 '관'의 예산을 지원받는 데에는 어느 지점에서 한계에 다다르게 될 것이라는 예측을 할 수 있기 때문이다. 이제는 배정된 예산을 그냥 써버리는 '축제 운영시대'에서 배정된 예산에 플러스 효과를 덧붙이는 '축제 경영시대'로 변화해야 한다는 것이다. 과거에는 배정된 축제예산을 써서 효과적으로 운영하면 그만이었지만, 이제는 축제경영의 전문성 강화와 더불어 부족한 축제예산은 축제협찬이나 유료화 방안을 통해 조달하고, 효율적인 인력 배치, 축제의 투자 대비 효과 및 평가 등을 감당하는 축제 경영시대로의 전환이 시급한 시점이기 때문이다.

2. 축제는 극심한 불황에 활력을 주는 소프트웨어적인 지역 재생이 될 수 있다

본서에서 살펴본 3개국 4개(중국 하얼빈 빙설대세계, 캐나다 오타와 윈터루드, 퀘벡 윈터카니발, 일본 삿포로 눈축제)의 겨울축제를 통해 개최지의 기후적인 어려운 여건과 장애요인을 발전적으로 전환시킨 공통점을 발견할 수 있었다. 또한 겨울축제를 통해 지역주민의 고용창출, 지역상가 활성화, 관광객 유치, 도시브랜드 홍보 등이 대내외적으로 지역에 기여하는 것으로 나타났다. 이뿐만 아니라 축제라는 소프트웨어적인 지역 개발 전략을 통해 지역이 재생되는 가능성을 발견했다는 점도 시사하는 바가 크다.

하얼빈 빙설대세계는 축제라는 소프트웨어를 통해 지역 균형 발전과 하드웨어를 구성해 나가는 사례라 할 수 있다. 축제가 개최되는 태양도공원은 송화강의 섬으로 1958년에 설립되었으며, 하얼빈시의 외곽지역인 태양도의 섬 전체를 빙설제 · 빙등제 행사장으로 활용함으로써 지역의 균형발전 측면에서 효과가 있는 것으로 볼 수 있다. 이곳은 원래 여름 휴양지로 유명한 곳이지만 빙설대세계의 주 개최지로 자리 잡으면서 관광지로 변모하여 계절과 관계없이 해마다 300만 명 이상의 관광객이 방문하는 곳으로 활성화되고 있다고 한다. 그중에서도 겨울에만 볼 수 있는 얼음조각을 사계절 내내 관람하게 하려고 태양도 빙설예술전시관을 건립한 점은 하얼빈 빙설대세계라고 하는 축제 소프트웨어에서 시작된 결과라고 할 수 있다.

또한 캐나다 오타와 윈터루드의 리도운하 스케이트웨이는 19세기 초 미국과 당시 영국이 장악하고 있던 곳으로 캐나다가 전쟁에 대비하기 위해 군사물자 수송수단으로 건설한 전쟁대비 하드웨어 시설이었다. 하지만 전쟁에 사용된 적이 없는 시설로 지역에서 활용되지 못하던 골칫덩이 시설인 리도운하를 스케이트웨이로 활용함으로써 활력이 없던 겨울철에 도시 인프라를 활용한 긍정적인 사례라 할 수 있다. 리도운하 스케이트웨이는 윈터루드가 개최되는 겨울뿐만 아니라 4계절 레크리에이션 장소로써 활용도가 높아지고 있는데 주로 여가용 보트를 띄우기도 하며, 8월에는 오타와 드래곤보트 페스티벌(Ottawa Dragon Boat Festival)이 개최되는 등 쓸모없던 시설에서 활용도가 높은 장소로 변모하는 효과를 가져온 대표적인 소프트웨어적 지역 재생 사례라 할 수 있다.

미국 텍사스주 포트워스시의 메인 스트리트 미술축제(MAIN ST. Fort Worth Arts Festival)는 큰 규모의 축제는 아니지만 축제를 통해 침체된 원도심이 활성화된 사례라는 점에서 의미가 있다. 26년 전 포트워스 다운타운은 지금과는 달리 상황이 매우 좋지 않았다. 소매점이 별로 없었고, 범죄율이 높아 저녁에 안전하지 못하였으며, 많은 사람들이 주거지역으로 생각하지 않았다. 그리고 쇼핑센터와 같은 엔터테인먼트 시설들이 없었다. 하지만 포트워스시의 원도심은 메인 스트리트 미술축제를 통해 위험한 곳에서 매력적인 곳으로 지역이미지가 바뀌면서 레스토랑이 생겨나고, 쇼핑센터, 클럽이 늘어나고, 콘도형 아파트가 건설되는 등 새로운 가치를 창출하기 시작했다. 축제를 통한 원도심재생의 근거는 포트워스시 원도심의 인구증가율, 오피스점유율, 소매상가 이용률을 통해 사람들이 지속적으로 돌아오고 있다는 점을 확인할 수 있었다. 포트워스시는 축제를 포함하는 다양한 원도심 활성화 활동 등을 통해, 더 많은 사람들이 살고 싶어하고, 상업과 문화가 발달한 매력적인 도심으로 변화하고 있었다. 특히 이 축제의 최고경영자인 제이 다우니(Jay Downie)에 따르면 축제를 처음 개최한 1986년 이후 10여 년간 도심으로의 인구 이주율이 400% 증가하였다고 한다.

2012년 4월 미국 포트워스시의 메인 스트리트 미술축제 방문

원도심의 상권 활성화 차원을 넘어 도심 재생효과를 유발하는 축제의 파급효과를 창출한 것이다.

그 밖에 세계적인 축제도시 영국 에든버러도 축제를 통해 소프트웨어적으로 지역을 재생시킨 대표적인 사례이다. 에든버러는 2차 세계대전이 끝난 후 우중충한 빅토리아풍의 옛 건물들이 빼곡히 들어찬 도심을 재생시키는 데 축제를 적극 활용했다. 특히 8월에 대표적인 축제들을 집중시켜 큰 활성화 효과를 거두었다. 지역 재생 차원에서 볼 때 에든버러 밀리터리타투(Edinburgh Military Tattoo)는 에든버러 고성과 주차장을 활용하여 커다란 성공을 일구어내 문화재활용차원의 지역 재생이라는 효과를 거두었고, 에든버러 프린지축제는 축제공간으로 도심의 교회, 식당, 술집, 수영장 등의 다양한 유휴공간을 활용하면서 에든버러 여름(8월)을 지역 재생으로 이끈 사례이다. 에든버러가 유럽의 다른 도시들에 비해 관광자원 경쟁력이 크게 부족함에도 6개 축제를 통해 8월 한 달간 벌어들이는 수익은 약

8천억 원이다. 8월 한 달간 수입으로 일 년을 먹고 산다는 점에 주목할 필요가 있다.

광주 동구 추억의7080충장축제는 지역의 옛 모습을 재현하여 지역을 재생시킨 대표적인 사례라 할 수 있다. 서울 명동에 버금가는 지역이었던 광주 동구 충장로 도심상권은 전남도청 이전과 광주 신시가지 조성사업으로 인한 도심공동화로 침체되어 감에 따라 문화활동을 통한 구도심 상권 회복을 위해 개최되었다. 특히 축제의 대표 프로그램이라 할 수 있는 '추억의 테마거리'는 공동화가 진행되고 있는 광주극장 옆의 비좁고 지저분하며 쓰레기가 즐비하던 오래된 건물들이 있던 골목을 리모델링하여 만들어졌다. 옛 이발관과 만화방, 사진관, 다방, 하숙집 등으로 조성하여 상가 간판과 외벽을 옛 모습으로 재현하고 추억의 소품들을 배치하여 70 · 80년대의 거리를 재현함으로써 아무도 찾지 않았던 잊혀진 골목을 사람들이 넘쳐나는 명소로 만들었다는 점에서 새로운 지역 재생의 가능성을 보였다고 할 수 있다.

추억의7080충장축제는 구청단위 축제로서는 드물게 문화관광축제 최상위등급을 유지하는 등 지역을 대표하는 축제로 성장하고 있다. 특히 침체되었던 지역상가는 축제기간 중에 열리는 충장로 스트리트 세일에, 충장로 상가를 중심으로 한 상가 대부분이 자발적으로 참여하며, 평균매출이 30~40% 이상 신장되는 등 축제가 지역을 활성화시키는 역할을 톡톡히 하고 있다.

또한 부산 감천문화마을도 소프트웨어 전략을 통해 낙후된 지역을 재생시킨 대표적인 사례라 할 수 있다. 감천문화마을은 1950년 6·25전쟁 당시 피난민들의 거주지로 형성되었으며, 산비탈이란 지형적 특성에서 오는 생활불편으로 주민들이 하나둘씩 마을을 떠나면서 부산의 대표적인 달동네가 되었다. 하지만 앞집이 뒷집을 가리지 않는 계단식 주거형태와 구석구석 이어진 미로 같은 골목길 등 옛 도시의 모습을 고스란히 보여주는 문화적 가치를 활용해 감천문화마을 골목축제를 개최하고 있다.

지역 재생 프로그램으로써 축제라는 소프트웨어는 다측면적인 효과를 볼 수 있으며 하드웨어에 비해 빠른 효과와 즉각적인 수정이 이루어질 수 있다는 점에서 급속히 퇴색되는 저개발 또는 낙후지역에 효율성을 제공할 수 있다. 축제를 통해 다수의 방문객을 지역으로 유치하고 마을만의 고유한 문화와 풍습을 재현하면서 흥미를 제공하는 것은 그 지역에서만 체험할 수 있는 특별한 경험을 파는 것이다. 감천문화마을에 제시한 지역 재생형 프로그램을 예로 들자면, 기존의 좁은 골목과 감천마을의 지붕이 훌륭한 볼거리를 제공할 수 있다는 점을 발견하였다. 골목은 피난촌으로 형성되었던 감천마을 주민들의 삶의 터전이었고 지금은 사라졌지만 1950년대부터 1960년대를 재현한 풍경은 2000년대를 사는 우리들에게 강렬한 시간여행의 느낌을 선사해 주었다. 반면 축제에 많은 방문객이 몰리면서 지역

감천문화마을 전경

주민들에게 생활의 불편을 야기할 수도 있지만 소득 창출을 기대할 수 있다는 점에서 다측면적이라 하겠다. 감천마을의 지붕은 비탈로 형성된 마을의 정점에서 바라볼 때 훌륭한 전망대이자 휴식공간으로 활용할 수 있다. 감천마을의 전경과 감천항을 바라보면서 여유로운 차 한 잔과 음악, 잘 꾸며진 옥상정원에서의 시간은 마치 타임머신을 탄 듯한 특별한 경험을 제공한다. 이 프로그램은 지역주민들의 적극적인 참여가 있어야 가능한데 참여 동기를 북돋우는 방안으로 집 앞의 골목과 옥상을 제공하는 주민에게 방문객이 지불하는 비용이나 주관부서가 지불하는 임대료를 거주민에게 제공하면 될 것이다. 주민들은 마을을 하드웨어적으로 재개발하지 않고 잘 가꾸려 하는 의지가 생기고 방문객들은 기대했던 감천문화마을의 모습에 더욱 만족할 것이다. 이러한 축제를 통한 순환구조는 결국 감천문화마을을 하드웨어적 재개발의 대상으로써 판단하지 않고 소프트웨어를 통해 지역주민들에게 보존의 가치를 깨닫게 하며, 낙후지역에 대한 재개발을 추진하는 행정기관에게는 재개발에 비해 훨씬 저렴한 비용으로 즉각적인 지역 재생효과가 있음을 가시적으로 느끼게 하는 기회가 될 것이다.

나아가 재개발도 사라지지 않고 몇 개 남지 않은 6·25전쟁의 피난촌으로써 근대역사를 비추는 소중한 문화유산의 의미를 부각시킨 소프트웨어적 지역 재생으로 발전할 수 있을 것이다. 감천문화마을의 골목과 다닥다닥 붙어 있는 집은 옛 추억을 꺼내볼 수 있는 중요한 근대문화의 보고(寶庫)이다. 우리나라에 얼마 남지 않은 피난민촌의 흔적은 6·25전쟁의 기억의 산실이 되고 있으며, 최근 일제강점기에 지어진 여러 지역의 건물들이 근대문화재로써 등록되고 있다는 점을 감안할 때 근대문화재로써 보존과 활용의 가치가 충분할 것으로 판단된다.

「감천문화마을 축제 개발 컨설팅」(정강환, 2012)에서는 감천문화마을이라는 자산(관광자원, 근대문화재)을 활용한 부가가치 창출과 기존 하드웨어 중심의 개발보다 소프트웨어 중심으로 감천문화마을 사람들의 삶의 이야기와 추억을 소재로 한 콘셉트로 축제를 제안하였다. 앞으로 감천문화마을은 낙후된 지역의 무조건적인 재개발 · 재건축 사업이 아닌 소프트웨어를 통해 지역에 활력을 불어넣는 지역 재생의 효과를 입증하는 산실이 될 것으로 보고 있다.

3. 축제는 고용창출의 기회를 제공한다

중국 하얼빈 빙설대세계를 소개하면서 송화강의 얼음을 채취하는 농민들을 소개하였다. 축제를 두 달간 개최하기 위해서는 엄청난 양의 얼음이 필요하다. 대부분 건설장비가 동원되지만 강의 얼음을 재단하는 일만큼은 사람의 손이 필요한데 하얼빈 빙설대세계에서는 지역의 농민들이 급료를 받고 참여한다. 약 10일간 펼쳐지는 강의 얼음을 채취하는 총 인원은 약 2만 명에 달한다. 이들은 봄부터 가을까지 농업에 종사하지만 겨울이 되면 송화강 인근에 얼음채집마을을 형성하고 이곳에서 얼음채취를 하는 일자리를 얻는 것이다. 혹한의 겨울에 농업을 이어가거나 경기가 일시적으로 축소되는 도시에서 일자리를 얻는 것은 매우 어렵지만 겨울축제 덕분에 비수기 고용이 창출되는 것이다. 그들이 받는 보수는 2개월간 약 5천600위안(한화로 약 1백만 원)에서 기술이 축적된 이들은 한화로 180만 원가량의 소득을 올리고 있다. 현재 중국의 비교적 낮은 임금수준을 고려한다면 꽤 매력 있는 일자리인 것이다.

2013년 2월 한국과 캐나다 수교 50주년을 기념하는 취지에서 우리나라

캐나다 오타와 방문 시에 참석한 오타와 페스티벌스 워크숍

진주남강유등축제가 오타와 윈터루드에 초청되었다. 필자가 한국 대표단을 이끌고 방문했을 때 캐나다는 축제를 통해 실업문제를 지혜롭게 풀어가고 있었다. 캐나다 역시 전반적인 경제상황이 좋지 못한 이유로 고용에 대한 관심이 높았다. 이러한 문제를 축제의 각 분야별 고용프로그램을 운영하면서 해결하고 있었다. 오타와에는 예술, 음악, 어린이, 다문화, 스포츠 등 다양한 분야로 연중 약 60개의 축제가 열린다. 이러한 축제들의 효율적인 운영과 협력을 위하여 오타와페스티벌스(Ottawa Festivals)라는 축제협력체가 구성되어 있다. 이에 온타리오주 오타와 시정부는 고등교육부(MTCU) 직업창출협력프로그램(JCP)의 일환으로 오타와페스티벌스를 통하여 연중 약 120명의 풀타임(Full Time) 근로자를 고용하고 있다. 여기에 파트타임(Part Time)까지 합친다면 약 300명 이상의 고용이 추진된다. 풀타임은 최소 6개월 이상으로 안정적인 고용구조를 만드는 데 일조하고 있

다. 주로 일자리는 단순직보다는 고등교육부가 관장하고 있는 관계로 경영, 축제프로그램 개발, 재정, 인력관리, 유통, 마케팅, 웹 구축 등 전문적인 분야에서 이루어지고 있다. 이 프로그램은 고용기간 동안 새로운 기술을 습득하고 경력 확보, 새로운 직종으로 이직하기 위한 네트워크 형성 등 장기적인 일자리를 얻을 수 있는 교두보의 기능을 한다.

우리나라에서도 비록 축제자원봉사자라는 명칭으로 지역주민들이 축제에 참여하고 있으나 실질적으로는 참여를 독려하기 위하여 일부 비용이 지급되고 있으며 숙련된 기술이 필요한 경우는 축제조직이나 업무를 위탁받은 업체로부터 고용이 이루어지고 있다. 축제를 평가하는 기법 중 경제파급효과에서 나타나는 고용효과를 보더라도 축제를 통한 고용효과가 지속적으로 이루어지고 있음을 알 수 있다.

우리나라의 대표적 겨울축제인 '화천산천어축제'에서도 고용창출의 사례를 발견할 수 있었다. 축제의 주요 소재인 산천어 양식장에서 연간 20명에서 30명까지 고용이 이루어지고 있다. 2013년 화천군에 양식장이 확장 완공되면 그간 경북 봉화군과 울진군, 동해시, 삼척시, 평창군 등에서 약 14억 원어치를 수입하면서 지출되던 예산이 화천군 지역에 분배될 것이며 더 많은 고용이 이루어질 것으로 기대하고 있다.

화천산천어축제의 대표 프로그램인 산천어 얼음낚시(좌)와 이색체험 프로그램인 산천어 맨손잡기(우)

자료 : 다음블로그(http://blog.daum.net)

화천 산천어공방의 일자리 창출

축제는 3주간 펼쳐지지만 축제에 앞서 약 2개월간의 준비기간이 있는데, 이 시기에 임시고용이 활발하게 이루어진다. 소위 아르바이트로 불리는 피트디임으로 회천천의 얼음을 관리하고 축제시설을 설치하는 등 단순노무가 주를 이룬다. 축제기간 중에는 총 1천5백 명가량의 일자리가 창출되는 것으로 화천군은 집계하고 있다. 파트타임으로 단순노무의 경우 23일간 1백만 원, 노하우가 축적된 경우 1백20만 원가량의 보수가 주어진다. 축제장 내 아쿠아틱 펜션과 물빛누리 식당에서도 23일간 20여 명의 일자리가 창출되고 있다. 그 밖에 〈표 6-1〉을 살펴보면 해외의 성공적인 축제들의 경우 지역 일자리 창출에도 톡톡히 기여하고 있음을 알 수 있다.

〈표 6-1〉 국가별 축제 고용효과 현황

<table>
<tr><th>국 가</th><th>축 제</th><th>고용효과</th></tr>
<tr><td rowspan="2">미 국</td><td>캘리포니아 스테이트 페어</td><td>· 정직원 : 약 100명
· 임시고용 : 약 200명
· 직 · 간접고용효과 : 약 1,381명
· 캘리포니아 경제의 연간 약 2만 8천여 개의 일자리 창출</td></tr>
<tr><td>휴스턴 가축쇼 & 로데오축제</td><td>· 정규고용(FTE) : 약 7,265명</td></tr>
<tr><td>캐나다</td><td>캘거리스탬피드</td><td>· 정직원 : 약 320명/년(20년 장기근무자 50%)
· 임시고용 : 약 3,500명/10일</td></tr>
<tr><td>프랑스</td><td>니스카니발</td><td>· 약 1,800여 개의 일자리 창출</td></tr>
<tr><td>오스트리아</td><td>잘츠부르크 페스티벌</td><td>· 직접고용 : 약 1,800명
· 직접고용 포함 전체 : 약 3,200명</td></tr>
<tr><td>호 주</td><td>시드니 페스티벌</td><td>· 정규고용(FTE) : 약 688명</td></tr>
<tr><td rowspan="2">중 국</td><td>하얼빈 빙설대세계</td><td>· 임시고용 : 약 2만여 명(얼음채취 9,000여 명, 스키장, 서비스분야 1만 1천여 명)</td></tr>
<tr><td>인상시리즈(인상여강)</td><td>· 정직원 : 약 510명(연기자 420명(현지농민들) / 공연 감독 및 계획직원 78명, 관리자 12명)</td></tr>
<tr><td>대한민국</td><td>진주남강유등축제</td><td>· 정직원 : 사무국 7명 등 제작부 10명
· 임시고용 : 200여 명 고용(10일)
· 간접고용 : 한국해양소년단 경남서부연맹 10명, 연극단체 10명, 예술단체단원 약 200명</td></tr>
<tr><td>브라질</td><td>리우카니발</td><td>· 직 · 간접적 고용창출 효과 : 약 32만 5천 명</td></tr>
</table>

정규고용(FTE : Full Time Equivalent)
자료 : 각 축제 자료를 토대로 편집 작성(2012년 기준)

이처럼 국내 · 외 축제 사례에서 찾을 수 있듯이 성공적인 축제의 경우 축제를 통한 일자리 창출이 가능한 것으로 나타나고 있으며 축제의 주요 기능 중 하나로 부각되고 있다. 그러나 국내의 경우 중앙정부가 일자리 창출을 위한 적극적인 사업을 펼치고 있음에도 불구하고 지역 문화융합의

총체적인 축제를 잠재성 있는 일자리창출사업 분야로 보는 인식이 부족하며, 그 효과에 대한 측정이나 관심을 갖지 않고 있는 것이 현실이다. 캐나다의 축제와 연계한 직업창출협력프로그램 사례에서 볼 수 있듯이 국내에서도 고용 잠재성이 있는 축제를 발굴하고 이와 연계한 일자리창출사업을 정책화할 수 있는 연구를 통해 축제의 기능을 증폭시킬 수 있는 노력이 필요하다고 본다.

4. 축제를 생산복지에 응용하자

최근 국제적인 불황의 여파가 우리나라에까지 미쳐 실업률과 양극화 등의 사회적 문제로 번지고 있다. 이와 함께 복지와 분배에 대한 관심 역시 커지고 있다. 그래서 중앙정부나 지방정부는 한정된 재원을 효과적으로 활용하여 불황에 따른 타개책을 고민하고 있지만 뚜렷한 해결책을 찾기가 쉽지 않은 실정이다. 앞서 불황을 극복하기 위한 겨울축제의 교훈을 살펴보면서 축제가 생산 가능한 복지형 모델의 여러 대안 중 하나가 될 수 있다는 가능성을 발견할 수 있었다. 본문에서 찾아볼 수 있는 몇 가지 가능성들을 열거하면 다음과 같다.

첫째, 축제는 낙후지역의 주거 및 공동체적 문제를 완화시킨다.

네덜란드 로테르담에는 북아프리카, 남아메리카에서 이주해 온 도시노동자들의 집단 거주지가 있다. 저임금, 낮은 교육열 등으로 인하여 그곳은 도시의 문제가 되었다. 우범지대로써 여러 가지 사회적 문제를 야기하였는데 이러한 낙후지역을 재생시키는 효과적인 방안으로 로테르담은 축제를 선택하였다. 남미와 아프리카 리듬을 활용하여 그들의 축제인 '삼바축제'를 개최함으로써 유럽에서 삼바의 리듬을 즐길 수 있는 이국적이고 매력적인 곳으로 바꾸고 있다. 아울러 청소년들의 비행을 긍정적인 에너지로 바꾸기 위한 아이디어로 '영 페스티벌(Young Festival)'을 기획하여 유명 연예인, 아티스트가 조력자가 되어 예능교육을 실시하고 교육된 성과를 청소년들이 꾸미는 축제를 통해 발산토록 하여 긍정적인 성과를 창출하였다.

우리나라에도 낙후지역에 하드웨어적 도시 재개발의 한계를 인식하고 소프트웨어적 도시 재생사업을 추진하는 곳이 있다. 그 예로 부산광역시 사하구 감천문화마을을 주목할 수 있다. 6·25전쟁 당시 산비탈에 형성된 피난민촌이던 이곳은 이제 우리나라에서도 드물게 볼 수 있는 집단 거주지이다. 이곳 사하구에서는 지역 공공미술사업에 이어 지역 재생형, 지역주민 소득창출형, 생산복지형 축제를 시도하고 있다. 2013년 본격적으로 시

부산 사하구 감천문화마을의 축제 모습

작하게 될 감천문화마을의 '감천문화마을 골목축제'를 주목할 필요가 있다.

둘째, 축제는 고령화된 은퇴자들에게 보람 있는 일자리를 제공한다.

덴마크 북부에 위치한 자그마한 도시 프레데릭스 하운에서는 6월에 '톨덴스키욜드' 축제가 열린다. 18세기 강대국 스웨덴의 함대를 맞아 이들을 무찌른 젊은 해군장교를 기리며 열리는 역사재현형 축제이다. 과거 조선소로 유명했던 도시는 아시아에 패권을 빼앗기고 쇠퇴일로를 겪고 있었다. 침체된 도시에 활력을 불어넣기 위해 시작된 이 축제는 『드림소사이어티』의 저자 롤프 얀센이 후원하면서 큰 인기를 끌고 있다. 이곳에서는 축제의 각 구역을 옛 모습으로 재현하고 체험프로그램과 음식판매를 통해 축제의 경영수익을 달성하고 있는데 각 구역을 맡아 운영하는 사람은 도시의 주민들이다. 마치 우리나라의 '계' 조직처럼 형성되어 회원들 간에 자체적인 구역운영이 이루어지고 있으며, 이러한 구역이 축제장 내에 4~5곳 있어 이들이 모여 하나의 축제가 된다. 침체된 도시에서 축제를 통해 도시의 활력과 이미지 개선, 소득 창출이 동시에 이루어지고 있다. 이 축제에서는 방문객들을 깜짝 놀라게 하는 재미있는 장면이 연출되는데 일정 시간마다 대포와 구식 화약총을 굉음과 함께 발사한다. 전시상황의 긴장감을 연출하려는 의도이다. 한편 스토리텔러(Storyteller)라 불리는 18세기 덴마크 해군복장을 한 노신사가 방문객들 사이를 거니는데, 방문객이 물으면 매우 친절하게 무엇인가를 설명한다. 이들은 모두 퇴역군인이다. 과거 해전의 모습을 위험한 화포와 총으로 재현하고 옛 범선과 해전상황을 설명하기에 군인만큼 좋은 조력자는 없을 것이다. 무료한 일상에 지친 퇴역군인들이 축제에 필요한 역할을 하고 그들은 지역사회 기여를 통해 보람 있는 일자리를 축제기간 동안 얻는 것이다. 은퇴한 전문가들이 사회에 숙달된 노하우를 제공하지 못하고 보람을 얻지 못하며 단순한 노동에 투입

산천어축제 선등(좌)
과 선등거리(우)

되는 상황에서 재미와 보람, 일자리라는 일석삼조의 효과를 덴마크 톨덴 스키욜드 축제에서 발견할 수 있었다.

고령화된 은퇴자들에게 보람 있는 일자리를 제공한 사례로 우리나라의 대표적 겨울축제인 화천산천어축제를 예로 들 수 있다. 축제기간이 되면 화천군 읍 중심가에는 축제방문객들의 눈길을 사로잡는 독특한 장식물이 거리를 따라 공중에 설치되어 있다. 특히 야간에는 화려한 LED조명과 불빛으로 아름답고 이국적인 풍광을 연출하는데, '선등거리'라 불린다. 산천어의 모양으로 그림을 입힌 등을 달아놓았는데 약 2만 5천 개의 산천어 모양의 등이 거리를 수놓았다. 많은 산천어등은 바로 70세 이상의 화천군 노인들이 산천어 공방에서 일 년간 만든 것이다. 이곳에서 주 5일간 15인씩 1일 2교대로 총 30명의 노인일자리가 창출되고 있으며 공방에 들어가기 위해 나름 치열한 경쟁이 벌어진다는 게 관계자의 전언이다. 은퇴 노인들을 위한 생산복지형 일자리 창출이 축제로 인하여 이루어지고 있는 현장인 것이다. 다른 작업에 비해 비교적 정교한 기술을 요하므로 축제의 다른 분야 임금보다 약 25%가량 높다.

셋째, 축제는 지역 전반에 혜택을 제공하는 생산적 기능이 있다.

하얼빈 빙설대세계, 삿포로 눈축제, 퀘벡 윈터카니발 등의 공통분모는 긴 겨울기간 침체된 경기(景氣)를 축제를 통하여 일시적인 성수기로 전환시키는 효과를 보고 있다는 점이다. 이러한 효과는 우리나라 주요도시들에서 나타나는 현안문제인 원도심 침체문제의 해결방안으로 축제의 역할을 기대해 볼 수 있게 해준다. 최대 수개월까지 지속되는 긴 겨울과 영하 30도를 오르내리는 추위는 관광객뿐만 아니라 지역주민까지 움츠러들게 만든다. 혹한의 추위는 도시를 유령의 도시와 가깝게 만들고 거리로 나서지 않는 사람들로 인하여 도심의 상점가는 휴업의 상황에 이르는데 겨울축제를 통하여 관광객을 유치하고 숙박과 소비를 유발함으로써 기대하지 않았던 인력 고용과 소득 창출, 상가 매출상승 등의 효과를 가져오고 있다.

일방적 자원분배형 복지의 단계에서 발전한 일명 생산복지는 경제와 사회적 선순환구조로 이어져 지역과 국가의 성장에 도움이 되는 생산 가능한 복지형 모델로써 이미 북유럽에서 성공적인 실험결과를 보여주었다. 개인의 복지가 국가와 지역의 생산에 기여하는 생산복지형 모델은 하드웨어에 비해 비교적 저렴한 재원으로 가능하며, 시행착오가 발생하여도 즉각적인 수정이 가능하다는 점, 참여자들에게 보람과 긍지를 제공한다는 점, 비숙련 고령자들도 약간의 훈련만 수반된다면 누구나 참여할 수 있다는 점, 축제정신의 확산을 통하여 지역사회의 불안요소를 함께 해소할 수 있다는 점 등을 고려한다면 현재 우리나라가 처한 저성장, 양극화와 사회갈등, 실업률 증가 등의 다차원적인 문제를 풀어가는 불황 극복의 열쇠가 될 것으로 확신한다.

5. 대한민국의 대표적인 축제도시를 키우자

최근 경제협정, 국가의 경제적 위기 등으로 인하여 국가 간 경쟁을 넘어 도시 간의 경쟁이 치열해지고 있다. 특히 비교적 역량이 풍부한 대도시보다 어려운 국가의 재정상황으로 지원이 감소하는 상황에서 중소도시 간 경쟁이 더욱 가속화되고 있는 형국이다. 바야흐로 도시 간 전쟁의 시대라 할 수 있다. 이러한 범세계적인 상황에서 도시마케팅, 도시브랜드 전문가들은 큰 도시보다 중소도시가 발전해야 선진국이 된다는 의견을 내놓고 있다. 제18대 대선 이후 정부에서도 현재 대기업뿐만 아니라 중소기업들이 살아야 발전할 수 있다는 비전을 제시하고 있다. 이러한 관점에서 중소도시가 잘살 수 있는 방안 중 하나는 지역개발형축제를 통한 중소도시의 경쟁력 강화라 할 수 있다. 축제를 적용시킨다고 할 때 대도시는 여러 가지 대규모 하드웨어 중심의 프로젝트들이 많아 중소도시에 비해 효과가 상대적으로 약하게 비춰질 수 있다. 축제를 중소도시에 적용하면 투자대비 파급효과가 크게 나올 수 있는 부분을 감안해야 할 것이다.

영국의 에든버러, 일본의 삿포로, 캐나다 퀘벡과 오타와, 중국의 하얼빈은 굳이 국가명을 붙이지 않아도 도시명 그 자체로 세계적인 도시이다. 바로 지역을 대표하는 축제가 있기 때문이다. 따라서 에든버러 프린지페스티벌과 밀리터리타투, 삿포로 눈축제, 퀘벡 윈터카니발과 오타와 윈터루드, 하얼빈 빙등축제가 우리 귀에 훨씬 익숙하다. 최근 도시경제학에서 중소도시가 발전할수록 선진국이라는 기본 전제가 주목받고 있는 관점에서 본다면 도시 경쟁력이 곧 국가 경쟁력의 척도가 되는 시대에 축제는 빠질 수 없는 도시브랜드의 첨병이라 하겠다.

일본 삿포로, 중국 하얼빈, 캐나다 퀘벡 같은 겨울축제 도시의 경우 작은 도시가 나름대로 중대형 도시로 발전하는 데 축제가 상당히 기여를 했다고 본다. 특히 중국의 경우 하얼빈이라는 도시는 중형도시에서 멋진 브랜드 도시로 발전하는 데 축제가 큰 역할을 했다고 볼 수 있고, 윈터루드는 캐나다의 수도 오타와를 30만 정도의 중소도시에서 신수도(新首都)로써 이미지메이킹에 하는 데 기여했다고 볼 수 있다. 또한 영국의 에든버러, 캐나다의 퀘벡과 오타와, 미국의 세일럼, 오스트리아의 잘츠부르크 등이 대도시보다는 중소도시의 규모라는 점을 전제로 볼 때 대도시보다는 중소도시가 축제를 통해 도시 활성화 효과를 거둘 수 있는 가능성이 더 크다는 점을 발견할 수 있다. 아울러 현재 대도시로 변모한 눈축제의 삿포로, 빙설대세계의 하얼빈은 축제 초기 중소도시에서 출발하여 축제발전단계와 함께 현재의 국제형 도시로 확장 발전한 사례로 볼 수 있다.

전반적으로 같은 사례에서 중소도시들이 축제를 활용해서 이미지메이킹을 하고 도시브랜드를 창출하는 데 성공했다는 점에서 우리나라에서도 대형도시보다는 중형도시 또는 보다 특별한 자치구를 브랜딩(Branding)하는 데 있어서 상당히 효과적인 전략이 될 수 있다. 우리나라를 대표하는 겨울축제인 산천어축제로 유명한 화천군에서는 최근 '겨울도시연합' 총회를 유치하려는 계획을 갖고 있는데 삿포로, 하얼빈과 함께 치열한 경쟁을 하고 있다. 겨울도시 중에서도 이 세 도시가 돋보이는 것은 바로 겨울축제 때문이다.

이러한 세계적 흐름에도 불구하고 우리나라는 아직 제한적인 요소가 많다. 특히 2010년 감사원의 '지방자치단체의 축제행사 집행실태' 감사결과 지방재정투융자심사를 받지 않고 예산을 편성하여 집행한 지방자치단체에 대해서는 재정상의 불이익(교부세 감액)을 주는 등의 요인으로 인하여 축제예산을 배정하는 데 어려움을 겪고 있다. 우리나라를 대표하는 축제들 중 축제로 좋은 성과를 거둔 몇몇 도시는 '축제도시'로 지정해 주고 제한을 풀어준다면 글로벌축제로 성장하는 데 도움이 되지 않을까? 정책적으로 한 번 고민해야 할 사항이라고 생각한다.

참고로 세계축제협회(IFEA World)는 세계적인 축제와의 네트워크 구축과 더불어 축제경영의 정보와 새로운 아이디어를 공유하고자 1956년에 설립되었으며, 미국 아이다호(Idaho)주 보이즈(Boise)시에 본부를 두고 있다. 세계축제협회(IFEA World)의 회원국은 전 세계 6개 대륙 중 50여 개국의 나라가 회원국으로 가입되어 있으며, 회원으로는 3,000여 명의 정회원과 50,000명의 준회원으로 세계 각지에서 활발한 활동을 하는 국제민간기구이다. 우리나라는 2007년 회원국으로 가입되었고 현재까지 필자가 한국지부 회장직을 맡고 있다.

2010년부터 세계축제협회(IFEA World)에서는 세계 최고의 축제도시를 선정하여 매년 9월 중순경 발표하는데 우리나라에서는 2010년에 충남 금산군과 보령시, 경남 진주시가 선정되었고 2011년에는 전북 김제시, 2012년에는 전남 함평군이 축제도시로 선정되었다. 축제도시는 전 세계적으로 7개 대륙에서 인구 10만 명 이하, 10만에서 100만 명, 100만 명 이상으로 구분하여 선정한다. 세계적으로 브라질 상파울루, 미국 인디애나폴리스, 아랍에미리트 두바이, 호주 시드니, 영국 에든버러, 네덜란드 로테르담, 캐나다 오타와 등 국제적인 도시들이 선정된 바 있어 축제도시 선정은 도시의 국제적 위상을 향상시키는 데 기여함을 알 수 있다. 해마다 9월경이 되면 선정되기 위해 신청한 각 도시들은 촉각을 곤두세우고 세계축제협회의 총회 소식을 기다리고 있다는 점에서 축제도시의 위상을 짐작할 만하다. 축제도시는 하나의 축제로만 선정되지 않는다. 65가지 정도의 평가항

세계축제협회(IFEA World)에서 선정한 2012 세계 축제도시

목을 바탕으로 축제가 도시에 미친 영향부터 축제전문가의 구성, 연중 축제전략, 하드웨어, 경영성과 등을 종합적으로 판단함으로써 명실상부한 축제 종합평가로 볼 수 있다. 대체로 국내와 국외에서 지정된 도시들의 면면(面面)을 살펴보면 대도시보다 중소도시의 비중이 높다는 점이 특이하다. 그만큼 축제가 도시의 지역개발과 위상을 제고하는 데 큰 역할을 한다는 것을 입증하고 있다.

6. 무용지용(無用之用)의 철학으로 지역을 재조명하자

본서에서 자세히 살펴본 중국 하얼빈 빙설대세계, 캐나다 오타와 윈터루드, 일본 삿포로 눈축제, 캐나다 퀘벡 윈터카니발은 지역의 부정적인 요소를 극복한 겨울축제의 대표적인 사례라 할 수 있다. 바로 세계적인 겨울축제들은 혹한의 추위와 절망적인 도시에서부터 시작하였다는 공통점이 있다. 캐나다 퀘벡, 오타와, 일본 삿포로, 중국 하얼빈 등은 추위로 인하여 강이 얼어붙고 영하 20~30도 이하로 내려가기 때문에 바깥 출입이 어렵고, 혹한의 추위로 활동조차 힘든 절망의 도시였다. 물방울이 삽시(霎時)에 얼음으로 변할 수 있는 추위와 빙설은 지역발전의 최대 걸림돌이었다. 하지만 혹한(酷寒)의 긴 겨울을 대표하는 도시들이 세계 최고의 겨울축제도시로 전환한 점은 역발상적인 아이디어에서부터 시작되었다. 다시 말해 겨울축제는 극적인 반전이고, 역발상 전략이며, 혁신이라고 말하고 싶다.

언뜻 보아 별 쓸모없는 것으로 생각되는 것이 도리어 크게 쓰인다는 무용지용(無用之用)의 철학이 적용된 예로 하얼빈 빙설대세계를 들 수 있는데 이는 축제로 크게 성공한 사례이다. 혹한의 추위와 함께 얼어붙기 시작하는 송화강에 널려 있는 얼음, 어디에도 필요하지 않았던 얼음이 하얼빈 겨울축제의 훌륭한 소재로 탈바꿈하는 전략으로 사용되었다. 또한 하얼빈 빙설대세계는 단순한 얼음을 활용한 것이 아니라 지역의 LED산업과 연계하고 있다는 점이 매우 중요하다. 하얼빈 빙설대세계를 통해 하얼빈시는 LED산업을 중점적으로 발전시킨 도시가 되었다. 송화강의 얼음에 홈을 파서 LED를 넣음으로써 중장기적으로는 지역의 산업마케팅 효과를 극대화시킨 것이다. 중국의 하얼빈이 차세대 산업(LED)으로 각광받게 된 근원에는 바로 하얼빈 빙설대세계에 있는 것이다. 이것이야말로 쓸모없는 자원인 얼음이 축제의 소재가 되고 LED와 접목하여 산업적 부가가치까지 얻게 된 것으로 매우 중요하다.

우선 캐나다의 수도인 오타와는 기온이 영하 30도까지 떨어지는 혹한의 기후가 이어진다. 전 세계 수도 중 겨울철에 가장 춥기로 유명한 몽골의 수도 울란바토르(Ulan Bator) 다음으로 추운 도시라고 언급되기도 한다.

1979년 오타와의 국립수도권개발위원회(NCC)가 오타와의 추운 겨울을 소재로 도시를 홍보하고 춥고 긴 겨울을 보내는 지역주민들에게 활력을 불어넣어야겠다는 역발상적인 아이디어에서 '윈터루드'는 시작됐다. 1970년 리도운하를 스케이트장으로 만든 후 유지비가 많이 드는 것에 비해 효율성이 다소 부족하자 이를 개선시키고자 '윈터루드'를 개최하게 되었다. 윈터루드는 온타리오(Ontario)주의 오타와(Ottawa)와 퀘벡(Quebec)주의 가티뉴(Gatineau)에 걸쳐 있는 수도권 지역에서 개최된다. 그 후로부터 지금까지 윈터루드는 오타와의 겨울시즌에 지역주민들에게 따뜻한 바람을 불어넣고 있으며, 지역경제 활성화뿐만 아니라 매력적인 오타와의 이미지를 강화하는 데 기여하고 있다.

삿포로 눈축제는 어떻게 세계적인 축제가 되었을까? 홋카이도현에 속해 있는 삿포로도 처음에는 불모지와 다름없었다. 홋카이도는 폭설과 추위가 무려 일 년의 절반, 6개월 가까이 지속되는 지역으로 알려져 있다. 혹독한 추위, 거의 반년 동안 이어지는 겨울을 대표하는 지역이 겨울축제도시로 성공할 수 있었던 가장 중요한 이유 중 하나는 바로 축제장에 있다. 축제가 개최되는 오도리공원을 전용 축제장으로 만들어 시내 중심부에서 축제를 개최하다 보니 방문객들이 중심부로 모이게 되고 도시에 직접적인 파급효과를 바로바로 가져다준 것이다. 오도리공원을 중심으로 호텔과 식당가가 즐비하게 모여 있기 때문에 축제로 인한 직접적인 효과를 누릴 수 있었던 것이다. 하지만 오도리공원처럼 도심의 중심부에 축제장을 만드는 것은 생각하기 어렵다. 바로 오도리공원 구역이 삿포로에서 가장 비싼 지역이라 할 수 있기 때문이다. 하지만 삿포로는 도시 기획단계부터 이 부분을 생각했다. 바로 이 점이 이 축제의 혁신이라 할 수 있다. 이로 인해 축제기간에는 수많은 관광객들이 오도리공원으로 모이고 삿포로에서 숙박을 함으로써 삿포로 지역경제에 큰 영향을 주게 되었다. 전용축제장은 축제 하나만이 아니라 또 다른 축제나 행사장으로 활용 가능하다는 점이 특징이라 할 수 있다.

일본 삿포로 눈축제에서 무용지용(無用之用)의 철학을 이해할 수 있는 부분은 쓸모없는 눈을 활용하여 대형 설상을 만든 것이다. 일본 삿포로 눈축제가 세계적인 축제로 성공할 수 있었던 혁신전략은 약 150여 개에 이르는 대형 설상을 만들기 위해서 일본 자위대가 동원됐다는 점이다. 사용되는 눈의 양은 5톤 트럭 6,500대분에 달하는데 일본 자위대는 대설상을 만들기 위해 거의 7~8개월간의 작업기간을 거친다. 대설상으로 제작할 주제나 대상이 확정되면 해당 대상물에 대한 분석부터 대설상 조각까지 대부분의 과정을 모두 소화하고 있다. 실질적으로 자위대가 참여하고 도움을 주는 부분을 돈으로 환산하면 엄청난 금액이 발생하기 때문에 인건비 절감으로 인한 축제예산의 효율성만 보더라도 큰 혜택이라 할 수 있다. 또한 수십 년간 대설상 제작을 통해 쌓아온 자위대의 기술력과 노하우 역시 무시 못 할 부분이라 할 수 있다.

무용지용(無用之用)의 철학은 겨울축제뿐만 아니라 일탈형 축제로 대표되는 보령머드축제에서도 찾아볼 수 있다. '바르는 축제'로 널리 알려진 보령머드축제는 '봉이 김선달형' 축제로 평가하곤 한다. 바로 보령지역이 해안선을 끼고 있는 지역으로서 지역의 11%에 달하는 갯벌을 활용한 지역개발형축제이기 때문이다. 더욱이 지천에 깔린 갯벌을 이용하여 지역특화상품을 만들어내고 이를 계기로 문화관광축제로 발전했기 때문이다.

「만세보령문화제 개선방안에 관한 연구」의 결과로부터 시작된 보령머드축제는 갯벌, 다시 말해 바다진흙을 이용한 관광상품이자 축제라는 점 때문에 이내 문화관광축제로써 매스컴의 집중적인 관심을 받게 되었다.

특히 축제장이 이미 오랜 세월 우리나라에서 익히 알려진 대천해수욕장인 덕분에 관광객을 유치하는 데 용이하다는 장점이 있었다. 또한 해수욕장이 개장하는 7월 중순에 축제를 개최하여 해수욕장의 최고 성수기인 7월 말에 비해 관광객 유치가 다소 떨어지는 단점을 해수욕장의 머드라는 독특한 주제를 반영함으로써 방문객 수의 급격한 상승을 유발하였다. 그리고 건강과 미용의 상징으로 통하는 초콜릿색 머드를 칠한 관광객의 모습은 이색적이기 그지없다는 점도 대천해수욕장에 부가가치를 부여하는 역할을 한 것이다. 이 시기 오직 보령머드축제만의 차별화된 체험프로그램인 '머드마사지'가 태동하였는데 1차 가공된 머드를 온몸에 바르며 축제프로그램을 즐기고 머드의 효과를 체험함으로써 자연스럽게 머드상품을 구매할 수 있도록 유도하였으며 유료로 운영된 프로그램이라는 점도 이례적인 사례로 평가되었다. 이러한 이유로 보령머드축제는 봉이 김선달형 축제와 함께 '생산적 축제'라는 수식어를 얻게 되었다. 이후 체험기회의 확대와 전격적인 축제장의 주제 반영성 향상을 위하여 방문객이 손수 자신의 몸에 머드를 상시적으로 바를 수 있도록 '셀프머드마사지' 코너를 운영하였다. 그리고 성인층뿐만 아니라 어린이의 머드체험, 스포츠로 인식하는 외국인들의 머드체험에 대한 인식을 반영하기 위하여 본격적인 '머드뻘장'을 배치하여 큰 인기를 끌었다. 보령머드축제는 지속적인 발전을 시도하면서 현재 대천해수욕장의 신광장으로 지명된 곳에 상설적인 머드마사지 체험장, 머드비누 제조장, 머드상품판매소가 배치된 '보령머드하우스'를 개관하기에 이르렀다.

2007년 보령머드축제는 축제 개최 10주년을 맞이하여 포럼을 개최하면서 세계축제협회(IFEA World)와 첫 인연을 맺게 되고 이 포럼에 참석한 세계축제협회(IFEA World) 회장 스티븐 우드 슈메이더(Steven Wood Schmader)

가 보령머드축제를 높이 평가하였다. 국제적인 잠재성을 또 한 번 확인하는 계기를 마련한 것이다. 축제가 성장하면서 2007년 축제예산이 23억 원으로 증가하였으며 머드체험프로그램도 양적인 증가와 함께 대형화되는 양상을 이루었고 머드상품의 세계화 및 판매촉진을 위한 세미나와 수출상담회를 개최하였다. 축제장에 국내 관광객보다 외국인 관광객이 더 많은 이색적인 풍경이 펼쳐지던 보령머드축제는 2008년에는 문화체육관광부가 지정하는 대한민국 대표축제로 선정되는 최고의 영예를 안게 되면서 32억 원의 예산을 확보하여 국내 축제 가운데 예산규모가 가장 큰 축제로 자리매김하였으며 최근에는 사무국장, 팀장, 간사로 구성된 축제 사무국이 설치되어 축제운영조직 측면에서 전문성을 가미하고 있다. 보령머드축제는 지금도 국내 축제를 대표하는 축제로 머물지 않고 세계적인 축제와 경쟁하는 '글로벌축제'로서의 발전을 위해 끊임없는 노력을 기울이고 있다(정강환, 2009).

7. 동계올림픽에 대비한 겨울축제의 중장기적인 육성이 필요하다

강원도는 2018년 '평창동계올림픽'이라는 세계적인 메가이벤트를 앞두고 있는데 특히 관광산업에 있어서 중요한 전기가 될 것으로 보고 있다. 지금부터 중장기 계획을 세워서 경쟁력 있는 강원도 축제를 위해 선투자하게 되면 올림픽 전후로 저비용 고효율의 큰 효과를 볼 수 있다. 올림픽 개최 전에 일회성 볼거리를 억지로 만들기 위해 큰 예산을 투입하는 낭비적인 것보다 지금부터 강원도 겨울축제들에 선투자하여 중장기적으로 볼

평창동계올림픽

거리를 만들고 축제기간을 조정해 올림픽을 위한 큰 볼거리를 만들어야 한다. 특히 1950년에 시작한 일본 삿포로 눈축제는 1972년 동계올림픽 개최를 계기로 크게 마케팅하면서 세계적인 축제로 발돋움한 것으로 평가되고 있다. 다시 말해서 축제를 점진적으로 발전시키는 것도 중요하지만 동계올림픽과 같은 월드 마케팅 기회를 잘 활용하면 국제적인 축제로 발전하기 용이하다는 것이다. 즉 강원도가 중장기 관점에서 잠재성 있는 축제들을 관광상품화한다면 평창동계올림픽을 통해 적은 예산으로 큰 효과를 얻을 수 있다고 본다.

이런 측면에서 평창동계올림픽에 대비한 중장기적인 관점에서 한국의 겨울문화 아이템을 반영한 새로운 축제개발이 필요하다. 지역에 많이 산재되어 있지만 활용되지 못한 소재, 지역과의 연계가 가능한 소재가 검토대상이라 할 수 있다.

앞서 식섭 살펴본 캐나다, 중국, 일본 등의 겨울축제의 주테마는 눈이나 얼음이다. 우리나라의 겨울축제들도 대부분 눈이나 얼음을 소재로 하고 있으며 화천산천어축제나 인제빙어축제의 경우에도 얼음을 깨고 물고기를 잡거나 얼음에서 이루어지는 다양한 탈거리들을 중심으로 한 축제를 개최하고 있다. 이처럼 세계적으로 겨울축제의 테마는 주로 눈이나 얼음을 소재로 하고 있다. 이러한 상황 속에서 새로운 겨울축제를 개발할 경우 눈이나 얼음을 소재로 한 축제는 이미 경쟁력을 가지고 있는 기존의 축제들과 겨루기가 쉽지 않다. 그렇다면 눈과 얼음이 아닌 다른 방향으로 테마를 정해보는 것도 경쟁력 있는 겨울축제로 나아가는 데 효과적일 수 있다. 이런 부분에 있어 우리나라만이 가지고 있는 역사와 특성을 활용한 겨울축제도 생각해 볼 수 있을 것이다. 그중의 하나가 화전민을 활용한 겨울축제의 개발이다. '화전민'은 지금은 사라진 문화로 일제강점기 당시 논이나 밭을 잃은 사람들이 먹고 살기 위해 산으로 들어가 산악지역에서 산을 개간하여 화전농업을 하며 살았던 사람들을 지칭한다. 이러한 화전민들은 주로 백두대간 및 강원도와 경북 지역을 중심으로 거주했었다. 또한 이들의 삶을 자세히 들여다보면 일반적인 농사가 아닌 산에 불을 놓아 나무 등을 태워 공간을 마련하고 이 공간에 농사를 짓고 살았던 사람들이다. 이들의 가옥들도 일반 가옥과는 다른 너와집이나 귀틀집, 까치구멍집 등과 같은 특별한 가옥에서 살았으며 농기구도 달랐다. 또한 불이 매우 중요했기 때문에 불씨를 보관하는 화티라는 불보관소도 집안에 있었으며 두둥불이라는 조명 역할을 하는 소재도 발견되었고, 코쿨이라는 벽난로도 있다.

이와 같은 역사적인 특성을 토대로 화전민을 테마로 하여 경북과 강원지역을 연계한다면 차별화된 겨울축제가 될 수 있다고 본다. 특히 백두대간의 '화전민'이 경상북도와 강원도의 협력사업으로 화전민 가옥 및 생활을 통한 광역연계가 가능하다. 그 밖에도 탄광을 활용한 노다지도 검토해 볼 만한 소재라고 할 수 있다. 또한 관광객 유치의 한계를 극복하기 위한 패키지상품의 개발이 필요하다. 지자체를 연계한 상품, 더 나아가 광역권까지 넓게 보는 관점이 필요하다. 일본 동북 3대 마쓰리인 아오모리시(市)의 네부타축제, 아키타시(市)의 간토축제, 센다이시(市)의 다나바타축제는 행사기간을 절묘하게 엮어 3개의 축제를 모두 관람할 수 있다. 키워놓은 축제를 연계해서 상품화하고 패키지화하는 것이 가능하다. 이제는 어느 정도 성공한 지역축제의 연계를 통한 관광패키지 프로그램을 생각해 봐야 한다. 그 밖에도 지역주민 양성 교육시스템이 필요하다. 축제를 만들어가는 공무원뿐 아니라 지역주민이 자원봉사자들을 대상으로 축제 전문교육을 실시함으로써 축제 코디네이터를 양성해야 한다. 이들은 일반 자원봉사자의 리더로서 축제기간 동안 축제의 핵심 역할을 할 수 있을 것이다.

8. 창의적 한류(韓流)를 이끌 글로벌축제의 등장이 필요하다

필자는 2012년 12월 벨기에 브뤼셀에 있는 유럽연합의회에서 글로벌축제로써 널리 알려진 스페인 부뇰의 토마토축제와 우리나라의 인기 축제인 보령머드축제 간 공동프로모션을 주선한 바 있다. 그곳 거리에서 한류 열풍을 체험한 일화가 있다. 유럽연합의회와 현지 숙소를 오가는 길에 만난 장난기 넘치는 벨기에의 아이들은 낯선 동양인들을 호기심을 갖고 바라보았고 그 귀여운 아이들에게 동행한 보령시의 공무원은 '코리아'를 외쳤다. 그런데 그 아이들이 싸이의 강남스타일 안무인 '말춤'을 추며 코리아를 외치는 것이 아닌가. 그간 중국과 일본, 동남아시아에서 드라마와 가요를 중심으로 한류의 열풍이 불었다. 그러니 세계를 다니며 이처럼 유럽의 작은 국가, 그것도 어린이들에게까지 영향을 미친 한류를 거리에서 체험한 것은 매우 인상적인 일이었다. 소위 'K-Pop'으로 대표되는 한류는 이제 가요, 드라마 이외에 영화, 음식, 의상, 심지어 신도시 건설까지 진출하고 있으며, 이제는 축제도 한류문화 콘텐츠 중의 하나로 세계로 뻗어나갈 수 있다는 점을 검토해야 한다.

일찍이 브라질의 삼바축제로 알려진 리우카니발은 유명한 축제명성을 바탕으로 전 세계에 리우데자네이루라는 도시 브랜드와 브라질 국가 브랜드를 높였고 그 결과 세계 각국은 삼바축제를 수입하기 위해 브라질의 삼바댄서를 초청하여 고용하고 심지어는 삼바의상까지 수입하고 있다. 그야말로 축제로 촉발된 문화를 수출하고 있는 것이다.

일본의 경우도 80~90년대 하카다 기온야마가사와 같은 경쟁력 있는 축제들을 북미와 유럽 도시의 거리와 축제장에서 선보이며 일본의 문화 콘텐츠를 알린 바 있다.

한국 하면 연상되는 우리나라의 대표축제가 등장하여 머지않아 세계로 확산될 수 있는 글로벌 잠재성이 있는 축제로 한류문화시대를 열어야 할 것이다. 이러한 노력은 최근 지방정부에서 조금씩 시도되고 있다는 점에서 다행스러운 일로 보인다. 앞서 일화로 언급한 보령머드축제와 스페인 부놀의 토마토축제는 2009년 10월 상호교류협력을 맺은 후 웹사이트를 통한 홍보배너 교환과 국제교류세미나를 통해 공동발전 방안을 모색하였고 2013년 1월 벨기에 브뤼셀 유럽연합 의사당에서 공동홍보전을 진행하였다. 스페인을 대표하는 미디어들의 취재가 쇄도하였고 유럽연합 의원들은 보령머드축제에 대한 신기성(新奇性)에 큰 관심을 가졌다. 2월 초, 진주남강유등축제는 캐나다의 대표적 겨울축제 중 하나인 오타와 윈터루드에 유등을 전시하는 국제 네트워크형 프로그램을 운영하였다. 이 국제행사는 한국전쟁 참전 60주년과 수교 50주년을 기념한 캐나다의 공식초청을 통해 이루어진 것으로 유등전시를 계획하고 수송 · 설치하는 과정부터 양국 간의 전기, 전압의 차이, 소통의 어려움 등을 극복하고 성공적으로 진행됐다. 이 사업을 추진하는 데 있어 세계축제협회(IFEA World) 활동을 통해 캐나다와 쌓아온 네트워크가 값지게 활용되어 개인적으로도 큰 의미가 있었다. 특히 윈터루드를 방문한 관광객과 현지의 미디어, 캐나다 총독과 상원의원들까지 진주남강유등축제가 제공한 특별한 유등전시에 큰 관심을

드림소사이어티의 저자인 미래학자 롤프 옌센과의 만남

불러일으킨 점과 이 행사를 통해 진주남강유등축제를 국제적으로 알릴 수 있는 계기가 마련된 점은 축제라는 매개체를 통해 한류문화를 전파하였다는 부분에서 다시 한 번 생각해 볼 필요가 있다고 본다.

필자가 1996년에 시작된 문화관광축제 체계를 제안한 지 벌써 20년이 다 되어가고 있지만 아직까지 우리나라를 대표하여 세계인을 감동시키는 글로벌축제가 등장하지 못한 현실은 안타깝다. 최근 한류열풍을 보면서 우리나라 축제가 글로벌축제로 나아가기 위해서 필요한 선결과제가 있음을 느낀다. 해외의 유명한 겨울축제에서 볼 수 있듯이 축제는 창의성이 매우 중요하다. 남들이 다 하는 프로그램이나 소재만 가지고는 경쟁력 있는 축제로 발전할 수 없는 것이다. 2009년 덴마크에서 『드림소사이어티(Dream Society)』의 저자인 미래학자 롤프 옌센(Rolf Jensen)을 직접 만난 적이 있다. 그가 말하는 미래의 사회는 정보사회가 아니라 드림소사이어티이다. 드림소사이어티는 미래의 상품이 이성이 아니라 상상력과 감성에 호소할 수 있는 상품이어야 한다고 한다. 즉 꿈을 담은 스토리와 감동이 있는 상품이어야 한다는 것이다. 이러한 미래 예측과 맞물려 축제는 미래를 선도할 수 있는 상품의 기능을 가지고 있다. 그러나 똑같은 축제, 똑같은 프로그램을 가지고는 경쟁에서 뒤떨어질 수밖에 없다. 방문객들의 감동을 이끌어낼 수 있는 창의성을 가질 수 있는 축제만이 성공적인 축제로 발전할 수 있는 것이다. 최근 소소한 우리나라의 문화까지 엔터테인먼트를 중심으로 세계로 뻗어나가고 있는 상황에서라면 축제를 통한 한류 열풍이 불 날도 머지않아 보인다.

9. 지역개발형축제의 육성이 필요하다

캐나다의 퀘벡, 오타와, 일본의 삿포로, 중국의 하얼빈은 겨울이 5개월 이상이고 겨울 중 영하 30~40도를 오르내리는 맹추위가 계속되는 도시라는 점과 함께 그 추운 겨울을 수십만의 관광객이 찾고 움츠려 있던 지역경제가 활성화되는 겨울축제의 도시라는 점이 공통점이다. 눈과 얼음, 혹한, 매서운 바람으로 겨울에 침체기를 맞는 도시들이 겨울축제를 통하여 겨울에 꼭 한 번 방문하고 싶은 매력적인 관광지로 탈바꿈했다. 긴 겨울의 침체에 빠진 절망의 지역을 활력과 관광객으로 넘치는 지역으로 변화시킨 것은 바로 축제의 역할이었다. 이러한 역할을 하는 축제가 지역개발형축제라 할 수 있다.

네 지역 모두 엄동설한(嚴冬雪寒)의 지역에서 장기간 이어지는 겨울 침체기 중 여러 가지 문제를 안고 있었고 축제를 통해 극복하였다는 공통점이 있다. 일 년 중 오랜 기간을 폭설과 추위로 인하여 외출이 어려워지고 교통이 불편하여 주민 간 왕래도 어려운 상황에서 실내에서 머무는 시간이 많아지면서 정서에 문제가 생겼다. 아울러 청소년들 역시 활동하기 어려운 상황에서 따분함으로 인하여 사회적 문제를 야기하고 있었다. 지역 상가들은 실내에만 머무는 주민들 때문에 오랜 겨울기간 비수기를 겪어야 했다. 이러한 혹한(酷寒)의 상황은 지역 전반에 부정적인 영향을 미쳤으며 겨울 중 실업(失業)문제까지 야기하여 4개 도시의 겨울은 시련(試鍊)의 계절이었다. 4개 도시가 축제를 시작한 시기는 각기 다르지만 축제를 통하여 이러한 겨울 침체기의 문제를 슬기롭게 극복하였다는 공통점이 있다. 네 지역의 축제에서 찾아본 지역개발형축제로써 성공요인을 살펴보자면 혹한(酷寒), 폭설(暴雪), 결빙(結氷)의 부정적 요소를 겨울축제라는 매개체를 활용하여 얼음은 얼음조각예술과 스케이트장으로, 눈은 눈조각으로, 추위는 겨울축제의 핵심소재인 눈과 얼음을 유지시키는 요소로써 3주에서 2개월까지 축제를 장기간 개최하는 데 없어서는 안 될 결정적인 요소로 작용하였다. 이러한 악조건들이 지금은 긍정적인 조건으로 승화되어 지역을 살리는 역할을 하고 있는 것이다. 겨울축제를 통해 움츠린 주민들을 밖으로 끌어내는 역할을 하여 시민레크리에이션의 효과를 창출하였고 청소년들을 축제장으로 이끌어 흥겨움과 함께 창조적 활동을 할 수 있는 기회를 제공하였다. 침체된 겨울이 축제를 통해 활기로 넘치자 주민뿐만 아니라 관광객들이 찾기 시작하였고 오랜 기간 비수기로 인식되었던 지역의 숙박, 식당, 상가들은 축제방문객들로 북적이기 시작하였다. 바쁜 상점가와 축제방문객으로 붐비는 축제장에서는 일손이 부족해지자 필요한 인력을 고용하면서 일자리가 창출되는 등 그야말로 지역개발의 효과를 거두게 되었다.

그렇다면 위와 같은 공통점 이외에 네 지역의 겨울축제가 어떤 의미에서 지역개발형축제의 면모를 갖추고 있는지 각 축제별로 차별적인 부분을 다시 한 번 짚어보고자 한다. 우선 캐나다 오타와 윈터루드(Winterlude)는 국립수도권개발위원회(NCC)라 불리는 국가기관이 축제를 주도하고 있다. 국가기관이 축제를 관장하는 점은 지역개발과 축제가 밀접하다는 것을 상기시키는 사례이다. 특히 국립수도권개발위원회(NCC)는 오타와가 캐나다의 수도라는 점을 대외적으로 알려야 하는 임무가 있는데 축제를 통해 목적을 달성하고 있는 것이다. 오타와의 윈터루드는 춥고 긴 겨울의 비수기를 극복하기 위한 축제전략으로 분산형 축제장소 전략을 활용하였다. 리도운하 스케이트웨이와 컨페더레이션공원을 중심으로 하는 오타와(Ottawa) 지역과 쟈크 카르티에공원의 눈조각경연대회를 중심으로 하는 가티뉴(Gatineau) 지역으로 분산된 축제장소 전략을 선택한 이유는 보다 많은 축제방문객들이 도시의 곳곳에 방문할 수 있도록 하여 소비지출을 늘리고 상가 활성화에 기여할 수 있게 하기 위한 것이다. 이와 함께 윈터루드의 상징이 된 7.8km의 오타와를 관통하는 리도운하 스케이트웨이 역시 지역 곳곳에 축제방문객들이 쉽게 접근할 수 있도록 하기 위한 방법이며 한편으로는 2차 세계대전 당시 군수물자 운송용으로 만든 운하였지만 활용가치가 없어진 현재에 이르러 훌륭한 축제자원이 되었다는 점도 지역개발형축제로써 적극 참고할 만한 사례였다.

퀘벡 윈터카니발은 앞서 소개한 네 지역의 겨울축제 중에서 가장 먼저 태동한 축제이다. 1894년에 처음 시작된 캐나다 퀘벡 윈터카니발은 1920년대 경제공황으로 개최되지 못하다가 1954년에 다시 본격적으로 시작되는데 1955년 겨울의 침체시기를 극복하자는 지역 상공인들의 과감한 의지에 따라 대규모로 활성화되었다. 윈터카니발의 특징은 오타와 윈터루드처럼 주말을 하이라이트로 하여 3주간 개최함으로써 비교적 장기간 관광객들을 유치하려는 전략으로 우리에게 시사하는 바가 크다. 또한 민간이 운영하는 축제로써 축제재원 마련과 스폰서십(Sponsorship)을 통해 최근 우리나라 축제가 직면한 관으로부터의 지원감소로 인한 축제운영의 어려움을 극복할 수 있는 선진화된 축제경영을 살펴볼 수 있었다. 윈터카니발에는 에피지(Effigy)라고 하는 작은 인형을 활용한 독특한 입장료 시스템이 있다. 축제 개최 1개월 전부터 퀘벡시 주변 450여 개의 상점에서 판매하는 인형을 사면 5개의 체험 프로그램을 체험할 수 있는 신개념의 입장료 체계로써 처음 들어갈 때 받는 것이 아니라 주요 체험프로그램들을 패키지로 묶어서 받는 것이다. 윈터카니발은 스폰서십에 매우 적극적이다. 쿠키회사인 '미스터 크리스티(Mr. Christie)'가 다년간 타이틀 스폰서로 지정되어 미스터 크리스티 카니발의 별칭으로 불리고 있다. 스폰서십 체계는 타이틀 스폰서 이외에 메이저, 액티비티, 협력언론방송사, 공식공급자, 공공파트너, 협력자, 호텔 등으로 세분화되어 있다. 이를 통해 축제의 재원을 마련하고 축제경영을 하고 있다. 과감하게 시작한 춥고 긴 겨울을 극복하기 위해 시작한 윈터카니발은 2004년의 결과에 따르면 관광객들이 지역호텔과 지역식당, 상품구입 등의 소비로 인한 경제파급효과가 3천4백만 달러(한화 약 3백60억 원)에 이르렀고 2005년에는 17일간의 축제기간 동안 백만 명 이상이 방문하였다. 이처럼 윈터카니발은 겨울을 극복하는 차원을 넘어 겨울 성수기를 창출하는 지역개발형축제로 성장하였다.

일본 삿포로 눈축제는 무엇보다 축제장소를 통해 지역개발형축제의 면모를 찾아볼 수 있었다. 축제를 개최하는 장소를 어디로 선정하느냐에 따라 지역에 미치는 파급효과가 달라질 수 있음을 알 수 있었다. 삿포로 눈축제는 1950년 겨울철 시민의 레크리에이션, 도시의 관광자원 만들기, 2월 겨울 비수기의 지역상가 활성화를 목적으로 개최되었다. 제56회(2005년) 삿포로 눈축제의 경제효과에 관한 보고서에 의하면 눈축제에 의한 소비지출액은 216억 엔(한화 약 2,463억 원)으로, 178억 엔(한화 약 2,030억 원)의 직접효과, 316억 엔(한화 약 3,604억 원)의 생산파급효과, 177억 엔(한화 약 2,019억 원)의 부가가치효과, 3,200명의 고용효과가 발생한 것으로 집계되어 삿포로가 눈축제를 통해 활성화효과를 거두고 있음을 파악할 수 있었다. 이러한 성공의 요인에는 앞서 언급한 바와 같이 축제장소가 중요한 요소로 작용하였다. 주 행사장으로 쓰이는 '오도리공원'은 시내 중심부에 위치하고 있다. 당초 북쪽의 관청가와 남쪽의 주택, 상업가로 도시계획을 하면서 화재가 번지는 것을 막기 위해 화재방지선으로 만든 곳이 오도리공원이다. 주변의 핵심 상권이 밀집해 있고 시민들이 누구나 알고 있는 시내 한복판의 공원을 축제공간으로 활용함으로써 축제방문객들이 쉽게 주변의 상가를 이용할 수 있고 축제장에 편리하게 접근할 수 있도록 함으로써 겨울철 비수기를 극복함과 동시에 관광자원화, 시민레크리에이션까지 축제를 시작하게 된 본래의 목적을 달성할 수 있었다. 대규모 국제적인 명성이 있는 축제를 먼 곳으로부터 수십 대의 트럭으로 깨끗한 눈을 공수하면서까지 도심의 알짜배기 땅에서 개최하는 삿포로 눈축제를 보면서 지역개발을 염두에 둔 축제의 진면목을 살펴볼 수 있었다.

마지막으로 중국 하얼빈 빙설대세계는 앞서 언급한 네 지역의 겨울축제 중 가장 늦게 시작하였으나 2010년 직접 방문하여 체감한 바로는 중국의 성장속도만큼이나 빠른 성장을 보이는 축제이기도 하다. 오타와의 윈터루드는 리도운하를 스케이트장으로 활용하고 퀘벡은 얼어붙은 세인트로렌스강에서 아이스카누레이스를 펼치는 등 강을 활용한 이벤트를 하고 있지만 하얼빈은 강을 조금 다르게 이용한다. 하얼빈을 관통하는 송화강에서 얼음을 채취하여 형형색색의 빙등을 만드는 재료로 사용한다는 것이 강을 활용하는 공통점이자 차이점이라 하겠다. 하얼빈은 겨울의 최저기온이 영하 40도에 이르는 살을 에는 듯한 추위로 인하여 겨울이 되면 동면(冬眠) 상태를 방불케 하는 지역이었다. 1963년 시 정부의 주도로 추운 날씨로 줄어든 시민들의 야외활동을 촉진시키기 위하여 시작한 축제는 1999년 송화강 북편의 태양도공원으로 축제장을 이전시키면서 오늘의 모습을 갖추게 되었다. 하얼빈 빙설대세계의 지역개발형축제의 면모는 겨울 비수기의 성수기 전환, 고용효과, 도시이미지 변화, 지역에 미치는 경제적 파급효과, 지역산업을 변모시키고 있다는 점에서 찾을 수 있다. 현재 하얼빈은 빙설대세계 기간 중 1천2백만 명의 방문객을 맞고 있다. 동면의 도시에서 활력의 도시로 바뀌면서 지역 상가는 빙등제 특수가 발생하였다. 빙설대세계가 시작되면 북경에서 가장 구하기 힘든 기차표가 하얼빈행이라 한다. 숙박의 경우 5성급 호텔의 숙박비는 한화로 약 30만 원까지 가격이 치솟는다. 과거 석탄을 때면서 겨울에는 검은 연기에 휩싸인 중공업의 도시였던 하얼빈은 중국 첫 우수관광도시, 중국 10대 최적관광도시, 중국 10대 브랜드 도시, 중국 10대 축제도시, 2008년 가장 영향력 있는 중국 축제도시 등 도시이미지가 전환되는 효과를 보고 있다. 두 달에 걸쳐 개최되는 하얼빈 겨울축제는 하얼빈 경제에 큰 영향을 미치고 있다. 빙설대세계는 고용효과를 창출하고 있다. 축제를 개최하려면 많은 양의 얼음이 필요한데 송화강에서 얼음을 채취하기 위하여 고용되는 인력이 전 기간 약 2만 명에 달한다. 이들은 주로 인근의 농민들인데 겨울기간 일거리가 없는 시기에 일시적인 고용이 창출되는 것이다. 축제장 주변에는 얼음채집을 하는 사람들이 모여 사는 얼음채집마을이 생길 정도이다. 축제기간 중 마사지 서비스 종사자들의 임금이 5% 오른다는 점도 일손을 구하기 어려울 만큼 축제가 지역경제에 큰 영향을 미치는 것을 알 수 있다. 하얼빈 관계자에 따르면 축제 관련 수익 약 110억 위안, 호텔 관련 수익 약 400억 위안의 경제효과를 가져온다고 한다. 이는 3,300억 위안의 하얼빈 GDP와 비교해 하얼빈 경제의 1/10에 달하는 수치이다. 빙설대세계는 하얼빈의 산업을 변모시키고 있다. 과거 중공업에서 관광산업으로 변하고 있으며 제조업은 빙등에 사용하는 LED조명회사와 인공눈 제조 등이 호황을 누리고 있다. 이제 하얼빈 빙설대세계는 축제라기보다 산업에 가깝게 발전하고 있다는 점에서 우리나라 축제에도 시사하는 바가 크다.

우리나라의 축제는 최근 몇 년간 1,200여 개에서 800여 개로 급격히 줄었는데, 이들 중 지역개발형축제라 할 수 있는 것은 실상 10% 정도이다. 나머지 축제들은 대체로 주민화합형축제로써 1년에 한 번 연예인이 공연하고 음식을 나눠 먹는 지역주민들의 잔치로 끝나는 것이 대부분이다. 지역개발형축제는 하나의 관광상품이고, 비수기 극복이 개최의 중요한 이유이며, 개최장소도 축제를 위한 하드웨어가 잘 갖춰져 있어야 하는 특징을 갖고 있다. 이러한 축제가 어느 정도의 비중을 차지하고 있느냐가 한 국가의 축제 경쟁력을 따지는 중요한 척도가 될 것이다. 이와 같은 10%의 축제들을 20%로 늘릴 경우 축제 경쟁력은 2배로 성장하게 될 것이다. 우리나라에는 이와 유사한 체계로 문화관광축제가 있다. 일반적으로 인식되고 있는 소비성 축제가 아닌 문화관광축제와 같은 지역개발형축제를 전략적으로 육성하는 일이 절실하다. 우리나라 정부는 마이스(MICE)산업으로 컨벤션에 많은 투자를 하고 있다. 외국인 100~200명의 방문을 유도하기 위해 많은 비용을 투자하는데, 보령머드축제나 안동국제탈춤페스티벌, 화천산천어축제 등은 관광객 수가 수십만 명에 이르고 있으며 외국에서 온 관광객도 수천 명에 이른다는 점을 주지할 필요가 있다. 이러한 축제들을 전략적으로 육성시키고 세계적인 축제로 발전할 수 있도록 육성하려는 의지와 실천이 그 무엇보다 중요하다고 하겠다.

REFERENCES

문화관광부(2006), 문화관광축제 변화와 성과, 문화관광부.

(사)홋카이도미래종합연구소(2005), 제56회 삿포로 눈축제의 경제효과에 관해서.

삿포로시 관광문화국 관광컨벤션부 관광기획과(2011), 삿포로관광객만족도조사·외국인개인관광객동향조사 보고서.

삿포로시관광문화국관광켄벤션부(2011), 제4회 삿포로시관광산업경제효과조사.

서울신문(2012), 대한민국은 우울한 축제공화국(2012.10.20).

손지균(2011), 방문객에 대한 방문동기로서 시장세분화에 관한 연구 : 중국 하얼빈국제빙설축제사례를 중심으로, 배재대학교.

일본관광학회(1987), 地域振興 EVENT 戰略, 日本觀光協會.

정강환 외 8인(2009), 축제로 만드는 창조도시, 한울아카데미.

정강환(1997), 이벤트관광전략 - 축제와 지역활성화, 일신사.

정강환(2006), 캐나다 겨울축제 벤치마킹, 월간이벤트.

정강환(2007), 21세기 지역개발형축제로의 선택 관광이벤트, 백산출판사.

정강환(2012), 감천문화마을 축제 개발 컨설팅 연구용역, 배재대학교 관광이벤트연구소.

하성봉(2012), 미디어오늘(http://www.mediatoday.co.kr/).

홋카이도 음식광장운영사업국(2012), 제63회 삿포로 눈축제 홋카이도음식광장 출점공모.

Bop Consulting(2011), Edinburgh Festivals Impact Study.

Carnaval de Quebec(2005), Rapport Annual 2004-2005, Depot legal-Bibliotheque nationale de Quebec: Canada.

Getz, D.(1997), Event Management & Event Tourism, New York: Cognizant Communication Corp.

MAIN ST. Fort Worth Arts Festival(2011), GRAND PINNACLE AWARD SUBMISSION 2011, MAIN ST. Fort Worth Arts Festival.

National Capital Commission(2004), 2004 Winterlude Study : Final Report, Decima Research, Inc: Canada.

National Capital Commission(2005), 2004-2005 Annual Report : Setting Directions, Ncc: Canada.

National Capital Commission(2008), 2008 Winterlude Study : Final Report, Decima Research, Inc: Canada.

National Capital Commission(2012), 2012 Winterlude Research Study Report, Environics Research Group.

인터넷 참고자료

구글지도(http://maps.google.co.kr/maps?hl=ko&tab=wl)

뉴오션(http://www.newocean.com.cn)

동아시아의 창구(http://korean.cri.cn/)

리스트관리 도와블로그(http://livedoor.blogimg.jp/jun01100324/imgs/7/3/73bb4622.jpg)

문화체육관광부 홈페이지(http://www.mct.go.kr)

세계축제협회 홈페이지(http://www.ifea.com/)

애플 아이튠즈(http://itunes.apple.com)

영국 에든버러 밀리터리타투홈페이지(http://www.edintattoo.co.uk/)

영국 에든버러 사이언스페스티벌(http://www.sciencefestival.co.uk)

일간등축제(http://www.domatsuri.com/nikkan/nikkan_photo.cgi?img=20111230.jpg&cap=YOSAKOIソーランinさっぽろ雪まつりSPECIAL STAGE チラシ)

일본 사구모뉴스(http://www.asagumo-news.com/news/201201/120112/12011211.html)

일본 오도리공원 홈페이지(http://www.sapporo-park.or.jp/odori/about)

일본 육상자위대 제11여단(http://www.mod.go.jp/gsdf/nae/11d/snow-festival/bugai_63yukimaturi.html)

일본 육상자위대 제11여단(http://www.mod.go.jp/gsdf/nae/11d/snow-festival/snow6.html)

일본 육상자위대 제11여단(http://www.mod.go.jp/gsdf/nae/11d/snow-festival/images/snow16_img002.jpg)

일본 삿포로 눈축제 홈페이지(http://www.snowfes.com/entry/e_volunteer.html)

일본 삿포로시 관광사진 자료관(http://www.welcome.city.sapporo.jp/photolibrary)

일본 삿포로시 주차장안내시스템(http://parking-info.jp/sapporo/pc/)

일본 삿포로시청(http://www.welcome.city.sapporo.jp/photolibrar)

일본 홋카이도 음식광장 블로그(http://blog.livedoor.jp/winterfoodpark)

일본 홋카이도 음식광장(http://livedoor.blogimg.jp/winterfoodpark/imgs/4/0/40594054.jpg)

일본 홋카이도 음식광장(http://livedoor.blogimg.jp/winterfoodpark/imgs/b/f/bf3afa80.jpg)

일본 홋카이도 중앙버스(http://www.chuo-bus.co.jp/main/feature/winter_festival/img/yuki_shut.pdf

재단법인 나라 홈페이지(http://www.narafestival.com/06_contactus)

조운신문사(http://www.asagumo-news.com/graph/100204-2/photo.html)

조운신문사(http://asagumo-news.com/homepage/htdocs/members/news/201201/120112/12011210.html)

중국 동북신문(http://heilongjiang.dbw.cn/)

중국 민생동북신문(http://ms.dbw.cn/)

중국 북동정부 공식사이트(http://www.chinaneast.gov.cn/dbly/2011-01/10/c_13683838.htm)

중국 태양도공원 홈페이지(http://www.taiyangdao.com.cn)

중국 포털사이트-신랑왕(http://ent.sina.com.cn/)

중국 하얼빈경제협력촉진국(http://www.harbin.gov.cn/info/news/korean/detail/119085.htm)

중국 하얼빈국제빙설제 홈페이지(http://www.harbin-ice.net/)

중국 하얼빈빙설대세계 홈페이지(http://www.hrbicesnow.com/)

중국 하얼빈시 홈페이지(http://www.hlj.gov.cn/)
중국 하얼빈 태양도 bbs(http://news.96963.com/)
중국 하얼빈 Modern Group 홈페이지(http://www.hrbmodern.com/)
중국 흑룡강성 인터넷 라디오 TV방송 신문(http://www.hljtv.com/2011/1217/86631.shtml/)
중국 흑룡강TV(http://kcltv.dbw.cn/chntv/)
중국 흑룡강신문(http://www.hljxinwen.cn/)
중국 흑룡강성 홈페이지(http://www.hljdaj.gov.cn/)
캐나다 수도권 홈페이지(http://www.canadascapital.gc.ca)
캐나다 윈터카니발 홈페이지(http://carnaval.qc.ca/)
한국웨딩뉴스(http://www.koreaweddingnews.com/)
호란의날들(http://catalina.ddo.jp/blog/2010/02/post_659.html)

http://blog.daum.net/hong1047
http://boutique.carnavalqu.ca
http://f.hatena.ne.jp/shibakashi05/20120205175138
http://minkara.carview.co.jp/userid/1018007/blog/25433700/
http://www.blog816.com/miyanosawa/2012/02/002952.php
http://www.fetedesneiges.com
Backpackers(http://www.backpackers.com.tw/forum/gallery/index.php?n=44822)

MBC 사람이다Q, 2013.1.19.
KBS 특파원현장보고, 2012.1.2.

저자소개

정강환

학력

- 미국 미네소타대학교(U. of Minnesota) 대학원 레저관광학 박사(Ph. D.)
- 미국 위스콘신대학교 대학원 호텔관광학 석사

주요 경력

- 세계축제협회(IFEA World) 한국지부 회장 : 보령머드축제와 스페인 토마토축제 국제교류, 진주남강유등축제와 캐나다 오타와 윈터루드와의 국제교류
- 국제농업박람회협회(IAFE) 한국담당 이사
- (사)한국관광학회 부회장
- 배재대학교 관광축제대학원 원장(아시아 최초 축제전문 대학원) : 2009~2012년 세계축제협회(IFEA World)로부터 교육기관분야(석사과정) 최우수상 수상
- 배재대학교 관광이벤트연구소 소장
- 배재대학교 관광이벤트경영학과 교수
- 문화체육관광부 문화관광축제 심의평가위원
- 문화재청 문화재위원회 전문위원
- 농림수산식품부 농촌활력증진사업 중앙평가위원
- 향토산업육성사업 컨설팅 전문위원
- 전국의 12개 축제평가 및 자문위원(금산인삼축제, 김제지평선축제, 보령머드축제, 진주남강유등축제 등)

수상실적

- 세계 3대 인명사전 등재(2008) : 마르퀴즈 후즈 후(Marquis Who's Who), 영국국제인명센터(IBC), 미국인명정보연구소(ABI)
- 한국관광기자협회 '올해의 관광인상' 수상(2006)
- 대통령표창(2001 지역문화의 해 추진위원 공로)
- 축제발전 공로로 명예시민 선정(진주시, 금산군)
- 축제개발 공로로 명예시민 선정(보령시, 고령군)
- 한국이벤트학회 한국이벤트 학술상(최우수 논문)

저서

- 축제로 만드는 창조도시, 한울아카데미(2009, 공저)
- 관광이벤트 : 21세기 지역개발형축제로의 선택, 백산출판사(2007)
- 캐나다 겨울축제 벤치마킹 : 눈속에 묻힌 축제경영기법 39가지, 월간이벤트(2006)
- 문화관광축제 변화와 성과, 문화관광부(2006, 공저)
- 이벤트관광전략 : 축제와 지역활성화, 일신사(1996)
- 세계화시대의 관광산업, 일신사(1996, 공저)

지역을 살리는
글로벌겨울축제경영

2013년 4월 5일 초판 1쇄 인쇄
2013년 4월 10일 초판 1쇄 발행
저 자 정 강 환
발행인 寅製 진 욱 상

발행치 백산출판사
서울시 성북구 정릉3동 653-40
등록 : 1974. 1. 9. 제 1-72호
전화 : 914-1621, 917-6240
FAX : 912-4438
http://www.ibaeksan.kr
editbsp@naver.com

값 22,000원
ISBN 978-89-6183-718-7